통일복지디자인

엑스(X)자 시소

통일복지디자인
엑스(X)자 시소

초판 1쇄 발행   2019년 10월 31일

저   자 ㅣ 이철수
발행인 ㅣ 윤관백
발행처 ㅣ 도서출판 선인

등 록 ㅣ 제5-77호(1998.11.4)
주 소 ㅣ 서울시 마포구 마포대로 4다길 4 곳마루 B/D 1층
전 화 ㅣ 02)718-6252 / 6257   팩스 ㅣ 02)718-6253
E-mail ㅣ sunin72@chol.com

정가   18,000원
ISBN   979-11-6068-306-6   93300

※ 이 책은 2019년 신한대학교 교내저술 연구지원 사업을 받아 수행된 연구입니다.

'통일은 복지다'

통일복지디자인
엑스(X)자 시소

이 철 수

세상에서 나를 가장 사랑하다
하늘나라로 떠나신 사랑하는 나의 어머니를 그리며...

이제, 한국사회의 모든 복지논쟁에 '통일'을 포함시켜야 한다.

조금 미안한 이야기지만 오래 전 정치권을 시작으로 당시 한국사회가 복지논쟁에 휩싸였을 때, 필자는 무척 반가웠고 큰 기대를 했었다. 허나 조금 지켜보니 긴 한숨이 나왔다. 당시를 회고해보면 특정이념에 상관없이 대한민국이 복지국가를 지향해야 한다는 입장은 동일했다. 그리고 이것은 복지에 관한 상당히 고무적인 현상이었다. 하지만 필자가 보기에 그러한 논쟁 속에 양 진영 모두 크게 놓친 '패착'이 있었다. 그것은 바로 '통일'이었다. 한국사회에서 통일을 상정하지 않은 복지논쟁은 어찌 보면 무의미한지도 모른다.

그 이유인 즉, 통일이 되면 남한과 북한의 복지라는 큰 '판'이 좋든 싫든, 의도하거나 혹은 그렇지 않거나를 떠나 크던지 작던지 간에 흔들리거나, 새로 짜야 하거나, 어느 일방에 심어야 하거나, 서로 섞어야 하거나, 일정 기간 조금 떨어뜨려 놓아야 하거나, 또 이러한 것이 한동안 혼합되어 교차된 상태로 진행되어야만 하는 통일 이후에 맞이해야 할 다소 불편한 '현실' 때문이었다.

이처럼 한국사회의 복지논쟁은 '통일한국 복지패러다임'과 연관된다. 결국 남(북)한에 있어 복지는 통일을 감안할 때, 영원한 독립변수가 아니다.(아시다시피 독일의 통일비용은 복지부문에 절반정도 소요되었다. 우리의 경우 기본적인 복지지출에 북한의 식량·보건·위생 등의 현안을 추가하면 통일비용의 절반 이상이 복지부문에 투자될 것이다. 또 통일복지 비용은 남북한의 경제능력에 좌우될 사안이나 현실에서 이것이 무시될 가능성이 높다. 또한 남한 국민의 비용부담 의사, 즉, 국민적 동의를 구하지 않고 진행될 개연성도 없지 않다.) 향후에도 마찬가지지만 한국사회 복지논쟁의 결과인 복지정책의 향방은 통일과 직결되는 사안이다.

남북한 복지격차가 증가할수록 통일복지 비용 증가는 불가피하다.

통일복지 비용에 대해 잠시 언급하자면 역설적으로, 그리고 결론적으로 남한의 복지수준이 높아질수록 통일복지 비용은 증가할 수밖에 없다. 또한 통일의 대상인 북한의 경제가 열악할수록 통일복지 비용은 배가 된다. 그리고 이는 고스란히 국민 부담으로 전가될 수밖에 없다. 또 이러한 부담은 별도의 소득확대 수단이 없는 필부들에게는 자연히 실소득—가처분 소득—의 감소를 야기한다.

그렇다고 해서 어리석게도 남한의 복지수준을 제자리걸음하게 할 수는 더욱 없다. 따라서 남한의 복지는 발전하되 통일을 고려한 정책, 그러한 가운데에 제도별 수위를 조절함과 동시에 북한의 복지 상황을 관찰하면서 통일 이후를 가상한 형태로 진행해야 한다.

왜냐하면 통일 이후에는 이미 고착화된 복지제도들을 갑자기 바

꿀 수도 없고, 바꿔지지도 않고, 바꿔봤자 제대로 이행되지도 않고, 바꾸는 과정 또한 만만치 않기 때문이다. 또한 무엇보다 정책이란 모름지기 현실에서 충격을 최소화하는 것을 1차 목표로 삼아야 한다. 동시에 정책은 항상 정책적용 이후 집행과정에서 발생하는 예기치 못한 돌발변수를 포함, 최악의 상황까지 고려하여 입안해야 한다.

특히 통일이라는 격변의 시기에는 더욱 그러하다. 현실에서 정책적 선택과 처방은 긴 안목을 가지고 '필요하고 가능한 것, 그리고 긴급한 것'의 정도를 가려 이 중에서 현실적으로 가장 합리적인 방안을 추진해야 한다.(이론적으론 이 정도 수준으로 정리되지만 현실은 훨씬 더 복잡하다.)

그런데 여기에 통일복지를 대입하면 네 가지의 높은 관문이 또 있다. 첫째, 북한이 수용할 수 있는 것을 우리가 제시해야 한다는 것이다.(이것은 북한도 마찬가지다.) 둘째, 정부는 사전에 이에 대해 남(북)한 국민을 먼저 납득시켜야 하는 의무도 있다.(가령 통일복지 재원은 어디서 나오는가?) 셋째, 특히 북한(주민) 스스로도 일정부문 책임져야 할 통일복지 부문이 엄연히 있다는 것이다. 넷째, 설사 남북한이 큰 마찰 없이 성공적인 합의에 이르렀다 할지라도 이를 집행하는 과정에서 긴밀한 공조체제를 지속적으로 유지하지 않으면 성공적인 통합을 담보할 수 없다는 것이다. 그래서 통일복지의 절차와 과정, 적용과 유지, 합일과 발전은 매우 험난하다. 즉, 완벽한 준비만으로도 여전히 부족하다는 말이다.(이는 여타 남북한 통합분야도 마찬가지다.)

반드시 통일을 해야 하는 우리의 '운명'이, 통일 이후 '운명공동체'가 된다.

필자가 보기에 한반도 통일은 세계역사상 유래 없는 전대미문의 '대 사건'으로, 쉽게 말해 행복과 불행이 장기간 상존하는 아주 특이한 통합 사례가 될 것이다. 이러한 주장의 가장 큰 이유는 북한의 상황이 통일조건으로는 최악은 아니나 그리 녹록하지 않기 때문이다.(그렇다고 남한의 상황이 그리 좋은 편도 아니지만 노력한다면 충분히 극복할 수 있다.) 이미 알려진 바와 같이 북한의 식량, 보건, 위생 문제에 대한 심각성은 새삼 언급할 필요가 없다. 즉, 북한의 복지현실은 한마디로 '인간 안보권'의 위기에 직면한지 오래고 그 규모 또한 매우 다소 크다. 그리고 더욱 큰 문제는 이것이 좀처럼 나아질 기미가 보이지 않는다는 것이다.

그렇지만 다른 한편 북한의 빈곤으로 인해 북한주민은 자립과 자활을 추구한 지도 오래이다. 역설적으로 이는 국가능력으로 인한 복지공급의 실패가 낳은 결과이다. 다시 말해 국가의 복지 공급능력 퇴보가 결과적으로는 아이러니하게도 북한주민 자신이 스스로 복지공급 주체가 되도록 만들었다. 그리고 이러한 복지공급은 개인과 가족, 세대별 단위로 상품화·시장화로 연결되었고 이 가운데에 전반적인 삶의 수준은 퇴행과 더불어 계급별·계층별·지역별 복지수준의 격차가 발생하기 시작하였다. 이것이 경제난 이후 북한복지의 전반적인 행태이다. 한마디로 북한주민의 평균적인 삶의 질은 오락가락했다. 그럼에도 불구하고 개인과 가족의 능력에 따른 소득—사경제활동으로 인한— 격차로 인해 극소수의 부유층이 발생하였다. 이런 식으로 북한의 빈부격차는 더욱 심화되고 있는 추세이다.

그러나 기실 현실적으로 이미 오래전부터 다층화·다중화 된 북한의 사회복지를 관찰하면서 이를 연구하는 필자의 마음은 불편하다. 더욱이 싫든 좋든 우리는 이러한 나라와 반드시 통일을 해야만 하는 '운명'이다. 그리고 통일 이후에는 그러한 운명이 '운명공동체'가 된다.(해서 현실을 감안할 때, 가령 통일은 서두르되 통합은 천천히 하는 것이 바람직하다. 특히 통일은 단박에 끝나는 '원 샷' 게임이 아니다. 통일은 지난한 통합의 과정이다. 따라서 통일 직후 태어난 영아가 기성세대가 될 때, 즉, 통일은 정서적 통합의 일치시기까지 진행되고 이를 사실상 통일과 통합의 종료시점으로 봐야 한다.)

사회주의 속에 탈사회주의적이고 자본주의적인 북한사회복지체제 평가와 전망

필자의 짧은 식견을 토대로 이러한 북한사회복지 체제에 대한 평가와 전망을 하면 다음과 같다. 먼저 평가의 경우 첫째, 북한의 사회복지는 사회주의 분배체제를 김일성시대부터 고수, 국가사회복지체제의 셋업(set-up)을 외형적으로 유지하였다. 하지만 복지수준의 경우 북한이 이렇다 할 괄목할만한 노력을 지속적으로 한 흔적은 뚜렷이 나타나지 않는다.

둘째, 북한의 복지분배 구조상, 국가사회복지체제에 의한 국가책임의 분배와 공급은 '국가의 분배능력'에 연쇄적으로 반응한다. 그로 인해 북한의 복지는 국가능력에 예속됨에 따라 국가능력이 복지수준으로 치환된다.

셋째, 북한의 국가사회복지체제는 김정일 시대에 이르러 다소 '탈사회주의적인 요소'를 띄게 되었지만 다양한 경제조치라는 간접적인 경로를 통해 형성되었다. 이는 사회주의 체제가 목표하는 인민복지의 공식적 포기를 선언하는 자기부정보다는 경제개선이라는 미명

하에 자연스럽게 복지개혁을 유도하는 '우회 전략'으로 구사되었다.

넷째, 이러한 김정일 시대의 변화에도 불구하고 경제난 이후 와해된 북한사회복지 '체제'와 '현실'은 김정은 시대인 지금 여전히 부족하고, 일부가 마비돼있으며 빈곤한 상태인데다가 이로 인해 사실상개인과 가족의 책임이 강화되었다.

다섯째, 때문에 북한사회복지체제의 회복과 북한식 복지개혁은북한의 경제성장과 인과관계 · 상관관계를 형성한다. 그러나 이것이경제난 이후 발생한 사경제활동 종사자들의 가계까지 엄격하게 통제하지는 못한다.

여섯째, 이로 인해 대북 경제제재, 북중 (밀)무역, 대외관계, 개방성,국제교류 및 지원, 개인 · 가족단위의 사경제활동—그에 따른 소득—은 직 · 간접적으로 북한사회복지와 작지만 깊은 연관성을 갖는다.

한편 북한사회복지체제에 대한 전망은 다음과 같다. 첫째, 상술한여섯 번째 평가를 확장할 경우 북한은 대외적으로는 체제개방, 대내적으로는 경제개선 · 개혁의 성과에 따라 북한사회복지체제의 리-세팅(Re-setting)이 될 것이고 이는 현재도 진행 중이다.

둘째, 이러한 과정에서 북한은 개혁과 개방, 교류와 지원, 시장화의 성과와 결과에 비례하여 북한주민의 계층별 복지수준이 연동될것인데, 이 역시 상당부문 고착화되고 있다.

셋째, 그럼에도 불구하고 북한주민의 빈곤층, 취약계층, 요보호계층의 구호는 지속될 것이며 이들의 중산층으로의 편입은 요원할것이다. 이는 대북 경제제재 조치하의 북한의 개방과 개혁의 규모와한계, 대상과 계층의 개별 소득(활동)제한에 기인한다.

넷째, 따라서 북한주민의 개별적인 생활(복지)수준은 국가능력에 예속된 집단과 개인능력, 외부지원에 예속된 집단으로 재편·구분될 것인데, 이 또한 상당부문 진행되고 있다.

다섯째, 이로 인해 각각의 계층들이 재차 소득별로 분리되어 고소득(부유층·상류층)·중산층·저소득층(빈곤층과 근로빈곤층)·취약계층으로 블록화가 더욱 토착화될 것이다.

여섯째, 이로 인해 종국에는 북한주민 모든 계층의 가계생활상의 자본주의화가 더욱 확대되어 복지의 시장화, 복지의 상품화, 복지의 개인화가 시간의 경과에 비례하여 의식적 제도화로 연결될 것이다. 그리고 이는 역설적이게도 남북한 사회복지통합에 작지만 다소 긍정적인 기여를 할 것이다.(그러나 이것이 통일 이후 실질적인 복지통합 단계까지 지속된다는 보장은 없다.)

또 하나의 화두, 결국 '통일사회복지사'가 통일의 '키 맨'이다.

한편 통일은 필연적으로 남북한 주민의 '동등한 삶의 질' 보장을 위한 복지문제가 가장 큰 화두가 될 수밖에 없다. 사실 한반도통일 문제를 조금만 연구해 보면 '통일은 복지다'라는 답을 얻게 된다.(반면 '통일은 경제다'라는 주장도 있다. 이 역시 충분한 근거가 있다.) 이에 따라 통일현실에서는, 남북한이라는 이질적인 두 집단의 내적통합을 위해 사회복지 전문가 그룹의 개입이 반드시 필요하다. 특히 이들은 구호상태인 북한의 경우에 더더욱 필요하고 이들은 소위 '통일의병'들이다. 하지만 통일 이전에 이러한 역할을 할 '통일사회복지사'가 양성되어 있지 못할 경우 우리의 통일복지 실천은 사실상 요원함을 인지해야 한다.

아울러 이러한 경우 다양한 사회서비스 전달체계의 부재로 인해 혼란이 초래되고 그 효과도 상쇄된다. 결국 통일사회복지사의 부재는 통일 이후 북한지역 복지현장에 기존의 국제구호단체나 NGO전문가들에게 주도권을 빼앗기게 되는 결과를 초래할 것이다.(정작 우리의 통일인데도 말이다.)

따라서 통일사회복지사는 통일실천가로서, 통일의병으로서 우리에게 반드시 필요한 전문 인력이자 소중한 자산이다. 역설적으로 만약 이들이 존재하지 않는다면 제 아무리 합리적인 복지 통합방안도 실천적 차원에서는 무용지물이다.

> 이 책은 지금 현재를 기준으로, 핵심 '키 포인트'만 언급한 군살 없는 다이어트 책이다.

필자는 이 책에서 굳이 많은 것을 담으려고 하지 않았다. 오로지 남북한 사회복지 통합에 대한 이야기만 하고자 했고 이에 대해 이제 막 시작했다. 때문에 앞으로 후속 연구가 산더미처럼 쌓여 있다. 그래서 이 책은 지금 현재를 기준으로 남북한 복지통합이라는 화두를 던지고 그저 1차적인 수준의 정리를 한 것뿐이다. 그럼에도 불구하고 필자의 욕심으로 인해 다소 '과잉연구'를 한 경향이 있다. 또 필자는 이 연구를 통해 문자를 뛰어넘는 연구를 하고 싶었다.(필자의 연구가 머리에서 가슴을 거쳐 발을 향해 가고 있다.) 이에 필자는 통일복지의 연구대상과 문제에 대한 지식과 관찰, 분석, 당면한 현실을 통해 적용 가능한 남북한 복지통합 계획 아래, 통일복지라는 거대한 '판'을 디자인하는 데 일조하고 싶었다.

이 책의 부제가 '엑스(X)자 시소'인 것은 그만큼 남북한 사회복지가 서로 너무 다르게 얽혀 있고 이것을 통합하고자 하니 마치 두 개의 시소가 서로 엇갈리게 엑스(X)자 모양으로 놓여 있는 것과 같다는 생각에서 다소 현학적인 표현을 하게 되었다.(아이러니하게도 통일복지에 대한 관심은 국내보다 국외에서 관심이 더 높다.) 사실 본 원고는 2014년 8월 하계방학 동안 작업을 통해 거의 대부분의 골격과 초안을 완성하였다. 이후 지금까지 시간이 나는 대로, 내용과 상황이 변화하는 만큼 틈틈이 수정하고 보충하였다.

책의 성격과 기능상 정책연구이고, 내용상 상당 부분 다이어트를 한 이 책의 구성은 다음과 같다.(그러다 보니 글의 중후감과 무게가 다소 떨어진다.) 본문에 앞서 남북한 복지통합에서, "추가적으로 관찰해야 할 주요 사안들"에 대해 간략히 언급하였다. 이는 이 책에서 구체적으로 논하고 싶었으나 지면 관계상 생략된 것인데, 매우 중요한 부문이라 정보제공 차원에서 간략하게 소개하였다. 또한 남북한 사회복지통합의 전략과 전술에 대해 통합 이전의 문제와 통합원칙 10계명에 대해 제시하였는데, 이는 굳이 별도의 설명이 필요 없는 부문이라 생각된다.

이어 도입부문인 제1장 서론의 문제제기를 시작으로 제2장에서 최근 통일복지에 대한 기존연구 고찰을 통일사회복지, 통일보건, 국제기구 보고서를 중심으로 분석하였다. 제3장에서 통일복지의 논의와 전제, 접근에 대한 문제를 현 시점에서 제기하였다. 제4장이 사실상 핵심 본문의 시작에 해당되는데, 제4장에서는 거시-구조적 차원에서 남북한 복지통합에 있어 운영과 제도상의 문제를 검토하고 그 통합방향을 정리하였다. 이를 토대로 제5장에서 복지통합 구성 쟁점의 사례에 대해 각 제도별로 예시·분석하였다. 제6장은 통일 전후를 기준으로 남북한 복지통합 SWOT분석을 시도하였다. 제7장은 매개적 차원에서 복지통합 문제를 간략히 언급하였는데, 이는 여타 복지통합과 밀접한 관련이 있는 사안들이다. 제8장은 복지통합과정인 구호-안정-이행-통합에 대해 간단히 요약하였다. 제9장 통일 이전 과제는 보다 더 효율적인 통합을 위해 통일 이전의 과제를 제시하였다. 제10장 결론에서 남북한 사회복지 통합 전략과 과제에 대해 가감 없이 제시하였다.(혹여 필자의 의견에 동의하지 않는 것은 전혀 중요하지 않고 아무런 문제가 되지도 않는다. 무엇보다 이 책을 기회로 더 뛰어난 연구가 발화·탄생하는 것이 중요하다. 그러한 즉, 망설이지 말고 더 좋은 대안이 있다면, 언제든지 필자를 사뿐히 즈려밟고 지나가시라.)

부록으로는 먼저 미시-행위적 수준에서 각 사회복지 제도별 통합에 대해 도표로 정리하였다. 별도의 설명은 생략하였으나 사회복지 제도 전공자라면 이해할 수 있는 부문이다.(찬찬히 보면 알 수 있다.) 다음으로 남북한의 사회복지용어에 대한 설명을 참고적으로 실었다. 이는 남북한 사회복지를 이해하고 비교하는 데 도움이 되리라 본다.

마지막으로 필자에게 많은 지지와 격려를 해주신 모든 분들께 머리 숙여 진심으로 감사의 마음을 올린다. 특히 어머니의 빈자리를 채워주신 존경하는 변도윤 전 여성가족부 장관님의 '통일은 여성과 복지가 핵심이다'라는 말씀이 안목을 넓히는 데 큰 힘이 되었다. 20여 년 전 오갈 데 없는 필자를 묵묵히 거두시고 지금까지도 자식처럼 아껴주시는 성황용 전 한국외국어대학교 교수님께 감사드린다. 필자 또한 교육자로서 스승님의 인품의 절반이라도 따라가고 싶으나 이것은 어디까지나 필자의 욕심이라 생각된다. 못난 필자에게 인생의 조언을 아끼지 않으시는 최완규 전 북한대학원대학교 총장님께 감사드리며 학자로서의 성정을 늘 배웠다. 이정희 전 한국외국어대학교 은사님께도 지면을 빌어 감사드린다. 필자의 편린을 깨뜨리게 한 안병민 한국교통연구원 박사님과 박현선 이화여대 교수님께도 고마움을 전한다.

또 필자와 영원한 학문적 전우인 안양대학교 장용철 전 부총장님께 깊은 감사를 드린다. 또한 일찍이 통일복지의 중요성을 공감, 대비하시는 국민연금연구원 이용하 원장님, 서울여대 정재훈, 노용환 교수님, 부산대학교 이기영 교수님, 가천대학교 남현주 교수님, 강남대학교 전호성 교수님, 중국 인민대학교 김병철 교수님, 한양대학교 신영전 교수님, 서울대학교 이혜원 교수님, 친우인 유원섭 교수님, 한국교통대의 민기채 교수님께 동료애와 동지애의 감사드린다.

또한 모두가 외면할 때 스스로의 자각으로 표표히 모인 '통일사회복지학회' 회원들과 '통일사회복지포럼' 식구들에게 감사의 마음을 표한다. 무엇보다 바쁜 가운데도 선선히 시간을 내어 부족한 원고를 꼼꼼히 검독한 김승혜 선생님과 서울대학교 사회복지학과 박사과정의 김효주 양에게 특별한 감사의 말씀을 올린다. 또 필자의 본교 멘토인 황보상원 교수님, 심화섭 교수님, 김상현 교수님, 김민정 교수님, 홍승모 선생님, 진선범 선생님, 전국현 선생님께도 각별한 미안함과 동시에 감사의 마음을 전한다.

시년 관례상 이 책에서 언급하시 못한 분들은 필사의 마음 안에 항시 있어 왔고 앞으로도 영원하다. 이러한 마음의 빚은 앞으로 미력하나마 더욱 좋은 연구로 보답하고자 한다. 또 연구할 다음 과제를 떠올리니 기대와 한숨이 교차한다. 마음에 남아있는 빚만큼 아직도 해야 할 일이 많이 남아 있다. 늘 그러했듯이, 무릇, 누가 뭐래도 나는 언제나 내 길을 홀로 오롯이 간다.

통일대한민국 사회복지를 위하여
2019년 10월 저자 올림

※ 일러두기

- 이 책은 남북한 사회복지 통합을 남북한 통일속도와 방식에 근거하기 보다는 북한의 현실을 감안, 북한에 대한 구호-안정-이행-통합의 과정을 상정하고 접근한 것이다.
- 나아가 이 책에서 언급하는 '통일(사회)복지'는 북한을 우선적으로 초점을 두어 통일 이후 적용·실천해야할 과제에 무게중심을 둔 반면, '통일한국 사회복지'는 통일국가로서 사회복지(체제나 제도) 즉, 남북한을 동시에 초점을 둔 접근을 의미한다.
- 이 책의 기존 연구 고찰 부문은 2015년 하계 북한연구학회 발표문 "통일사회복지 연구동향과 과제"를 수정 보완한 것이다.
- 이 책의 운영과 제도, 구성 쟁점 부문은 2014년 동계 북한연구학회 발표문 "남북한 사회복지 통합 쟁점연구: 거시-구조적 관점을 중심으로"를 바탕으로 대폭 확대, 수정·보완한 것이다.
- 그리고 이 중 일부가 "남북한 사회복지 통합에 대한 소고"라는 주제로 「동북아연구」, 2015년 제30권 1호에 게재되었다.
- 또한 남북한 사회복지제도 구성 쟁점: 사례 부문은 "남북한 사회복지 제도통합-구성 쟁점"이라는 주제로 「동서연구」, 2015년 제27권 4호에 게재되었다.
- 남북한 사회복지통합 SWOT분석은 2015년 세계북한학회 발표문 "남북한 사회복지통합 요인분석: 제도·SWOT·전략"에서 발췌, 수정·보완한 것으로 "남북한 사회복지 통합 요인-제도와 SWOT분석을 중심으로"라는 주제로 「통일문제연구」, 2015년 제27권 2호에 게재되었다.

| 추가적으로 관찰해야 할 사안들 |

　정보제공 차원에서 이 책에서 구체적으로 언급하지 않은, 그러나 남북한 사회복지통합과 관련된 대표적인 소주제들을 간략히 소개하면 다음과 같다.

　첫째, 서문에서 밝힌 바와 같이 남한 사회복지의 변화나 최근 이슈에 대한 대응들, 그로 인한 제도적 변화는 통합의 주요 변수이다. 이는 북한의 경우도 마찬가지이다. 마치 이는 마주보고 있는 X와 Y의 상호간의 변화로 인해 추후 통합의 성격과 포인트가 달라지는 Z를 예상하고 이에 따라 기존의 계획과 결과를 수정할 필요·충분조건이 발생하는 것과 같다. 따라서 현존하는 남북한 복지의 직접적인 제도적 변화나 복지환경의 변화와 추이는 남북한 복지통합이라는 고차 방정식에서 중요한 변수이다. 결국 이에 대한 지속적인 관찰과 분석, 새로운 대입은 살아있는 생물을 추적하는 것과 같이 잠시도 게을리 해서는 안 된다.

둘째, 북한의 이른바 '영웅'들 문제이다. 다수는 아니나 특수한 북한의 각종 영웅들은 일반 북한 근로자에 비해 상당히 높은 수준의 삶의 질이 보장된다. 가령 영웅 칭호를 받은 공로자가 백화점에서 물품을 구입할 경우 이들은 현금거래를 하는 것이 아니라 본인의 서명만으로 구입이 완료된다. 대체로 이들은 국가공로자연금 대상자들이기도 한데, 과연 이들에 대한 급여수준을, 이러한 특혜를 통일 이후에도 존속·유지해야 하나라는 문제에 도달하게 된다. 이는 결국 북한 특권층의 통일 이후 처리문제와도 관련이 있다.

그리고 이는 어찌 보면 과거사 청산과도 관련되어 있는 매우 민감하고 지극히 정치적인 문제이다. 따라서 이는 감정적인 대응보다는 이성적이고 현실적인 대응이 필요한 부문이다. 가령 이는 개인별 영웅 칭호의 원인에 근거하여 구체적으로 접근·평가할 필요가 있다. 또한 이들에 대한 소득과 자산을 기준으로 재평가할 필요도 있다. 즉, 통일 이후 이들의 이러한 혜택에 대한 조정이 일정부문 필요하다. 이 경우 가장 핵심은 각종 특혜와 급여에 대한 합리적 조정 '기준'이다.

셋째, 북한 사회보험료의 이중성을 넘어선 '다중성' 문제이다. 북한의 사회보험료는 제도적으로 이미 다층화 되어 있다. 북한기업 근로자의 경우 가입자가 부담하는 매월 소득의 1%와 사업장 수익의 7%로 구분된다. 그러나 북한의 외국기업에 근무하는 경우 이와 다른 부과율을 갖고 있는 것으로 추정된다. 이러한 근거는 개성공단 근로자와 라선경제특구 근로자의 사회보험료율 15% 부담 때문이다. 또한 북한의 해외 파견근로자의 경우 근로수익의 70%는 국가가 소유하고 그 나머지만 본인에게 지급된다. 이는 개성공단 근로자의 경우도 마찬가지였다. 따라서 북한의 사회보험료 부담률은 제도적으로 다층화 되어 있는 것은 증명된다.

그런데 문제는 실제로 북한이 공제하는 다양한 항목에 대해 북한이 공개한 적이 없어 다만 이를 추정할 수밖에 없다는 것이다. 이를테면 임금총액에서 공제되어 실제 지급되는 차액의 제도적 명분과 항목에서 사회보험, 사회복지와 관련한 조항이 추가적으로 존재하지 않겠느냐는 추정이 가능하다.

예측하건대, 이는 분명 존재하고 적용되고 있다고 판단되는데, 그래야만 공제에 대한 북한의 명분이 성립되기 때문이다. 그리고 만약 이것이 사실이라면 북한의 제도적 사회보험료율은 허상이고 표피가 된다. 따라서 실질적인 복지재정 부담률의 실체를 파악하여 추후 남북한 복지통합의 제도적 근거로 삼아야 한다.(과거 개성공단 임금지급표를 확인해 봤지만 이렇다 할 항목이 부재했다.)

넷째, 북한 노후보장 수준의 '비현실성' 문제이다. 북한이탈주민의 증언에 따르면 북한의 대다수 노후보장 대상자들이 수급하는 연로연금의 수준은 대략 월 3,000원 수준인데, 이는 노후보장에 매우 부족한 수준이다. 북한시장에서 담배 한 값, 두부 1모 가격이 약 3,000원 수준이기 때문이다. 문제는 이들이 취약계층이며 이러한 가운데에도 그 외에 별다른 소득 없이 생활하고 있다는 것이다. 이에 과연 북한 고령자들의 적절한 노후보장 수준이 어느 정도인가에 대한 관찰이 필수적이다.

한편 이는 국가공급의 낮은 수준이 세대별 복지공급 수준의 향상을 야기하는 다소 아이러니한 현상을 발생시켰다는 해석을 할 수밖에 없다. 즉, 이는 복지의 개인화 · 세대화 · 시장화 · 상품화를 방증한다. 따라서 향후에는 북한복지의 개인화·세대화·시장화·상품화 정도와 이로 인한 인식의 변화를 추적할 필요가 있다. 또한 추후 이를 남북한 복지통합 근거의 한 축으로도 검토할 필요가 있다. 더 나아가 이를 기반으로 북한의 취약계층에 대한 각종 보조금의 실태에 대한—통일 이후 최저생계비와 국민최저기본선도 포함하여— 관찰도 필요하다.

다섯째, 통일 이후 국민연금의 조기노령연금 확대 우려 가능성이 있다. 가령 현행 남한의 국민연금제도를 중심으로 통일 이후 북한의 가입자를 포용할 경우, 급여수준의 차이로 인해 북한주민의 입장에서 현행 남한의 55세부터 지급되는 조기노령연금을 신청할 가능성이 높다. 특히 북한 여성의 경우 노령연금 지급조건이 15년 이상, 55세 이상이면 가능하다. 물론 기존의 북한체제에서 이러한 수급자들의 발생비중은 극소수이다.

그러나 통일 이후 이러한 대상들은 ① 고용소득보다 연금소득이 높을 경우, ② 통일 이후 고용이 보장되지 않을 경우 남한의 국민연금의 조기노령연금 급여를 신청·요구할 가능성이 있다. 한편 더욱 간과할 수 없는 것은 북한의 여성들은 대부분 직장 배치를 받아 근로를 했고 사회보험에 가입해 왔다는 것이다.(사실 북한의 노령자들에 대한 노후보장은 현재로서는 기초연금 외에 달리 대안이 없는데, 이는 통일 이후 통합적 소득보장정책의 틀 안에서 구상해야 한다.)

다시 말해 이는 북한의 노동가능연령의 경우 대부분 직장을 갖고 있고 이들은 공적연금 가입자이기 때문에 통일정부는 어떠한 식으로든 이들을 책임져야 한다는 것이다. 따라서 북한주민의 입장에서 통일 이후 보다 나은 사회복지제도의 각종 복지급여 혜택을 누리고

자 할 것이다. 그러므로 이에 대한 대안도 준비해야 한다.

여섯째, 남북한 군인연금 가입기간차이와 입대연령에 의한 조기수급화 가능성이 있다. 현행 남한의 군인연금을 중심으로 북한 군인을 포용할 경우 북한군은 상대적으로 입대연령이 남한군에 비해 낮다. 이에 따라 북한군인의 경우 10대 후반에 입대하여 20년을 복무한 경우 통일 이후 30대 후반부터에 군인연금을 수령하게 된다. 특히 북한의 기존 군인연금은 수급기준이 20년 이상이다. 또한 급여수준은 남북한의 경제력 격차만큼 상당한 차이가 난다.

이러한 상황에서 통일 이후 군사 통합과정에서 전역할 북한군의 경우 소득수준이 월등히 높은 남한의 군인연금 수준을 요구할 개연성이 높다. 또한 통일 이후 북한군 전역장병을 남한 군인연금에 적용할 경우 현행 남한 군과 달리 연령대비 조기수급 할 가능성이 대단히 높다고 판단된다. 그렇게 되면 현행 남한 군인연금의 국고지원 규모가 더욱 증가할 수밖에 없는 구도가 된다. 따라서 이러한 부문에 대한 연구도 필요하다.

일곱째, 북한 산업재해보상 급여수준의 함량미달로 인해 파생되는 문제이다. 북한은 폐질연금과 노동능력상실연금을 통해 통상 산재보상 급여를 보장하고 있다. 대다수 북한이탈주민은 북한 산재보상의 은폐와 서비스 수준에 대해 불만을 표현하고 있다. 그런데 문제는 통일 이후이다.

가령 통일한국이 북한이라는 국가의 권한과 책임을 승계했을 경우 과거 북한체제에서 부족한 산재보상을 받은 근로자들이 북한보다 우월한 남한의 산재보상 제도를 통해 새로이 보상을 받고자 하는 심리는 없을까 하는 것이다.(이는 지극히 개인적인 문제일 수도 있으나 그리 간단한 문제는 아니다.) 따라서 이에 대한 통일정부의 합리적인 개입과 대응은 무엇인지 연구할 필요가 있다. 또한 이 문제는 추후 남북한 산업재해보험 통합부문에서 면밀히 검토·참조해야 할 사안이다.

여덟째, 통일 이후 북한의 잠재적 실업에 대한 대응방안 문제이다. 북한은 제도적으로 완전고용이지만 실제로는 지역별로 편차가 있으나 약 10% 이상의 자영업자들이 존재한다. 문제는 이들도 사실상 직장배치를 받고 자신이 소속한 직장이 엄연히 있는 근로자들이라는 것이다. 북한이탈주민들의 증언에 따르면 이러한 자영업자들 —페이퍼 근로자—의 규모가 직장별로 약 8-15% 수준인데, 이를 전체 북한 근로자에 대입하면 최소 100-120만 명 정도가 된다.

이 역시 문제는 통일 이후다. 통일 이후 발생할 실업자들에 대한 보호는 일부를 제외하고 현재 북한의 법제상에 존재하지 않는다. 이 경우 통일정부가 이들을 보호할 수밖에 없는데, 즉각적인 구호는 실업부조나 별도의 특별급여 뿐이다. 그러나 이 경우 남한의 근로자와 역차별이 발생하는 기이한 현상이 나타난다. 실업부조가 남한에는 없는 제도이기 때문이다.

한편 남한은 고용보험에 의한 5가지의 실업급여(구직, 상병, 훈련연장, 개별연장, 특별연장)가 있다. 현행 남한 고용보험의 구직급여는 6개월(180일) 이상 가입해야 수급이 가능하다. 이는 산재보험과 마찬가지로 통일정부가 북한의 권한과 책임을 승계했다고 할 경우 구직급여를 지급해야 하는데, 이렇게 되면 통일 이전 '장부상 근로자'였던 대상자 대다수가 자영업을 하면서 통일 이후 퇴직과 동시에 구직급여를 신청하지 않는다는 보장이 없다.

그 이유는 간단하다. 현금급여수급을 통한 소득이 창출되기 때문이다. 이 경우 또 다른 차원의 문제가 발생하는데, 그 규모와 재정의 예측불가성이다. 결국 통일 이후 잠재적 실업에 대한 대응은 크게 두 가지인데 하나는 이들에 대한 지원책이고, 다른 하나는 현재 북한의 자영업자 규모를 파악하는 것이다. 따라서 현재 북한 자영업자들의 실질소득과 자산, 그 규모에 대한 관찰도 매우 필요한 부문이다.

아홉째, 북한 보건의료 재건과 구축의 '난항'이다. 결론적으로 보건의료부분은 다른 복지 분야와 달리 상당기간 시간이 필요하다. 이는 또한 식량과 마찬가지로 통일 이전부터 개입하고 통일 이후에는 즉각적인 서비스가 필요한 부문이다. 다른 한편으로 간과할 수 없는 것은 남북한의 제도적 차이는 차치하더라도 보건의료서비스 수준의 격차, 전달체계, 의료시설과 환경, 전문 인력의 질적 수준, 의료인프라, 의료교육 등의 문제이다.

특히 지적되는 것은 북한의 의료빈곤 현실이다. 결국 북한의 보건의료서비스는 통일 이후 북한 보건의료 재건 프로그램이 별도로 필요하고 즉각적인 지원과 더불어 이를 동시에 적용·작동하게 하는 것이 통합의 관건이다. 따라서 보건의료는 여타부문과 그 궤적을 달리하는 통합방안을 준비해야 한다. 즉, 북한의 붕괴된 보건의료망—특히 북한은 소아과와 산부인과가 절실히 필요하다—을 확대하고 재구축하여 의료빈곤을 해소하는 것이 우선되어야 한다.

결국 복지통합이 구호-안정-이행-통합, 경제통합이 발전-이행-통합이라면 보건의료통합은 구호-재건-안정-이행-통합의 단계를 거쳐야 한다. 그리고 이는 남북한 부문별 통합 중 가장 난해한 통합이 예상된다. 또한 달리 보면 보건의료서비스는 교육, 취업과 더불어 남한으로 이주의 원인이 될 가능성도 대단히 높은 부문이다. 따라서 이 부문에 대한 준비와 연구는 다른 차원의 접근과 관찰, 사전준비가 필요하다.(특히 의학교육, 의료 전문인력간 협진체제, 의료교육 전수 등에 대한 사전준비도 필요하다.)

열째, 현재 북한주민의 자의 반/타의 반, 자발적/비자발적 자립·자활이 진행 중이다. 이러한 가운데 통일 이후 지원은 북한주민들로 하여금 과거로의 회귀로 인식할 가능성이 있다. 따라서 통일 이후 북한주민에 대한 남한의 지원이 자칫 무분별하고 무기한 장기적일 경우 북한주민의 입장에서 국가가 책임지는 형태로, 과거로 돌아가고 있는 것인가라는 인식을 태동·팽배하게 할 수 있기 때문이다. 이를 위해 지원과 자립화를 연계한 지원프로그램을 준비해야 하고, 이를 통해 통일복지 비용의 절감 효과를 기대할 수 있다. 무엇보다 한반도 통일은 북한이 남한의 짐이 되어 '업고 가는 통일이 아니라 같이 손을 잡고 가는 통일'되어야 한다.

열하나째, 북한의 복지 관련 법령들과 최근 입법동향이 중요한데, 이는 남북한 복지통합의 제도적 근거가 될 개연성이 대단히 높기 때문이다. 북한의 최근 입법동향을 보면, 기존에 비해 상당부문 현대화되어 가고 있는 추세이다.

가령 대표적으로는 2007년 년로자보호법, 2008년 사회보장법, 2009년 로동정량법, 2010년 노동보호법, 녀성권리보장법, 아동권리보장법을 제정하였다. 따라서 이러한 북한의 사회복지 법제의 변화에 대해 지속적인 관찰이 필요하다.

열두째, 이외에도 복지실태 부문이 중요한데, 식량·보건·위생 문제는 상시 모니터링 할 사안이다. 통일 이후 주택·식수·전기의 공급문제 또한 복지와 밀접한 관련이 있는 사안임에 따라 지속적인 관찰이 필요하다. 특히 식량의 경우 배급의 실태가 연구사례마다, 그 시기마다 다소 차이가 있다.

가령 북한이탈주민 면접조사에서는 조사대상자의 20% 가량 배급을 받았다면, 2014년 국제기구 조사에 의하면 조사대상자의 60% 가량 배급을 통해 식량을 공급받는 것으로 조사되었다. 참고로 전자는 국내 거주 북한이탈주민에 대한 조사(2012~2013년)이고, 후자는 북한 현지 사례조사를 토대로 한 것이다.

따라서 북한주민의 생존권과 직결된 식량배급 실태, 부족한 식량배급을 어떻게 공급하는가, 여기에 소요되는 비용의 원천은 어디에 있는 가 등 식량문제로 촉발된 북한의 가계생활 실태에 대한 연구가 필요하다. 한편 더욱 큰 문제는 현재 북한의 배급실태 뿐만 아니라 통일 이후 배급제의 향방이다. 추후 이 부문에 대한 정책적 판단도 필요함에 따라 동 분야에 대한 연구도 선결되어야 한다.

열셋째, '차제평등', 즉, 수혜자의 '기여비례수혜원칙'에 대한 기준과 함의이다. 통일 직후부터 남북한이 100% 동일한 사회복지제도와 사회서비스를 적용·제공할 여건은 현실적으로 대단한 난관이다. 다시 말해 이는 한마디로 사실상 불가능하다. 특히 사회보험의 경우 가입자의 기여가 반드시 필요한 제도이다. 아울러 남한의 사회보험 제도 역시 각각의 취약점과 다양한 부문의 난관에 봉착해 있다. 이러한 상황에서 통일 이후 북한주민에 대한 지원 역시 반드시 필요하다. 즉, 통일사회복지제도는 남북한의 약점이 상호 가미된 상황에서 양자의 통합을 실천해야 하는 이중적인 문제를 갖고 있다.

이러한 상황에서 통일 이전에 남북한 양자가 상존할 수 있는 해법을 반드시 준비·제시해야 한다. 가령 사회보험의 경우 일방적 지원

보다는 기여비례수혜원칙을 추진하여 차제평등을 추구하는 방안이 필요하다. 지금까지 열거한 내용을 요약하면 아래의 표와 같다.

<추가 관찰·논의 주요 사안>

연번	주요 사안	관찰 연구 대상
1	남북한 사회복지 변화와 이슈	지속적인 관찰과 대입
2	북한의 공로자 혜택	합리적 조정기준 사전 마련
3	북한사회보험료의 이중성	복지재정 실체 파악
4	북한노후보장의 열악	노후보장 적정 수준 파악
5	조기노령연금 확대 우려	대안 준비 제시
6	군인연금 조기 수령화	(상 동)
7	산재보상 급여신청과 소송	(상 동)
8	잠재적 실업, 실업급여 지출	(상 동)
9	북한 보건의료 재건과 구축	구호-재건-안정-이행-통합 시나리오
10	통일 이후 지원의 역기능	지원과 자립 연계프로그램 마련
11	북한의 복지관련 입법	지속적인 관찰
12	복지실태 파악	모니터링과 대안 준비
13	차제평등 대안 마련	기여비례수혜원칙 기준

· 출처: 저자 작성.

1. 통합 이전의 문제: 조건과 환경

1) 남북한 복지통합 전문가와 전담 연구기관 지정·육성
2) 통일사회복지사 양성: 통일복지 실천가 배출
3) 북한복지 법제, 제도, 실태, 변화 통합 모니터링: 북한복지백서
4) 남북한 복지통합 담당 준비기구 구성: 민·관·군·각 복지공단
   (공공기관) 협동

2. 통합원칙 10계명: 북한판 '마샬 플랜' 전제 하에

1) 선제적으로 통일 이전부터 대북 복지지원 사업을 실천하자
   : 유연하나 단호하게
2) 남한이 '지원' 가능하고, 북한이 '수용' 가능한 방안을 준비하자
   : 남북한 역할 분담

3) 북한주민의 부정과 비리, 부정수급을 원천적으로 방지하자
  : 남북갈등 우려
4) 남북한 복지통합을 단계, 대상, 제도별 시나리오를 준비하자
  : 속도와 방식 조정
5) 위기상태인 북한의 취약계층을 통일 직후 즉각, 구호하자
  : 요보호자의 식량과 보건
6) 통일 이후 북한주민의 노동과 소득을 연계 '고용유지'와 '소득
  상승' 방안을 준비하자
7) 통일 이후 북한주민의 '자립과 자활'을 유지하자
  : 열등처우 원칙과 체제이행
8) 남한 국민과 정부의 재정부담을 최소화하자: 재정위기 방지
9) 복지통합에 대해, 남한주민의 동의를 사전에 구하자: 국민적 지지
10) 복지통합의 역효과, 남한복지제도의 균열을 방지하자
  : 현실적인 지원 수준 유지

| 목차 |

I. 서론

급격한 통일을 이룬 독일의 경우 동독지역은 통일 후에 탈산업화
와 노동시장의 악화, 경제적 불평등의 증가, 각종 정책 등에서 사회
적 분리현상이 심화되면서 주민들의 삶의 질이 저하되고, 서독주민
사이에 심리적 이반현상이 통일 이후 장기간 가속화되었다고 평가
된다.[1]

독일통일의 경우 서독에 비해 상대적으로 낙후되었던 동독 주민
의 사회복지부문 특히, 연금과 고용부문에 대부분의 통일비용이 통
일 초기부터 장기간 집중적으로 지원되었다. 이는 통일독일 정부가
동서독 주민 사이에 삶의 질의 격차를 최대한 줄이고 동독주민의 통
일에 대한 '기대감'을 충족시켜야만 하는 정치적인 동기에 기인한다.
즉, 서독정부가 통일을 놓고 정치와 경제를 분리하지 않고 이를 합

---

1) Kaase, M., & Bauer-Kaase, P.(1998). Deutsche Vereinigung und innere Einheit 1990
-1997. *In Werte und nationale Identität im vereinten Deutschland*(pp. 251~267), VS
Verlag für Sozialwissenschaften, Wiesbaden.

치한 인식에서 비롯된 통일정책의 결과였다. 때문에 막대한 비용이 소요됨에도 불구하고 서독정부는 동독주민에 대한 생계를 최대한 지원·보장하고자 노력했고 이러한 결과가 바로 통일비용의 증가를 야기하였다.[2] 또 이러한 통일비용에 대한 부담을 부정적으로 인식하는 서독주민들의 경우 통일독일에 대한 불편함을 통일 초기에 표현하기도 하였다. 이러한 배경에는 ① 동·서독 양자 모두 구체적인 통일플랜이 준비되지 않은 상태에서 갑작스럽게 진행되었고, ② 서독에 의한 동독의 사실상의 흡수통일이었고, ③ 이에 서독의 제도를 동독에 거의 그대로 이식할 수밖에 없었고, ④ 따라서 동독의 복지제도는 거의 도외시 되었고, ⑤ 이와 더불어 양독의 경제적 격차로 인해 일방적 체제이식에 대한 문제의식과 비판이 제기되지 않았기 때문이다. 즉, 적어도 복지부문에 관한 동서독의 삶의 질에 대한 균형을 맞추는 것 이외에 이것이 야기하는 파급현상을 고려하지 않았다. 결과적으로 통일독일의 사회복지 통합은 절반의 성공을 거두었다고 평가할 수 있다. 때문에 통일독일의 사회복지 통합은 남북한에게 하나의 사례가 될 수 있을지는 몰라도 계승해야할 롤 모델은 아니다. 그렇지만 남한은 이들이 범한 오류와 부분적 실패를 결코 간과해서는 안 된다.[3] 왜냐하면 통일독일의 실패의 원인을 찾아 이를 남한이 통일 이전에 상쇄시킨다면 이것이 바로 성공적인 통일한국의 조건이 되기 때문이다. 다시 말해 실패의 원인을 사전에 대비·제거함으로써 안정적인 성공의 기틀을 마련해야 한다.

---

2) 정재훈·박수지,『동독 사회보장제도: 역사와 변화』, 한국보건사회연구원, 2017.
3) 이철수, "통일한국의 사회복지 통합 방안", 『북한』, (511), 2014, 45쪽.

그렇다면 남북한 사회복지 통합은 반드시 의무적인 문제인가, 또한 통합 시 효과는 있는가, 이를 차치하더라도 현 시점에서 통일이 될 경우 통합의 가능성은 있는가, 있다면 어느 정도 수준이고 가능한 분야는 무엇인가, 만약 이와 반대로 불가능하다면 무엇이 문제이고 어떻게 해결해야 하나, 또한 현실적으로 전략적 선택을 통해 통합속도를 조절할 필요는 없는가 등의 다양한 문제가 제기된다. 그리고 이는 비단 남북한 사회복지 통합의 사례에 국한되어 제기되는 문제는 아니다.

보다 구체적으로 남북한 사회복지통합 분야를 열거하면 첫째, 추상적 차원의 복지이념통합, 제도적 차원의 각종 사회복지 제도통합, 현실적 차원의 복지수준 통합의 1차적 범주가 있다. 둘째, 각종 사회복지제도의 법령, 적용대상, 급여종류, 급여조건, 급여수준, 재정부담, 전달체계, 관리운영 통합의 2차적 범주가 있다. 셋째, 이를 가능하게 하는 기술적이고 실천적인 차원의 3차적 범주가 있다. 넷째, 이러한 것들을 견인하는 매개적이고 환경적인 요인으로 남북한의 복지통합 전후의 협상과 절차, 남북한의 경제력, 재원조달 방안 등의 4차적 범주의 스펙트럼으로 구분된다.

이러한 점에서 본 연구의 논의의 초점은 남북한 사회복지 통합 쟁점에 대해 거시-구조-매개적 차원에서 분석하는 것이다. 이에 본 연구는 남북한 사회복지 제도통합, 나아가 통일한국의 사회복지 모형과 체제에 대한 초기단계의 논의이고 이는 장기간 단절된 남북한 사회복지(제도) 통합연구를 지속시킨다는 점에서 의의가 있다.

본 연구의 목적은 통일한국의 사회복지 통합을 감안할 때, 예상되는 남북한 각각이 다양한 사회복지 제도별 쟁점에 대한 분석과 해당

제도별 문제점을 도출하고 그 해결방향을 제시하는 것이다. 이에 본 연구는 남북한의 사회복지제도에 대한 비교연구방법을 시도[4]하였으며, 사회복지제도에 대한 분석틀은 Gilbert, N. & Terrell, P.(2010)의 기준을 활용하였다.[5]

본 연구의 서술순서는 다음과 같다. 첫째, 통일사회복지 연구에 대한 대표적인 기존 연구경향을 분석 및 평가하고 새로운 연구과제를 제시하였다. 연구경향은 통일사회복지, 통일보건의 연구분야와 연구주체인 국제기구 연구보고서를 고찰하였다.

둘째, 본 연구는 분석대상에 대한 논의의 전제로 남북한 사회복지 통합에 대한 기초적인 접근과 환경을 탐색하였다. 이에 통일사회복지의 중요성, 남한 헌법상 북한주민의 복지권, 남북한 통일복지 환경, 북한의 복지통합 전략을 간략히 논하였다.

셋째, 본 연구는 남북한 사회복지 통합쟁점을 '운영과 제도'를 중심으로 비교하였다. 이에 남북한 사회복지제도 중 공적연금, 산재보험, 보건의료, 사회보훈, 공공부조, 노인장기요양보험제도, 사회서비

---

4) 남북한 사회복지제도와 체제에 대한 보다 자세한 연구는 이철수(2012) 참조.
5) 사회보장제도의 차원(dimension of social security programs)

구분	내용	추세
적용대상	누구에게 급여를 할 것인가?	선별주의에서 보편주의로
급여	무엇을 급여할 것인가?	추상적, 제한된 급여에서 구체적, 다양한 급여로
전달체계	어떻게 제공할 것인가?	공공기관에서 공사혼합으로 소득+서비스의 통합에서 분리로
재정	재원마련은 어떻게 할 것인가?	개방형의 범주적 보조금에서 폐쇄형의 포괄적 보조금으로

출처: Gilbert, N. & Terrell, P., Dimensions of social welfare policy(7th), Boston: Allyn & Bacon, 2010, pp.69~70.

스, 배급제, 고용보험, 시설보호에서 나타나는 각각의 쟁점을 비교함으로써 거시 구조적 관점에서 남북한 사회복지 통합방향을 제시하였다. 특히 이 부문에서 본 연구는 통일 초기 북한주민 구호단계에서 남북한 사회복지 제도 통합 방향을 제시하였다.

넷째, 본 연구는 남북한 사회복지제도의 '구성 쟁점'을 분석하기 위해 적용대상, 급여계상, 급여종류, 급여조건, 급여수준, 급여지급기간, 재정부담, 관리운영 주체와 전달체계를 놓고 상술한 분석틀을 기준으로 쟁점별 사례를 제시하였다.

다섯째, 남북한 사회복지 통합 요인에 대한 SWOT분석을 시도하였다. 이에 통일 이전과 통일 이후를 기준으로 복지통합의 강점, 약점, 기회, 위협 요인을 분석하였다. 또 이를 근거로 남북한 복지통합 SWOT전략을 제시하였다.

여섯째, 남북한 사회복지 통합의 매개적 변인에 대해 간략히 고찰하였다. 이에 남북한 사회복지 법제 통합, 관련 제 기관의 조직과 인력 통합, 복지재정 통합에 따른 문제와 대응방안에 대해 논하였다.

일곱째, 남북한 사회복지 통합과정인 구호-안정-이행-통합에 대해 간략히 논하였다. 이에 구호-안정-이행-통합의 정의, 통일 초기와 통일 중기 이후 통합전략에 대해 각각 논하였다.

여덟째, 본 연구는 이상의 분석을 토대로 남북한 사회복지제도의 통합 전략과 이를 위한 현 시기의 향후 과제를 제시하였다. 지금까지 논증을 토대로 본 연구의 분석모형을 도식화하면 〈그림 Ⅰ-1〉과 같다.

<그림 Ⅰ-1> 분석모형

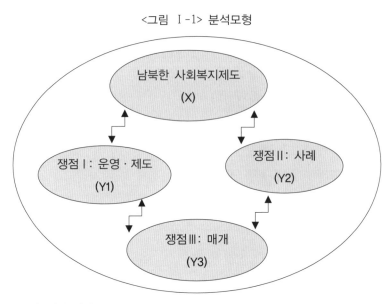

· 출처: 저자 작성.

Ⅱ. 기존 연구 고찰

1. 대표적인 통일사회복지 연구

본 연구와 관련한 최근 10년 동안 주요 연구는 다음과 같다. 조성은 외(2018)의 연구는 변화한 남북관계에 편승, 남북 당국 간 합의된 보건복지 공적 의제 분석과 북한의 사회경제적 요구 탐색을 바탕으로 남북 보건복지 분야의 실효성 있는 예비 의제(provisional agenda)를 도출하였다. 또 대북 영유아 및 아동 지원 사업의 전반적인 현황을 파악하고 여기에 참여하는 지원 기구들의 네트워크 관계를 분석하여 영유아 및 아동 지원 사업의 발전 방안을 모색하였다.

민기채 외(2017)의 연구는 통일 이후 남한의 공공부조형 주거급여 제도를 북한에 적용하는 제도이식의 관점에 기초하여 통일 이후 북한에 적용할 공공부조형 주거급여 적용방안을 제시하였다. 소성규 외(2017)의 연구는 통일을 대비하여 북한 지역의 복지 수준을 파악하고 통일 이후 복지 수요의 예측을 위해 북한이탈주민 및 중국의 북한 전문가를 대상으로 북한 주민의 생활 영역별 복지욕구를 파악하고 빈곤과 불평등의 특성 및 양상을 살피기 위해 총 4개의 영역으로 범주화하여 기본생활욕구, 근로욕구, 소득보장욕구, 의료보장욕구를 조사하였다. 이철수 외(2017)의 연구는 통일 이후 10년의 시점을 기준으로 상당 부분 남북한의 격차가 해소되었음을 가정하고 사회보장제도의 통합을 위해 기초생활보장제도와 기초연금 및 국민연금의 통합 방안에 대해 논의하였다. 또 인구 통합과 보건의료체계 통합에 따른 북한의 변화와 쟁점, 정책 과제를 분석하였고, 복지 통합의 측면에서 노인복지, 여성복지, 아동복지, 장애인복지 통합의 쟁점과 과제, 통합에 따른 분야별 변화를 살펴보았다.

민기채 외(2016)의 연구는 동독의 특별 및 부가 연금제도가 통일 이후 어떻게 변화되었는가를 역사적으로 이해함으로써 통일 이후 북한 특권층 연금제도의 통합 시나리오 및 방향을 도출하였다. 노용환(2016)은 남북한 사회보장제도 통합의 환경과 정책선택 등 현실제약요인의 검토를 통해 한반도에도 독일과 같은 형태의 사회보장제도 통합이 가능할 것인지를 분석한 결과, 제도의 차이 및 재정제약, 급속한 통합 이후 예상되는 통일한국 경제의 성장잠재력 저하 등 현실적 한계를 고려할 때 사회보장제도의 통합은 점진적 개혁과 한시적인 차등 적용의 과정을 통해 완성하는 것을 제안하였다.

이철수 외(2016)는 남북한 사회복지 통합 방안에 있어서 북한 사회복지서비스 전달체계의 구조 및 실태와 그에 따른 평가에 기초하여, 통일 이후 남북한 사회서비스 전달체계 구축에 있어서 주요 쟁점과 과제, 그에 따른 개선 방안을 제시하였다. 또 통일 이후 남북한 사회보장제도의 신속한 통합이 불가능한 상황에서 과도기적인 남북한의 이중복지체제를 북한에 어떻게 적용할 것인지에 대한 기준과 원칙, 대안을 제시하였다.

유근춘 외(2013, 2014, 2015)의 보고서는 2013년부터 2015년까지 통일한국 사회보장포럼에서 발표된 통일 후 사회보장체계에 대한 구체적인 시스템을 제안하는 연구들을 하나의 보고서로 편집한 것으로 기초연구의 성격을 띠고 있다.

국회예산정책처(2014) 연구는 한반도통일 경제적 효과를 통일비용과 편익을 분석하였다. 이는 통일복지 부문에 대한 가장 구체적인 비용추계 연구로 일정부문 의의가 있다. 김규륜 외(2014) 연구는 통일효과를 독일과 비교·측정 제시하였다. 장혜경 외(2014) 연구는 통일에 대비한 가족정책 지원 방안을 제시하였다. 강기남 외(2014) 연구는 긴급사태의 유형과 대책에 대해 사회대비책 차원의 큰 틀에서 대응방안을 제시하였다. 박복순 외(2014) 연구는 남북한 여성가족 법제 비교연구이다. 이철수 외(2014) 연구는 남북한의 공적연금제도 통합을 놓고 북한의 공적연금 제도와 실태, 통합 시 제기될 쟁점과 제도적, 현실적, 실천적 차원의 문제를 제시하였다. 최균(2014)의 연구는 통일 이후 북한의 사회서비스체계 통합과 구축 방안에 대해 거시적 수준의 해법을 제시하였는데, 이는 기존에 비교적 접근하지 않았던 분야이다. 김원섭(2014)의 연구는 독일의 통일 이후 공적연금 통합에 대해 전반적으로 고찰했는데, 통일독일의 공적연금이 순차적으로 통합하게 된 원인과 배경을 조망하였다.

이석(2013), 전홍택(2012)의 연구는 경제제도통합의 하부단위로 접근하여 공적연금, 공공부조, 고용보험, 보건의료제도에 대한 통일 이후 한시적 분리운영방안을 제시하였다. 이현경(2013)의 연구는 남북한 사회복지제도를 비교 분석하였고, 사회적 욕구충족과 사회경제적 불평등 감소를 위한 정책과 실태를 중심으로 접근하였다. 이규창 외 (2013)의 연구는 인도적 지원을 통한 북한취약계층 인권 증진 방안 연구인데, 이는 기존의 연구를 답습하지 않은 실증적 연구이자 기존 연구를 한 차원 극복한 연구로써 높이 평가할 만하다. 이철수(2013) 의 연구는 통일한국의 사회보장체계 구축을 위한 기초연구로 다양 한 사회복지부문의 통합에 대한 초기단계의 논의를 제기하였다.

박종철 외(2011)의 연구는 통일을 대비한 북한변화단계와 통일추 진단계에서 사회복지 부문의 과제를 제시하였다. 우해봉 외(2011)의 연구는 통일 이후 노후소득보장제도를 놓고 공적연금 운영의 정책 적 기본방향을 제시하였다. 이규창 외(2010)의 연구는 남북한 법제 통합의 기본원칙과 가이드라인을 통일과정과 통합사례를 포함하여 제시하였다. 연하청 외(2010)의 연구는 통일대비 사회복지와 보건 부문의 과제를 제기하였는데, 북한지역주민의 생활보호를 위한 단 기적인 긴급위기관리정책과 함께 남북한 사회복지제도의 통합을 위 한 주요정책과제의 중·장기적 기본정책방향을 제시하였다.

특히 이와 같은 논의는 통일 초기 북한지역의 경제·사회 체제전 환에 따라 발생할 대량실업과 배급체계의 완전 와해를 가정하고 접 근하였다. 연하청(2010)의 연구는 북한의 급변사태에 따른 통일과정 의 관리에서 부각될 수 있는 주요 핵심정책 과제인 북한 지역 주민 의 생활보호(basic needs)를 위한 사회복지정책 과제를 제시하였다. 이는 동 년도에 수행한 연하청 외(2010) 연구와 일맥상통하는 부문 이다. 이외에도 「북한인권백서」와 「북한백서(2011-2014)」 시리즈의 북한 식량·보건 실태에 대한 면접조사통계가 있다.

상술한 연구들은 대체로 정책적 차원의 성격을 갖고 큰 틀의 방향과 함의를 제시하고 있다. 또한 일부 연구의 경우 보다 더 실용적인 부문에 접근하였다. 그러나 문제는 상기의 연구주제들은 모두 정책적으로 분리되는 사안이 아니라는 것이다. 다시 말해 사회복지차원에서 접근하면, 통일대비 과제, 긴급사태, 경제통합, 보건의료법제통합, 노후소득보장, 법제통합 원칙 등은 사회복지와 직접적인 관련이 있다. 즉, 이는 제도적·현실적 차원에서 공통적으로 사회복지의 내용물에 해당된다. 따라서 이러한 연구들은 통합적인 관점과 시각으로 접근할 필요가 있다고 하겠다.

그러나 한편으로 지적되는 것은 상술한 기존연구에서 구체적으로 남북한 사회복지통합 가능성에 대해 논의한 연구가 사실상 전무하다는 것이다. 이는 남북한 사회복지 통합연구의 전제조건임에도 불구하고 그동안 간과되어 왔음을 방증한다. 따라서 남북한 사회복지 통합연구를 단계별로 접근할 때, 초기단계의 탐색이 생략된 채 진행되어 왔다고 할 수 있다. 이로 인해 기존연구들은 기본적으로 다소 남한 중심의 복지통합을 가상한 이식형 연구 내지는 통일 이후 대응형 연구에 주요 초점을 두고 있다. 지금까지 논증한 국내외 통일사회복지 연구 경향을 정리하면 〈표 Ⅱ-1〉과 같다.

<표 Ⅱ-1> 통일사회복지 연구 경향: 최근 10년

연번	발행연도	연구자/연구기관	주요 연구 분야	연구 성격
1	2018	조성은 외	남북 보건복지 공적 의제 분석과 전략 개발	기초연구
2	(상동)	조성은 외	북한 영유아 및 아동 지원 사업 발전 방안	정책실태연구
3	2017	민기채 외	통일 이후 주거정책	(상동)
4	(상동)	소성규 외	통일 대비 복지욕구 조사	실증연구
5	(상동)	이철수 외	통합기 단일체제의 사회보장제도	정책연구
6	(상동)	이철수 외	통일의 인구·보건·복지 통합 쟁점과 과제	(상동)
7	2016	민기채 외	통일 이후 북한 특권층 연금제도의 통합 시나리오 및 방향	정책실태연구
8	(상동)	노용환	통일 환경과 정책선택의 검토	비용 추계 연구
8	(상동)	이철수 외	남북한 사회복지 통합 쟁점과 정책과제	정책연구
10	(상동)	이철수 외	과도기 이중체제의 사회보장제도	(상동)
11	2015	유근춘 외	통일한국의 사회보장체계	기초연구
12	2014	국회예산정책처	통일사회복지비용 계측	비용 추계 연구
13	(상동)	김규륜 외	통일효과 비교·측정 제시	비교 측정 연구
14	(상동)	장혜경 외	통일에 대비한 가족정책	정책연구
15	(상동)	강기남 외	긴급사태의 유형과 대책	(상동)
16	(상동)	박복순 외	남북한 여성가족 법제	법제비교연구
17	(상동)	유근춘 외	통일한국의 사회보장체계	기초연구
18	(상동)	이철수 외	북한 공적연금 제도, 실태	정책연구
19	(상동)	이철수 외	통합쟁점과 통일복지 모형	(상동)
20	(상동)	최 균	북한복지체계 통합과 구축	(상동)
21	(상동)	김원섭	독일통일과 연금통합에 관한 연구	정책실태연구
22	2013	이 석	경제통합과 분리운영 방안	(상동)
23	(상동)	전홍택	(상동)	(상동)
24	(상동)	이현경	사회복지제도 비교	이론연구
25	(상동)	유근춘 외	통일한국의 사회보장체계	기초연구
26	(상동)	이규창 외	북한취약계층 연구	실증연구
27	(상동)	이철수	통일사회복지 체계	기초연구
28	2012	이철수	북한사회복지 체계와 이슈	(상동)
29	2011	박종철 외	통일사회복지 과제	정책연구
30	(상동)	우해봉 외	통일 이후 노후소득보장제도	(상동)
31	2010	연하청 외	통일대비 복지보건부문과제	(상동)
32	(상동)	연하청	통일사회복지부문과제	(상동)
33	(상동)	이규창 외	복지제도와 일부 실태	기초연구
34	(상동)	통일연구원	식량과 보건실태	실증연구
35	(상동)	북한인권센터	식량권과 건강권실태	(상동)

· 주: 통일보건 연구와 일부 중복.
· 출처: 저자 작성.

2. 대표적인 통일보건 연구[1]: 일부 복지와 중복

2000년대 이후 통일보건과 직·간접적으로 관련된 연구를 간략히 살펴보면 다음과 같다. 조성은 외(2018)의 연구는 시장화가 진행된 북한 사회의 최근 현실을 반영할 뿐 아니라 남북한 사회통합 과정에서 나타날 건강 관련 미시적 변화를 연구에 반영하여 앞으로 새롭게 대두될 건강 및 보건의료 문제를 파악하고 이를 해결하기 위한 선제적 정책 방안에 초점을 두었다. 조경숙(2016)의 연구는 남북한의 영아 및 아동 사망률과 관련 요인을 비교 분석하고, 연구자가 구축한 30년간(1985~2014)의 북한의 영아 및 아동 사망률 관련 데이터베이스를 이용하여 분석한 결과를 토대로 영유아 부문 장기적인 대북 인도적 지원방안을 제시하였다. 또 주요 건강지표인 평균수명, 사망률, 영아사망률 및 모성사망비에 대하여 통일 전후의 동서독 간, 그리고 남북한 간 비교 분석함으로써 향후 남북한 건강수준의 차이를 전망하였다.

황나미 외(2012)의 연구는 북한주민의 생활과 보건복지 실태를 연구하였다. 이세정 외(2011)의 연구는 통일단계를 포함, 궁극적으로 단계별 보건의료제도의 법제 통합 문제를 놓고 이를 정비하는 방안을 제시하였다. 이상영 외(2008)의 연구는 남북한 간 보건의료 교류협력의 효율적 수행체계 구축방안에 대해 연구하였다. 황나미 외(2007)의 연구는 북한 보건의료 현황과 대북 보건의료사업 접근전략

---

1) 사실 이외에도 통일보건과 관련한 북한보건 연구는 다양하고 상당하다. 또 국내 대북지원 단체에서 정기적으로 발행하는 보고서도 있지만 본 연구에서는 이를 제외하고자 한다.

에 대해 연구하였다. 남정자 외(2002)의 연구는 남북한 보건의료분야 교류협력 활성화 방안에 대해 연구하였다.

이러한 통일보건연구가 복지부문과 중복됨을 감안할 때, 연구의 지속성은 상당하다고 일정부문 평가할 수 있다. 또한 이는 복지부문과 달리 보건부문은 남북한 교류협력이 가능한 분야라는 현실적인 배경도 작용한다. 지금까지 논증한 국내외 통일보건 연구 경향을 정리하면 〈표 Ⅱ-2〉와 같다.

<표 Ⅱ-2> 통일보건 연구 경향: 최근 10년

연번	발행연도	연구자	주요 연구 분야	연구 성격
1	2018	조성은 외	남북한 보건복지제도 및 협력방안	정책연구
2	2016	조경숙	북한의 영아 및 아동 사망률과 대북 인도적 지원	실증연구
3	2016	조경숙	통일 독일의 사례를 통해 본 남북한 주요 건강지표의 현황과 전망	(상동)
4	2012	황나미 외	주민생활과 보건복지 실태	(상동)
5	2011	이세정 외	보건의료법제 통합과 정비	제도·정책 연구
6	2008	이상영 외	보건의료 교류협력	정책연구
7	2007	황나미 외	보건의료현황과 접근 전략	(상동)
8	2002	남정자 외	보건의료교류 협력	(상동)

· 주: 통일사회복지 연구에 포함되어 진행된 사례가 상당함.
· 출처: 저자 작성.

3. 대표적인 국외 연구: 국제기구보고서 중심

최근 10년 동안 통일사회복지, 통일보건과 직·간접적으로 관련
된 국제기구보고서[2]와 일반연구를 간략히 살펴보면 다음과 같다.
UN(2011)의 연구는 북한의 인도지원 수요와 지원에 대해 조사하였
다. WFP 외(2011)의 연구는 북한 식량안보 실태에 대한 긴급 현장조
사를 하였는데, 두 보고서 모두 국문 번역본이 공개되었다. 반면 영
문원문 연구로는 국제기구의 보고서로 대표되는데, 먼저 정기적으
로 발간되는 연구는 UN(2011, 2013, 2015-2019)의 북한의 인도적 지원
과 그 우선순위에 대한 보고서, UNICEF(2010, 2013, 2018)의 북한 영
유아 및 여성의 영양상태에 대한 보고서, WHO(2017-2018)이 북한 예
방접종 실태조사 보고서, UN IGME[3](2014, 2017)의 세계 영아 사망률
보고서, WFP·FAO(2011, 2013)를 중심으로 한 북한 식량안보 평가
보고서 등이 있다.

DPRK(2018)의 경우 북한에서 작성한 장애인 권리협약 이행보고서
로 북한이 장애인 권리 보장을 위해 다양한 노력을 하고 있음을 엿
볼 수 있으나 여전히 부족한 점이 많아 국제사회의 지원이 필요해
보인다. FAO 외(2018)는 세계 식량안보와 영양상태에 대한 연구로,
북한에 대한 통계가 나와 있다.

---

2) 사실 이는 연구경향이 아니라 연구주체에 따른 구분이다. 따라서 이는 상술한
   통일사회복지와 통일보건 분야와 다소 그 맥락을 달리한다. 그러나 국제기구
   연구 보고서의 정보와 가치를 감안할 때, 별도로 구성하는 것이 타당하다고 판
   단된다.
3) UN IGME은 United Nations Inter-agency Group for Child Mortality Estimation의 약
   어로 해당 그룹은 UNICEF·WHO·WORLD BANK·UN 이렇게 4개의 단체이다.

Development Initiatives(2017)은 세계 영양상태에 대해, K. von Grebmer 외(2017)는 세계 빈곤에 대해, UNFPA(2017)는 세계 재생산권의 불평등에 대해 다룬 보고서로 각 보고서에 북한에 대한 통계가 수록되어 있다. UNICEF(2017)의 연구는 북한 모자의 보건복지에 관한 보고서이다.

UN(2015)의 연구는 '대북 인도주의 필요와 우선순위 보고서'라는 주제 하에 2014년 북한의 식량배급에 대해 조사하였다.[4] 또한 WHO (2011-2014) 보고서에 북한보건에 대한 통계가 나와 있다. 그리고 이는 정기적인 보건의료백서 형태의 연구이다. Spoorenberg, T., & Schwekendiek, D.(2012) 연구에서는 현장조사를 통해 북한의 인구 변화를 밝혔다. 지금까지 논증한 국제기구의 연구 경향을 정리하면 〈표 Ⅱ-3〉과 같다.

---

4) 참고로 동 보고서에 따르면 2014년 북한 주민들에 대한 하루 평균 식량배급량은 383g으로 세계식량계획 WFP의 1인당 하루 최소 권장량 600g의 63%에 불과한 수준으로 나타났다. 이는 북한이 목표로 하는 573g에도 크게 못 미치는 규모다. 동 보고서에 따르면 이 같은 배급량은 전년도의 하루 평균 배급량 385g과 비슷한 수준이다. 특히 북한 당국의 2014년 8월과 9월 식량 배급량은 250g으로 지난 3년 사이 최저치를 기록했다. 세계식량계획은 보고서에서 북한 주민의 70%인 1천 8백만 명 가량이 식량배급제(Public Distribution System)에 의존하고 있고 주민들의 영양 부족이 여전히 큰 문제라고 밝혔다. 2014년 7월, 북한 내 133가구를 방문해 조사한 이 보고서는 조사 가구의 81%가 인터뷰 시행 전 1주일 동안 질과 양 면에서 적절한 식사를 하고 있지 못했으며 콩 생산 감소 등으로 북한 주민들이 충분한 단백질을 섭취하지 못하고 있는 것도 문제라고 지적했다. 또한 동 보고서에 따르면 2012년 현재 북한 2세 미만 영유아의 85%와 산모의 절반가량이 최소한의 영양소를 섭취하지 못하고 있다. 세계식량계획은 2015년 양강도와 함경남북도 등 9개 도 87개 군의 취약계층 180만 명에게 식량을 지원하기 위해 미화 6천 9백 40만 달러가 필요하지만 지난 8일 현재 모금은 목표액의 19.3%인 1천 3백 40만 달러에 불과한 실정이라고 밝혔다. 출처: 코나스넷(2015-04-16), "북한 작년 하루 식량배급 유엔 권장량 63% 수준", https://www.konas.net/article/article.asp?idx=41198 (검색일 2015년 4월 20일)

<표 Ⅱ-3> 국제기구 연구 경향: 최근 10년

연번	발행연도	연구자/연구기관	주요 연구 분야	연구 성격
1	2019	UN	북한의 인도적 지원 수요와 우선순위	기초연구
2	2018	UNICEF 외	북한 영유아 및 여성 영양상태	실증연구
3	(상동)	DPRK	북한 장애인 권리	실증연구
4	(상동)	FAO 외	세계 식량안보와 영양상태	통계연구
5	(상동)	WHO	북한 예방접종 실태조사	현장조사
6	(상동)	UN	북한의 인도적 지원 수요와 우선순위	기초연구
7	2017	Development Initiatives	세계 영양상태 조사	통계연구
8	(상동)	K. von Grebmer 외	세계 빈곤	통계연구
9	(상동)	UN IGME	세계 영아 사망률	통계연구
10	(상동)	WHO	북한 예방접종 실태조사	현장조사
11	(상동)	UNICEF	북한 모자 보건복지 실태조사	실증연구
12	(상동)	UNFPA	세계 재생산권 불평등	통계연구
13	(상동)	UN	북한의 인도적 지원 수요와 우선순위	기초연구
14	2016	UN	북한의 인도적 지원 수요와 우선순위	기초연구
15	2015	UN	북한의 인도적 지원 수요와 우선순위	기초연구
16	2014	WHO	세계 건강 지표	통계연구
17	(상동)	UN IGME	세계 영아 사망률	통계연구
18	2013	WFP 외	북한 영유아 및 여성 영양상태	실증연구
19	(상동)	FAO 외	북한 식량안보 평가	실증연구
20	(상동)	UN	북한의 인도적 지원 수요와 우선순위	기초연구
21	2012	S. T. & D. S	북한 인구 변화	현장조사
22	2011	UN	북한의 인도적 지원 수요	기초연구
23	(상동)	UNICEF	북한 어린이 건강	통계연구
24	(상동)	WFP 외	북한 식량안보 평가	실증연구
25	2010	UNICEF 외	북한 영유아 및 여성 영양상태	실증연구

· 출처: 저자 작성.

4. 연구 경향 분석

지금까지 논증을 토대로 ① 양적인 측면(정량), ② 질적인 측면(정성), ③ 통일대비 측면(통일준비)을 중심으로 요약·정리하면 다음과 같다. 2010년부터 2019년 현재까지 통일사회복지와 관련된 각종 연구는 총 68편이다. 이를 양적인 측면의 연구 빈도부문으로 살펴보면 복지부문이 35편으로 가장 많다. 다음으로 국제기구보고서가 25편, 보건부문이 8편이다. 그러나 이는 어디까지나 정성적인 부문을 외면한 정량적 중심의 단순분석이라 할 수 있다.

왜냐하면 국제기구보고서의 경우 연구의 범위와 내용이 여타 연구의 추종을 불허할 정도로 방대하고 구체적이다. 또한 연구기간과 투입인력, 예산규모의 측면에서도 여타 연구를 선도하고 있다. 이러한 원인은 무엇보다 국제기구 연구의 경우 북한체제에 대한 접근의 용이성, 연구의 타당성, 연구배경의 비정치성으로 인해 비교적 구체적인 실태 조사와 연구를 수행할 기본적인 조건을 갖추었기 때문이다. 이에 국제기구의 다수의 연구는 북한 현장조사를 기초로 수행한 것임에 따라 이것이 시사하는 바는 대단히 의미 있다 하겠다.

반면 국내에서 수행한 복지·보건 부문연구는 국제보고서와 같은 연구방법이나 규모에 견줄만한 연구가 수행된 적이 전무하다. 이는 물론 국내외 연구 환경의 차이에 기인하는 자연스러운 행태이다. 이로 인해 결국 국제기구 연구는 정성·정량적 측면 모두에서 여타 연구와 비교하기에는 그 차원을 달리하고 있다 하겠다.

다른 한편 보건부문은 남북한 교류협력분야, 보건의료 법제, 북한 보건 실태를 중심으로 연구수준을 떠나 다양한 접근을 시도하고 있다. 그러나 가장 기본적인 북한의 보건의료 제도나 법령, 체제에 대한 1차 문헌연구는 다소 등한시하고 있는 경향이 있다. 예측하건대 이는 동 분야에 대한 연구 전문인력이 부족하고 이로 인한 문제의식의 방향 차이 때문이라 판단된다.

반면 질적인 부문을 살펴보면 양적인 부문과 달리 복지분야는 모든 연구 주제에서 구체성, 실태성, 현실성이 다소 취약하다. 이는 동 분야의 대다수 연구가 실태연구가 아닌 정책연구를 기반으로 하기 때문이다. 이러한 점에서 현장조사 연구를 기반으로 추출한 국제기구보고서는 북한의 보건과 복지를 가장 리얼하게 묘사하고 있다. 아울러 보건분야는 보건의료의 속성상 북한의 기본 데이터를 통한 연구가 일정부문 가능하기 때문에 복지분야 보다는 질적연구 수준이 높다. 그러나 앞서 상술한 바와 같이 국내 보건부문 연구는 국제기구 연구보다는 그 수준이 상대적으로 다소 낮을 수밖에 없는 연구환경에 있다.

다른 한편으로 가장 중요한 통일대비 측면은 미세하지만 복지부문 보다는 보건부문이 단연 우세하다고 할 수 있다. 이러한 원인은 북한 보건의료에 대한 정량적 지표가 매년 발표되고 있기 때문이다. 또한 이를 기반으로 통일 이후 북한 보건의료에 대한 지원과 대응방안 연구─그것이 공개적이든 비공개적이든─가 꾸준히 지속되고 있기 때문이다. 이와 달리 복지부문의 통일대비 연구는 사실상 이제 막 태동하는 시점이라 할 수 있다.

한편 국제기구 연구는 현재를 기준으로 한 현장연구이기 때문에 통일을 대비한 연구가 아니다. 또한 국제기구 연구는 연구배경과 동기가 남북한 통일을 전혀 고려하지 않았다는 점에서 연구 출발 또는 전제의 한계가 분명히 존재한다. 때문에 통일을 대비한 연구접근이라는 것 자체가 무의미한 측면이 없지 않다. 그러나 국제기구 연구는 대북 지원, 구호단계에서는 반드시 필요한 연구임은 주지의 사실이다.

결국 통일대비·통일준비성 측면에서 보면 삼자 모두 다소 평가 절하될 수밖에 없다. 가령 현재까지 검증된 통합모형이나 방안이 제대로 연구·제시된 적이 전무하다. 아울러 다양한 제도 통합에 대한 모형이나 통합기준에 대한 설정조차 언급된 적이 없다. 이에 따라 기존의 연구는 단지 피상적인 측면에서 큰 방향에 대한 얼개 수준의 연구가 대다수이다. 따라서 향후에는 어느 분야보다도 이 분야에 대한 연구를 집중할 필요가 있다 하겠다. 지금까지 나열한 통일사회복지연구 경향 분석, 연구 초점, 연구 수준 분석을 요약하면 각각 〈그림 II-1〉, 〈그림 II-2〉, 〈표 II-4〉와 같다.

<그림 II-1> 통일사회복지 연구 경향 분석: 최근 10년

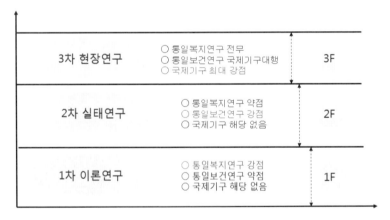

· 주: 연구실제성을 기준으로 필자가 임의로 판단.
· 출처: 저자 작성.

<그림 Ⅱ-2> 통일사회복지 연구 초점 중심: 최근 10년

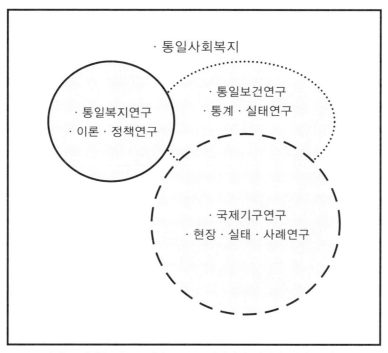

· 통일사회복지

· 통일복지연구
· 이론 · 정책연구

· 통일보건연구
· 통계 · 실태연구

· 국제기구연구
· 현장 · 실태 · 사례연구

· 주: 중복되는 영역은 연구초점과 규모를 의미하나 필자가 임의로 판단.
· 출처: 저자 작성.

<표 Ⅱ-4> 통일사회복지 연구 수준 분석: 최근 10년

구 분	국내 복지 부문	국내 보건 부문	국제기구
양적인 측면 (정량)	상	중	최상
질적인 측면 (정성)	하	중	최상
통일대비/ 통일준비	중	하	하

· 주: 평가 순은 최상 · 상 · 중 · 하 순임.
· 출처: 저자 작성.

무엇보다 향후 통일을 대비한 연구형태는 기존연구를 융합한 가운데에 계량화하여 이를 정책연구로 승화할 필요가 있다. 이러한 경우 실현·적용 가능하고 현실에 정합한 연구 성과를 기대할 수 있을 것으로 판단된다. 이에 향후 통일을 대비한 통일사회복지 연구 방향을 간략히 제시하면 〈그림 Ⅱ-3〉과 같다.

<그림 Ⅱ-3> 통일대비 통일사회복지 연구 방향

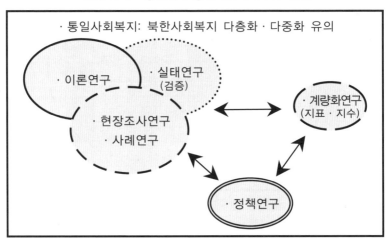

· 주: 1) 북한사회복지의 다층화·다중화는 현재 북한의 복지현실을 반영.
· 주: 2) 연구행태와 연구성격을 포함, 필자가 임의로 판단.
· 출처: 저자 작성.

5. 평가와 과제

지금까지 논증을 토대로 통일사회복지 연구에 대한 간략한 평가를 하면 다음과 같다. 첫째, 기존연구에 있어 극히 일부를 제외한 통일복지부문의 연구는 대체로 정책적 차원의 성격을 갖고 큰 틀의 방향과 함의를 제시하고 있다. 또한 무엇보다 다소 파편화되어 있는데, 이는 직접적으로 통일·북한 사회복지를 연구했다 라기 보다는 큰 틀의 연구주제 가운데에 한 부문으로 동 분야가 포함된 형태를 의미한다. 따라서 이러한 연구 경향은 거시-구조적 차원의 연구를 극복하지 못했다. 이에 향후에는 보다 더 미시-행위적 차원의 연구를 진행할 필요가 있다.

둘째, 다른 한편으로 지적되는 것은 상기의 연구주제들은 모두 정책적으로 분리되는 사안이 아니라는 것이다. 다시 말해 사회복지 차원에서 접근하면, 통일대비 과제, 긴급사태(구호), 경제통합, 보건의료법제 통합, 노후소득보장, 법제통합 원칙 등은 사회복지와 직접적인 관련이 있다. 즉, 이는 제도적·현실적 차원에서 공통적으로 사회복지의 내용물에 해당된다. 따라서 이러한 연구들은 통합적인 관점과 시각으로 접근하여 기존연구의 오류와 한계를 극복해야 한다. 또한 이는 결국 현재까지 동 분야의 전공자가 매우 부족하고 이로 인해 문제의식이 다소 취약함을 의미한다. 특히 이는 재차 동 분야가 북한·통일연구 대상의 주변부임을 방증한다. 때문에 향후 통일사회복지 연구는 통일을 대비할 때, 북한·통일연구의 중심부임을 인지해야 한다.

셋째, 통일복지 연구에서 부족한 점은 무엇보다 중요한 북한의 '복지실태'에 대한 조사나 연구가 체계적으로 진행된 적이 거의 없다는 것이다. 이러한 원인은 물론 여러 가지로 지적되는데, 연구규모와 형식이 가장 큰 원인이라 판단된다. 즉, 연구비용과 연구전문 인력의 이른바 '연구조건'의 문제가 장기간 고착화되어 있었기 때문이다. 따라서 향후 이를 극복하기 위해서는 정책적 차원의 지원이 이루어져야 한다.

넷째, 통일보건 연구는 복지부문과 달리 보건실태와 보건지표를 통한 연구, 향후 남북한 보건의료 통합에 대비한 대응방안 연구를 수행하였다. 이는 추상적 수준에 정체된 통일복지 연구와 다른 차이점인데, 이러한 원인은 무엇보다 국책연구기관이 동 분야의 연구를 주도했고 복지부문과 달리 북한 보건부문에 대한 통계와 지표에 대해 탐색이 가능했기 때문이다. 하지만 이러한 통일보건 연구가 남북한 보건의료제도나 통합에 대한 분명한 성과를 제시한 것은 사실이나 명백한 한계 또한 존재한다. 즉, 보건부문 연구는 복지부문 연구의 정체와 달리 실태와 정책연구를 동시에 진행한 성과는 있는 반면 보건의료 제도나 법령의 변화, 보다 더 적실성 있는 통일대비 통합 시나리오를 제시하지는 못했다.

다섯째, 국외연구는 대체로 국제기구의 북한 현장조사연구(특히 북한인구 연구)를 식량과 보건, 취약계층을 중심으로 하고 있어 실태에 대한 일정한 성과는 분명히 있다. 그러나 이러한 연구는 다소 비정기적이고 이벤트성 연구임에 따라 통일을 대비한 기초자료 성격일 뿐 통일을 염두에 둔 연구라 하기에는 매우 부족하다. 따라서 지속적이고 안정적인 재정지원을 보장한 후 연구를 진행할 수 있도록 해야 한다. 한편 우리의 입장에서 이러한 연구들을 활용, 기존 연구를 극복하고 통일을 대비하기 위해서는 이를 토대로 보건복지 통합의 기초자료로 활용해야 한다. 아울러 이들과의 네트워크를 형성, 지식과 정보를 공유하는 공동 연구 체제로 나가야 한다.

여섯째, 북한의 복지환경은 매우 열악한 반면 남한은 제도적 복지변동이 존재한다. 이에 통일을 대비한다면 북한 복지체제의 변동에 대해 추적해야 하고, 남한의 경우 복지변동을 통일한국을 대비한 입장에서 접근할 필요가 있다. 역설적으로 이는 남한의 복지 수준이 높아질수록 통일복지 비용이 증가함을 의미한다. 따라서 향후 남한의 모든 복지정책은 통일한국의 복지정책을 고려한 가운데에 진행해야 될 것이다. 그래야만 남북한 사회복지의 이질감이 경량화 될 것이기 때문이다. 나아가 특정 일방 복지체제가 전진하여 고착화된 상태에서 타방을 흡수할 경우 발생하는 복지비용에 대한 사전 고려, 그리고 그러한 미래를 예측한 정책이 통일 후 충격을 최소화할 것은 명약관화한 사실이기 때문이다. 따라서 남한의 모든 복지논쟁은 통일을 한축에 두고 진행해야 한다.

한편 이러한 추적에도 불구하고 여전히 문제로 지적되는 것은 북한사회복지 '실태연구'에 대한 체계적인 접근과 김정은시대의 북한사회복지에 대한 지속적인 탐색이 필요하다는 것이다. 또한 향후 동 분야의 연구는 통일한국을 대비, 연구의 분야별 확장과 더불어 각 사회복지 제도별 통합 시나리오, 북한 취약계층의 긴급구호, 보건의료서비스·북한사회안전망 구축, 사회서비스 제공 방안 등 통일과정에서 북한사회복지의 안정적인 관리방안까지 포함한 실증적인 연구방향5)으로 전개해야할 필요가 있다. 지금까지 논증을 토대로 향후 거시적 수준에서 통일사회복지의 새로운 접근과 연구 방향을 연

---

5) 가령 보다 구체적인 연구방향은 ① 실현가능하고 합리적인 남북한 사회복지 통합방안 전략 도출, ② 통일에 따른 사회복지 제도 부문의 국민적 불안감과 후유증의 최소화하는 방안, ③ 제도별·단계별·대상별 통합(방식·모형): 구호-안정-이행-통합 시나리오, ④ 남북한 주민의 통일에 대한 심리적·경제적 기대감 충족·불안감 해소방안, ⑤ 남북한 주민의 사회안전망 확충: 북한주민이 생활 안정과 기원, ⑥ 이를 통해 궁극적인 통일한국의 복지모형 연구 제시 등이 해당된다.

구 체계 정립과 미시적 수준에서 하나의 사례로 통일대비 공적연금의 단기 연구과제를 제시하면 각각 다음 〈그림 II-4〉와 〈그림 II-5〉로 요약된다.

〈그림 II-4〉 통일사회복지 연구의 새로운 접근과 연구과제

1. 북한 사회복지 실태 연구: 정기과제, "북한복지백서" 발전. 복지지수연구
2. 남북한 사회복지 제도와 법령 연구: 법제 통합 대비, 위헌 요소 대비
3. 남북한 사회복지 통합 모형 연구: 북한 주민의 최저생계 기준선, 복지급여 기준
4. 남북한 사회복지 통합 시나리오 연구: 제도·시기·대상·위험·계층별 접근
5. 통합모형과 시나리오별, 복지재정 시뮬레이션(추계) 연구
6. 통일사회복지 재정(비용)과 재원 조달 연구
7. 관리운영체계 통합 연구: 분야·단계·기관별 준비
8. 전달체계 통합 연구: 복지기관별 교육, 연수 준비
9. 복지체제 이행 연구: 주요 사례국 연구
10. 전문가와 전문기관 육성, 전문화·조직화
11. 사회서비스 전문 운영기관별 통합 교육·훈련
12. 통일대비 국민적 동의, 남한 복지제도의 합리적 유지를 위한 대안 제시

· 출처: 저자 작성.

〈그림 II-5〉 통일대비 공적연금의 단기 연구과제: 예시

1. 남북한 공적연금 통합 쟁점과 해결 방안
2. 북한사회보장 실태 조사 및 정량(정성)평가
3. 남북한 공적연금 통합 시나리오 유형 개발
4. 남북한 공적연금 재정추계 시뮬레이션
5. 통일 이후 북한주민 기초연금 도입 방안
6. 통일 이후 북한주민 통합 소득보장 프로그램
7. 북한주민 최저생계기준선(소득)

· 주: 공적연금 장기과제는 〈그림 II-4〉에 포함.
· 출처: 저자 작성.

Ⅲ. 논의의 전제와 접근

1. 통일한국 사회복지의 중요성: 가치·접근·과제

통일한국의 사회복지는 왜 중요하고 얼마나 중요한가? 결론적으로 통일사회복지를 아무리 강조해도 지나치지 않은데, 그 근거를 열거하면 다음과 같다. 첫째, 통일한국의 사회복지는 통일한국의 이념적 정체성은 물론이거니와 남북한 주민 삶의 질을 결정하는 제도적 장치이자 요소이다. 결국 통일한국 사회복지의 모습이 어떻게 결정·진행되고 자리매김을 하느냐에 따라 통일한국의 '국가정체성'이 나타난다. 즉, 통일한국이 어떠한 국가이고 어떠한 국가가 되기를 지향하고 있는가에 대한 답은 통일한국의 사회복지에서 결정된다 하겠다. 그리고 이는 우리의 통일철학과 직결되는 사안이다.

둘째, 무엇보다 사회복지는 제도적 속성상 국민의 삶의 질과 직결된다. 이에 사회복지제도는, 사회정책이자 제도로서 통상 고용이 불안하고 소득과 복지 수준이 낮은 국가의 경우 상대적으로 민생범죄

율이 높고 이에 따른 치안이 불안하며 종국에는 사회 갈등과 불안을 야기한다. 이와 반대로 해당국가가 고용과 소득, 복지 수준이 국민의 욕구에 부합하면 사회가 안정적인 경향이 있다. 때문에 특정국가의 사회복지는 해당국가의 사회문제와 항시 상관관계를 성립한다. 따라서 이러한 경향과 상관관계를 통일한국에 대입하면 통일한국에서 사회복지의 중요성은 재차 중차대한 문제이다.

한편 주지하다시피 통일한국의 상대인 북한은 남한보다 절대적으로 고용이 불안하고 소득이 낮고 복지수준 또한 일천하다. 아울러 이로 인한 사회전반의 부정과 부패, 비리가 만연하고 있다. 역설적으로 이는 북한주민의 삶의 질을 방증하고 있다고 하겠다. 즉, 단면적으로 볼 때, 북한의 복지수준은 북한주민이 그리 만족할 만한 수준이 아님을 의미한다. 반면 남한은 북한에 비해 고용, 소득, 복지수준이 월등히 앞서기는 하지만 여전히 복지사각지대가 존재한다. 그러나 남북한 양자의 고용, 소득, 복지 수준만을 놓고 볼 때 남북한은 비교할 수 없을 정도로 수준차이가 존재한다.

셋째, 이와 연장선상에서 특히 주민 대다수가 빈곤층인 북한의 경우 통일 이후 통일에 대한 인식과 평가를 하는 판단기준의 하나가 된다. 즉, 북한주민이 통일 이후 받게 될 각종 복지혜택은 그들의 삶은 물론이거니와 생존권과 직결되는 사안이다. 이에 통일 이후 그들이 받는 각종 복지혜택 수준은 통일 이전과 비교하는 판단근거가 된다. 그리고 이러한 비교를 통해 북한주민들은 통일에 대한 감성적 수준의 판단을 할 것이다.

넷째, 통일한국의 사회복지는 (남)북한 주민의 가족해체와 불평등을 방지하는 '법적 기제'와 궁극적인 '내적 통합'의 제도적 수단이다.

때문에 통일한국의 사회복지는 ① 국민들—특히 북한주민—에게 개인과 가족의 생계, ② 남북한의 실질적인 통합요소, ③ 정서적 일체감, ④ 사회적 연대성, ⑤ 통일에 대한 기대감 충족, ⑥ 통일의 불안감을 해소시키는 1차적인 요소로 매우 중요한 사안이자 정책과제이다.

그렇다면 통일한국의 사회복지는 어떻게 접근해야 하는가? 이러한 문제는 결국 통일한국이 추구하는 ① 이상적인 복지국가 모형에 대한 중장기적인 목표 설정, ② 이를 뒷받침 할 수 있는 남북한의 정치경제력, ③ 현존하는 남북한 사회복지 제도의 법적 수준과 향후 전개방향, ④ 남북한 사회복지제도의 통합기준·속도·방식, ⑤ 남북한 사회복지의 양·질적 차이, ⑥ 더욱이 남한과 달리 심각한 북한 사회복지 제도와 현실의 차이, ⑦ 이러한 것에 소요되는 재원조달 방안, ⑧ 남북한의 사회인구학적 변화 등 여러 가지 요소를 고려해야 한다.[1]

다른 한편 당연한 지적이지만 투명하고 관찰 가능한 남한의 사회복지와 달리 북한의 경우 사회복지에 관한 '사회복지 제도와 사회복지 현실의 격차'가 매우 심각하다. 또 이러한 현상이 상당기간 지속되어왔고 이른바 사회주의 체제의 '복지의 정치성'이 매우 강한 점을 고려해야 한다.[2] 하지만 다른 한편으로 통일이 될 경우 통합기준[3]에 대한 1차 자료는 먼저 '복지제도'를 중심으로 할 수밖에 없다. 만약 이러한 경우 남한은 북한사회복지의 실체와 다른 법적 기준을 가지고 접근, 종국에는 정책적 오류를 범할 개연성이 있다.[4] 즉, 남한

---

1) 이철수, "통일한국의 사회복지 통합 방안", 『북한』, (511), 2014, 46쪽.
2) 위의 책.
3) 한편 현재까지 특정체제간의 사회복지 제도통합에 대해 이론적으로 참조할 만한 '사회복지 통합이론'은 사실상 전무하다.

정부는 북한의 제도적 레토릭(rhetoric)과 실제(real)에 대한 간극을 간과할 개연성이 존재한다.

따라서 남한정부는 이에 대한 철저한 사전 검증, 즉 북한사회복지 제도와 현실의 격차를 고려하면서 통일 이후 북한주민의 적절한 (최저)생계기준선과 이에 따른 정책집행 계획을 준비해야 한다. 나아가 국민이 용납하고 수용, 부담할 수 있는 남북한 사회복지 통합 시나리오를 공개하고 검증해야 한다. 아울러 이를 기반으로 통일 이전에 통일비용 재원 마련과 조달, 전문 인력의 훈련, 관련 제 기관의 제반 교육 등을 반드시 수반해야 한다.5)

한편 통일사회복지 전략은 다양한 스펙트럼이 존재하는데, 여기에는 ① 사회정책, 노동(고용), 주택, (최저)임금수준, (최저)생계보장, 생활수준 향상, 소득보장정책, 취약계층 긴급구호, 저소득층 자활지원 등 사회복지와 연계된 분야와 이들을 동시에 같이 봐야 하는 한 축, ② 통일의 전제된 문제인 체제(이행) 통합기준-속도-방식, 세부 분야별 통합기준-속도-방식 등 남북한의 통일 기준과 환경에 따른 상위 범주의 한 축, ③ 이러한 것에 소요되는 전체 재정부문 조달과 확충 방안의 한 축, ④ 아울러 이를 사전에 준비하고 교육·훈련하는 한 축이 모두 연계된 문제이며, ⑤ 이러한 축들을 정책적으로 혹은 의도적으로 분리·통합·(한시적) 유예 적용할 건지에 따라 각각의 접근과 해법을 달리하고, ⑥ 이것은 우리의 통일철학과 남북한의 현실, 통일의지와 능력에 대한 사실상 현실적 차원의 합리적인 조합—실현가능성—의 문제이다.

---

4) 이철수, "통일한국의 사회복지 통합 방안", 『북한』, (511), 2014, 46쪽.
5) 위의 책.

다른 한편 남북한 사회복지 통합에 앞서 선결해야 하는 과제는 복지체제 이질성과 더불어 남북한에 상존하는 각 사회복지 제도의 간극에 대한 분석이다. 이를 통해 남북한 사회복지의 제도별 근친성과 이질성, 공통점과 차이점 등에 대한 문제를 지적하는 것이 간극의 정도에 접근하는 척도이다. 즉, 이러한 분석을 통해 발견된 제도별 간극은 궁극적으로 남북한 사회복지 통합 기준과 방식, 속도와 범위, 제도별 급여 수준과 운영원리 등에 대한 합리적인 접근을 위한 근거이다. 결국 상술한 논증을 바탕으로 할 때 통일한국에 있어 통일사회복지는 통일의 가장 큰 내용물—민족복지를 결정하는—임을 인지해야 한다. 그리고 무엇보다 이는 평화롭고 질서 있는 통일을 담보할 수 있는 정책적 수단이다. 참고로 통일사회복지에 대한 스펙트럼을 도식화 하면 〈그림 Ⅲ-1〉과 같다.

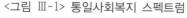

<그림 Ⅲ-1〉 통일사회복지 스펙트럼

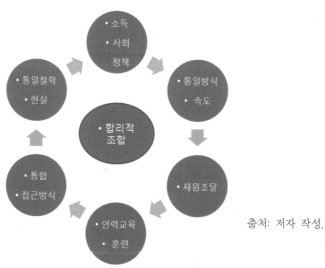

출처: 저자 작성.

2. 대한민국 헌법과 북한주민의 복지권

1) 1996년 대법원 판례와 2000년 헌법재판소 결정

현재까지 대한민국 헌법이 보장하는 북한주민의 권한에 대해 다소 등한시 한 경향이 있는데, 이는 매우 위험한 현상이다. 왜냐하면 통일헌법이 부재한 상황에서 통일 이후를 감안하면 현재를 기준으로 대한민국 헌법이 보장하는 북한주민의 권한에 따라 각종 하부 법적 규정이 적용될 개연성이 있기 때문이다. 이에 현재를 기준으로 판단할 때, 헌법상 북한 주민의 '복지권'에 대해서는 1996년 대법원 판례를 주목할 필요가 있다. 1996년 11월 12일 대법원은 "휴전선 이북의 북한지역은 북한정권이 점령하고 있어 대한민국의 통치권이 미칠 수 없더라도 이는 사실상의 효과일 뿐이고 규범적으로 보면 당연히 북한의 주민에게는 대한민국의 헌법과 법령의 효력이 미치기 때문에 북한주민도 대한민국 국민으로서의 지위를 가지게 된다"[6]라고 판시하였다.

이는 대한민국 헌법 제3조 "대한민국의 영토는 한반도와 그 부속도서로 한다"에 의거, 북한주민도 대한민국 국민으로서의 동등한 지위를 갖는다고 본 것이라 판단된다. 때문에 통일헌법 제정을 배제한 현 상황에서, 이러한 관점에 근거하면 북한주민도 남한주민과 동일한 법적지위를 가짐에 따라 사회복지부문에 관한 동일한 제도를 적용해야할 국가의 의무와 국민—북한 주민—의 권리가 성립된다. 또 이 경우 현행 남한 사회복지제도를 북한주민에게 적용하고 북한주

---

6) 대법원 판례 1996.11.12. 96누1221.

민은 해당 서비스를 제공받을 수 있는 법적 상관관계가 형성된다.

나아가 이는 남한제도 중심의 사회복지 통합의 법적 근거로 확장될 수 있음을 의미한다. 따라서 이를 근거로 남한의 입장에서 접근하면 법적으로 사회복지부문에 대한 통합은 남한제도를 중심으로 진행해도 무방하다. 하지만 이는 어디까지나 북한의 의사를 배제한 상황에서의 판단이라는 비판도 가능하다. 그러나 다른 한편으로 사회복지적 관점에서 동 판례가 무엇보다 중요한 것은 남한이 북한주민에게 남한과 동일한 제도와 수준의 모든 사회서비스를 적용·집행해야 하는 국가의 의무를 인정한 것이기 때문이다.[7]

2) 문제점 제기

이러한 판례는 통일을 감안할 때, 몇 가지 문제점과 과제가 제기된다. 이를 열거하면 첫째, 1996년 당시 대법원의 판례는 현행 국민기초생활보장제도, 기초연금제도, 긴급복지지원제도 등이 제정되지 않은 상태의 판례이다. 이후 남한은 상술한 복지제도를 비롯하여 다양한 제도를 도입 시행, 발전하여 현재에 이르고 있다. 다시 말해 1996년과 2015년 현재를 비교하면 남한정부가 북한주민에게 제공해야할 복지제도가 상당부문 증가하였다. 따라서 이로 인해 복지부문의 통일비용이 자연히 증가할 수밖에 없는 구도가 된다.

---

7) 한편 2000년 8월 31일 헌법재판소도 이와 거의 동일한 결정을 내렸는데, "우리 헌법은 제헌 헌법이래로 '대한민국의 영토는 한반도와 그 부속도서로 한다'(제헌헌법 4조, 현행 헌법 3조)는 규정을 두고 있다. 대법원은 이를 근거로 하여 북한지역도 대한민국의 영토에 속하는 한반도의 일부를 이루는 것이어서 대한민국의 주권이 미치고 북한주민도 대한민국 국적을 취득·유지하는데 아무런 영향이 없는 것으로 해석하고 있다" 헌재결정 2000.8.31. 97헌가12.

둘째, 동 판례를 근거로 할 때, 만약 통일 직후 북한주민에 대한 지원을 위한 '특별법'도 그 구성, 내용, 수준에 따라 위헌적 요소가 다소 존재할 가능성이 있다. 다시 말해 남한과 동일한 복지제도와 수준을 고려하지 않는 특별법을 제정할 경우 이는 곧 상기 판례를 위반하게 된다. 나아가 정부가 북한주민에게 상대적으로 현격한 차이가 존재하는 복지제도와 수준을 제공할 경우 이와 마찬가지 상황에 직면하게 된다고 판단된다.

셋째, 일부에서 주장하는 복지부문의 '한시적인 분리운영 방안'도 상당부문 위헌적 요소로 간주되거나 위헌 논란에 맞닿을 수밖에 없다. 즉, 통일한국이 출현했음에도 불구하고 단일국가에 두 가지 복지제도와 수준의 차이가 깊이 존재한다면 동 판례를 위반하게 된다. 따라서 과도기적 성격의 한시적인 남북한 사회복지제도 분리운영방안이 합리적일지라도 이를 감안한 가운데에 진행해야 한다. 다시 말해 위헌적 요소를 배제한 제도를 도입 적용해야 하는 남한정부 내지는 통일정부에 이를 해결해야할 과제가 제기된다 하겠다.

넷째, 이와 연장선상에서 북한 주민에 대한 차등급여도 위헌적 소지가 다분히 존재한다. 가령 국민기초생활보장제도, 기초연금, 의료급여 제도를 통해 북한주민의 최저생활을 보장하고자 할 때, 남북한 주민 모두 거의 동일한 수준의 급여를 제공받아야 한다. 왜냐하면 이러한 제도들은 공공부조에 해당되기 때문에 특정 일방에 대해 차등급여를 지급할 수 없는 부문이기 때문이다. 역설적으로 이러한 경우 적어도 사회복지제도에 관한 1국가 2체제, 1국가 이중기준이 되고 북한주민이 이를 수용할 여부도 현재로서는 불분명하다.

결국 1996년 대법원 판례는 ① 남한제도에 대한 북한주민의 복지권 보장, ② 그동안 신설된 남한의 다양한 사회복지제도, ③ 남한정부가 이를 적용해야 하는 법적 의무와 맞물려서 통일사회복지에 대한 또 다른 차원의 문제를 양산·제기하고 있다.

3. 남북한 통일복지 환경: 남한-개혁, 북한-낙후

사회복지통합을 위한 남북한의 통일복지 환경도 그리 녹녹하지 않다. 남한은 각종 복지 현안문제와 제도의 부문적 변화가 내재되어 지금도 복지환경이 바뀌는 과정 중에 있다. 반면 북한은 현재 북한 주민 '삶의 안보권'이 안정적이지 않고 크게 위협받고 있다. 즉, 남북한 사회복지통합을 위한 긍정적인 요소보다는 부정적인 요소가 상대적으로 많다고 판단된다. 구체적으로 이러한 남북한 통일복지 환경을 열거하면 다음과 같다. 첫째, 무엇보다 북한의 문제가 매우 심각한데, 북한의 긴급구호 대상자는 크게 영유아, 노인, 임산부로 대표된다. 이에 2010-2013년 발간된 국제보고서에 따르면 이들의 규모가 최소 300만에서 최대 600만으로 추정된다. 이들은 북한의 대표적인 취약계층인데, 남한의 시각으로 보면 이들은 모두 긴급복지지원제도의 대상자들이다. 따라서 남한정부는 통일 직후[8] 이들에 대한 생존권을 보장·보호하기 위한 즉각적인 개입이 필요하고 이 경우

---

8) 박종철 외(2011)는 통일대비 사회분야 과제에서 북한변화단계의 과제와 통일 추진단계 과제로 구분하여 제시하면서 통일추진단계에서는 기초생활보장을 중심으로 사회보장제도의 다층화, 사회복지 재정확충을 위한 제도적 개선, 북한 인구이동의 억제를 위한 북한지역 내 사회복지 인센티브 강화, 대규모 북한 주민 수용을 위한 종합적인 복지프로그램 마련을 과제로 제시하고 있다. 출처: 박종철 외, 『통일대비를 위한 국내과제』, 통일연구원, 2011, 171쪽.

통일 초기는 물론이거니와 전체 복지비용의 증가도 불가피하다.

둘째, 이와 마찬가지로 취약계층 중 북한의 노령인구 즉, 공적연금 수급 규모는 2019년 현재 약 448만 명 정도로 추정되는데[9], 이들의 열악한 노후보장에 대해 국가의 개입이 절실하다. 한편 이를 정태적으로 접근, 2019년 3월 기준 남한의 국민연금 수급자 총 규모가 약 458만 명임을 감안하면 이 경우 상당한 규모—2019년 3월 기준 남북한 총 907만 명—의 남한 공적연금 지출이 예상된다.[10] 또한 북한의 노령층은 남북한 소득 격차로 인해 남한의 현행 기초연금 수급대상자로 자동적으로 편입된다. 이 경우 통일한국 기초연금 수급자는 남한 475만 명—2017년 8월 기준—과 북한 약 448만 명이 합해져 도합 923만 명 정도가 된다. 이에 따라 현행 남한의 기초연금 지출은 약 2배 이상 자동적으로 증가하게 된다.[11]

셋째, 국민기초생활보장제도 수급대상의 경우도 남북한 소득격차

---

9) 북한의 연금수급개시 연령인 남자 60세, 여자 55세 이상을 기준으로 했을 때, 2019년 북한 노령연금 수급자는 약 448만 명으로 추정된다.
출처: 국가통계포털, http://kosis.kr/bukhan/pyramid/pyramidPopulationView.jsp?parmYear=2019&pyramidId=PYRAMID002 (검색일: 2019년 7월 7일)

10) 2019년 3월 현재 연금 종류별로는 노령연금 수급자 377만 명, 장애연금 수급자 70만 명, 유족연금수급자 74만 명이며 현재 60세 이상 인구 1,103만 명 가운데 39% 정도인 432만 5천 명이 국민연금을 받고 있다.
출처: 국민연금공단, 『국민연금 공표통계』, 2019.3, 14쪽.

11) 물론 이는 지금 현재를 기준으로 한 정태적인 판단이다. 따라서 통일 이후의 북한의 상황에 따라 다양한 변화 가능성이 있다. 가령 여기에는 북한 근로자와 가구별·세대별 소득과 자산의 변동 폭이 핵심이다. 결국 남북한의 동태적인 변화에 따라 다른 결과를 야기할 수 있다. 한편 다소 긍정적인 동태적 변화—통일 이후 북한의 소득과 자산증가—를 전제로 한다 할지라도 북한주민의 경우 대규모의 자산과 소득 증가가 전제되지 않는다면, 지금 북한의 노후보장과 소득 현실이 통일시점까지 상당부문 호전되지 않는다면 괄목할만한 변화를 야기할 수 있는 조건이 성립되지 않는다. 아울러 이러한 예상은 후술한 국민기초생활보장제도의 분석과도 일맥상통하다.

로 인해 북한 근로인구의 약 90%(최대치 추정) 이상이 대상자가 될 수밖에 없는 구도이다. 북한의 근로자들은 공식적인 월 평균 소득이 북한 원화로 3,000-5,000원 정도인데, 이는 공식적인 북한의 환율로 보면 3-5달러 수준이다. 그리고 이로 인해 이들은 재차 남한의 의료급여 수급대상자가 된다. 북한의 전체 근로인구(경제활동인구)는 2017년 기준 1,410만 정도로 추정[12]되는 것을 감안, 여기에 남한의 기초생활보장수급대상자 2017년 기준 대략 158만 명(전체 인구의 3.1%)을 합하면 통일한국=빈곤층 확대 재생산이라는 불명예를 안게 됨은 물론이거니와 공공부조의 지출 역시 증가하게 된다.[13]

특히 의료급여의 경우 상술한 바와 같이 절대 다수의 북한주민이 대상자가 될 것이다. 또 통일한국 정부는 이들에게 서비스를 반드시 제공해야할 의무가 있다. 그러나 이러한 부문에 소요되는 재원조달도 문제지만 더욱 큰 문제가 있다. 북한의 보건의료 현실로 인해 사실상 통일 직후 이를 당장 실천하기가 불가능하다는 것이다. 이는 보건의료서비스의 내재적 속성과 관련이 있다. 가령 보건의료부문은 여타 복지부문과 달리 자원, 조직, 인력, 예산과 더불어 별도의 의료 전문인력, 의료기술, 의료인프라, 간접적인 환경 등이 사전에 조성되어야만 실현가능하다. 따라서 의료급여는 북한의 열악한 의료현실로 인해 사실상 통일 직후 의료구호를 확대실시하고 추후 그 경과에 따라 의료급여를 적용할 수밖에 없다.

반면 이러한 통일 초기 과정에서 환경적인 요인으로 인한 북한주

---

12) 1993년과 2008년 센서스를 기초로 통계청에서 추계한 2017년 기준 북한 인구는 2,501만 4천 명, 경제활동 인구는 1,410만 3천 명이다.
   출처: 통계청, 『북한의 주요통계지표』, 2018, 76쪽.
13) 또한 여기에 북한의 시설보호 수용자, 장애인 보조금 수령자가 추가된다.

민의 의료급여 수급권의 미이행—혹은 미보장—에 대한 보상을 현금급여 형태로 지급하거나 보존하는 방안도 있다. 그러나 이는 남한의 의료급여와 전혀 다른 형태이고 통일한국 정부가 이를 수용할 경우 또 다른 비판에 직면할 개연성이 있다. 결국 이러한 예시와 같이 통일복지에 관한 남한의 완벽한 준비가 반드시 북한에 적용될 수 있다는 단언을 하기에는 다소 무리가 따르는 분야도 존재한다. 예컨대 상대적으로 '남한의 수준 높은 복지제도와 북한의 수준 낮은 복지현실'로 통칭되는 남북한의 상황으로 인해 다양한 딜레마를 양산하고 있다.

넷째, 각종 사회복지제도와 프로그램의 실천적 차원에서 북한의 낙후된 복지현실을 지적하지 않을 수 없다. 북한은 부족한 식량 문제, 보건의료망 붕괴, 위생, 전기, 식수, 주택, 복지 기반과 복지인력 부족, 나아가 심각한 부정과 부패가 상존하는 것을 고려하면 통일복지환경은 결단코 통일한국에 유리하지 않다. 즉, 가령 상술한 문제를 해결하기 위해 남한정부가 필요한 자원을 모두 원만히 제공한다 하더라도 재원과 인력의 공급만으로 단박에 북한의 복지현실을 극복하기에는 현실적인 과제가 산적해 있다. 이에 한마디로 통일복지환경은 '북한주민의 열악한 복지현실', '남한제도의 도입의 불가피성', '남북한 양자의 경제적 격차'로 인해 복지통합의 과정은 북한주민에 대한 사실상의 '구호-안정-이행-통합'의 과정을 따를 수밖에 없고 이것이 바로 한반도통일이 독일통일과 다른 이중고이다.

다섯째, 이밖에도 현재 추진 중인 남한의 공무원연금 개혁, 맞춤형 급여체계 개편으로 인한 기초생활보장 수급자의 현금급여(생계급여와 주거급여) 증가, 매년 증가추세인 건강보험료, 국민연금 가입자[14]와 기금운영 공사화, 연기연금 도입 등 일련의 변화를 추동하는 남한의 복지제도 역시 통일을 변수—대체로 통일을 고려하지 않은—에 놓기엔 당면한 현실적 한계가 엄연히 존재하고 있음을 결코 간과해서는 안 된다.[15]

여섯째, 통일로 인해 간과되는 것이 있는데, 바로 남한 절대빈곤층의 이른바 '복지사각지대' 문제이다. 한국보건사회연구원에서 2017년도에 발간한 「2017년 빈곤통계연보」를 보면, 통계청 자료를 바탕으로 조사했을 때 2016년 기준으로 최저생계비 기준 빈곤율은 시장소득 기준 14.0%, 경상소득 8.3%, 가처분소득 9.3%, 소비지출 17.1%, 가계지출 9.0% 이다. 이에 대략 절대빈곤층이 10% 전후라고 보고 전체 5천만 인구라 할 때 약 5백만 명 정도를 절대빈곤층이라 하겠다. 기초생활보장 수급자의 추이를 살펴보면 2014년 132만 명에서 2015년 164만 명으로 32만 명이 늘었다가, 2016년 163만 명에서 2017년 158만

---

14) 남한은 2016년부터 실업자도 국민연금 가입이 가능하다. 또 2019년부터 직장가입자의 건강보험료율은 보수월액의 6.46%로, 지역가입자의 보험료 부과점수당 금액은 189.7원으로 인상되었다.
출처: 보건복지부 보도자료(2018-06-28), "2019년 건강보험료율 인상률 3.49%(6.24%→6.46%)로 결정", http://www.mohw.go.kr/react/al/sal0301vw.jsp?PAR_MENU_ID=04&MENU_ID=0403&page=1&CONT_SEQ=345249 (검색일 2019년 7월 7일)

15) 다른 한편의 지적으로는 한국의 사회보험(건강보험, 국민연금, 고용보험, 산재보험)의 경우 현재 적용이 각각 분리되어 있어 비효율적인 면이 많다는 논쟁이 지속되어 왔다. 또한 소득파악이 제대로 되지 않아 보험료 징수의 형평성 문제가 제기되고 있다. 따라서 북한의 사회보험 도입 시 사회설계사(social planner)의 입장에서 전체 사회보험에 대한 설계(대상, 징수ㆍ적용 및 급여 체계, 소득파악의 문제)를 할 필요가 있다. 즉, 점진적인 통일 논의를 염두에 둘 때 사회보험의 설계는 전체를 조율하는 입장에서 설계하고 남한의 사회보험 개선을 동시에 추진하여 일정 기간 후 전체를 통일하는 방안을 유력하게 고려해야 할 것이다. 이는 대단히 적확한 지적이다.
출처: 전홍택 편, 『남북한 경제통합 연구: 북한경제의 한시적 분리운영 방안』, 한국개발연구원, 2012, 117쪽.

<표 Ⅲ-1> 남북한 사회복지 통합과 논의의 전제

연번	주요 영역	기능과 파생되는 문제
1	통일사회복지의 중요성	· 주민 삶의 질을 결정하는 제도적 장치 · 가족해체와 불평등을 방지하는 법적기제, 내적통합 수단 · 통일 이후 민족복지를 결정하는 기준
2	헌법상 북한주민의 복지권	· 1996년 판례, 현재 복지제도 적용 시 복지비용 증가 · 통일 직후 북한주민 지원법 위헌적 요소 가능성 · 한시적 분리운영 위헌적 요소 가능성 · 차등급여 제공시 위헌적 요소 가능성
3	남북한 통일복지 환경	· 북한의 대규모 긴급구호 대상 · 북한의 공적연금, 기초연금 대상 증가로 지출 증가 · 기초생활보장대상자 증가로 지출 증가 · 북한 식량, 보건의료망 등 복지인프라 부족 · 현실적으로 북한주민에 대한 구호-안정-이행-통합 과정 · 남한 사회복지제도의 변화와 개혁 · 남한 복지사각지대 절대 빈곤층

· 출처: 저자 작성.

명으로 5만 명이 감소했다. 또한 기초생활보장 수급자와 차상위계층 일부로 구성되는 의료급여 수급자는 2014년 144만 명에서 2015년 153만 명으로 9만 명이 늘었다가, 2016년 150만 명에서 2017년 148만 명으로 2만 명이 감소하는 경향을 보였다. 참고로 2015년에 수급자 수가 증감한 이유는 2015년에 생계, 의료, 주거, 교육 등 분야별로 수급자를 따로 선정해 기초생활 급여를 지급하는 '맞춤형 기초생활보장제도'를 시행했기 때문이다. 이렇게 보면 절대빈곤층으로 추정되는 500만 명 중 수급자 158만 명을 빼면, 무려 342만 명이 수급 대상에서 제외된 것이다. 그리고 이들이 바로 '복지 사각지대'에 놓인 절대빈곤층이다.

문제는 이러한 상황에서 통일 직후 북한에 대한 지원이 정서적으로 가능한가, 그리고 이것이 윤리적으로 도덕적으로 문제가 없는가, 이러한 상황에서 북한에 대한 지원이 오히려 남한절대빈곤층에 대한 역차별이 아닌가라는 딜레마에 빠지게 된다는 것이다. 따라서 남한정부는 남한의 절대빈곤층에 대한 구호와 지원을 일정부문 선결한 가운데에 통일 이후 북한주민에 대한 복지지원 프로그램을 적용해야 한다. 이는 또 다른 차원에서 통일복지문제를 접근·관찰하게 한다. 지금까지 논증한 남북한 사회복지 통합의 논의와 전제를 요약하면 〈표 Ⅲ-1〉과 같다.

4. 북한의 복지통합 전략과 가상

1) 북한의 기본 협상 전략 전술

상술한 문제와 더불어 중요한 것은 북한의 입장이다. 즉, 남북한 통일·통합 과정에서 현재를 기준으로 할 때, 북한의 복지통합 전략은 어떠할까? 무엇보다 남북한 복지통합은 북한이라는 상대가 있는 협상과정이다. 따라서 그 협상의 결과인 남북한 복지통합은 양자의 의지와 능력이 중차대하다. 또한 현실적인 복지통합은 남한의 '지원'과 북한의 '수용'이라는 등식 하에 종국에는 남북한 양자의 '시가(市價)'와 '호가(呼價)'의 일치를 의미한다. 또한 남한의 경우 다른 한편으로 이에 대한 국민적 동의와 양해를 사전에 구해야 하는 절차도 필요하다.[16)]

이에 북한의 입장에서 살펴보면 테이블 위의 협상이 시작되는 시점에서 복지통합 진행과정은 다음과 같은 방향으로 전개되리라 예상된다. 첫째, 북한은 남한 정부에게 현금과 현물, 의약품, 식량, 비료 등 생계에 필요한 모든 지원금과 지원품에 대해 가능한 많은 것을 최대한 지속적으로 요구할 것이다. 그리고 이러한 근거의 배경은 북한의 열악한 복지현실, 즉 빈곤에 기인한다.

둘째, 이 과정에서 분배와 배분 권한을 부여받은 북한 특권층들의 부정, 부패, 비리가 조직적으로 전개되어 일부 특권층의 부가 창출될 것이다. 이는 지금도 진행 중인 북한 특권층의 '권한부여'가 통일 직후 단번에 박탈되지 않고 일정기간 유지되는 것을 전제로 한 것이다. 또한 통일 이후 북한 특권층의 지위 유지가 통일 전과 달리 장기간 유지된다는 보장이 없고, 이들 스스로 심리적 지지선을 상실한다면 이들은 지위를 이용하여 최대한 사적인 수입을 창출하려는 생존방식을 택할 것이다.

특히 현물지원의 경우 전수조사에 의한 현장 모니터링이 일정 부문 가능하지만 전 지역, 전 계층에 대한 항구적이고 투명한 모니터링이 사실상 불가능하다. 이러한 현실적 한계를 근거로 할 때, 북한

---

16) 참고로 남한의 충무3300, 충무9000, 고당계획, 개념계획5029 등이 있다. 2004년 국정감사 때 존재가 알려진 '충무3300'은 북한 주민들이 대량 탈북할 경우 중국 등과 협조해 난민 정착촌을 설치하고 바다나 휴전선을 넘어 남한으로 몰려올 경우 수용대책 등을 수립한 것으로 알려졌다. '충무9000'은 비상통치 계획으로 알려져 있다. '개념계획 5029'는 한·미 양국의 북한 정권 붕괴 대비 계획이다. 정부는 충무계획과 별도로 범정부적인 '급변통합대비계획'을 마련해 매년 업데이트하는 것으로 알려졌다. 이 계획은 조만식 선생의 호를 따 '고당(古堂)계획'이라 불렸다. 이는 급변사태를 평화적 통일로 연결하기 위한 계획으로 알려졌다. 출처: 조선일보(2007-01-02), "'급변통합계획' 등 공론화 안 거쳐 구체성 없어", http://news.chosun.com/site/data/html_dir/2007/01/02/2007010200015.html (검색일 2014년 7월 7일)

자체 자정 시스템이 약하거나 남한인력에 의한 직접적인 지원이 이루어지지 않는다면 부정, 부패, 비리 발생을 억제할 환경이 상쇄된다.

셋째, 다른 한편으로 이러한 남한의 지원에 대해 북한지도층은 자신들로 인한 대남 협상의 성과로 홍보하여 그 결과를 자신들의 지위와 권한을 유지하는 데 이용할 것이다. 이는 통일 전 북한의 체제선전 행태가 다소 변화한 것을 의미한다. 즉, 이 경우 체제선전이 아닌 북한 특권층의 능력을 선전하는 방향으로 전개되는 것을 의미한다. 그리고 그러한 결과는 고스란히 자신들의 지지세력 확장과 확보에 활용될 것이다.

넷째, 그럼에도 불구하고 체제자존감으로 인해 가급적 기존 북한의 복지체제를 유지하고자 노력하는 한편 남한이 의도하는 복지체제 전환에 대해 부분적으로 이득이 되는 일부만—초기에—수용할 것이다. 북한의 입장에서 일부 외형상 추구하는 무상복지제도는 그 질적 수준과 내용을 떠나 무상이라는 이유만으로도 다수의 일반인들이 선호한다. 또 북한은 남한 중심의 복지병합을 일방적으로 선호하지 않으리라 판단된다. 게다가 무엇보다 북한의 입장에서 장기간 복지제도의 우월성을 선전한 가운데에 통일 이후 이를 단박에 부정하기란 그들의 정서로 용납되지 않는 부문이다. 따라서 북한은 통일 직후 당장의 이익을 야기할 수 있는 부문에 대해서만 수용할 것이다.

다섯째, 일부 특권층에 대한 통일 이후 각종 복지급여 삭감을 사전에 차단하여 이들의 소득을 유지 혹은 상승시키고자 요구할 것이다. 가령 이는 북한의 공로자연금 수급자들의 경우 소득대체율이 일반 노령연금 수급자에 비해 현금급여와 현물급여 모두 상당 부문 높다. 소수이기도 하지만 이들은, 노후보장은 물론 생활수준이 여타 북한 주민과 비교할 수 없을 정도로 높은 수준이다. 지금도 이들은 북한의 각종 배급순위에서 최우선 배급대상이다. 대략 공로자연금 수급자들을 포함하여 최소 6만 명에서 최대 20-30만 명 정도로 추정되는 이들은 통일 이후 자신들의 안위에 대해 가장 두려워하는 집단들이다. 더욱이 문제는 이들이 바로 복지협상 당사자들이라는 것이다. 따라서 이들은 복지협상 자체가 바로 자신들 및 가족의 생계와 운명에 직결되는 사안들이다. 결국 이들이 취할 수 있는 양보란 사실상 전무하거나 급여삭감 시기를 늦추거나, 급여삭감 명분을 상실하게 하거나, 급여삭감 이후 다른 대체수단을 제공할 경우에 한해서 수용할 것이다.

여섯째, 남한정부로 인해 새로운 복지제도를 도입할 경우 사실상의 급여수준을 남한의 소득기준에 근거하여 요구할 것이다. 가령 북한에 존재하지 않은 남한의 대표적인 공공부조제도인 국민기초생활보장의 생계급여는 북한의 입장에서 보면 상당히 매력적인 제도이다. 국민기초생활보장의 생계급여는 현금급여 수준이 북한의 노령연금이나 각종 보조금보다 보다 월등히 높다. 또한 중증장애인연금의 경우도 이와 마찬가지이다. 이와 같이 북한은 급여수준이 높은 남한의 복지제도를 통일 직후 통일에 대한 보상이자 선물로 요구할 가능성이 높다. 즉, 북한은 남북한 사회복지 제도통합 시 자신들에게 유리한 남한의 제도에 대해서는 통일의 결과로 당연히 요구하여 실질적인 소득증대를 꾀하고자 할 것이다.

결론적으로 사회복지 통합에 관한 북한의 기본 전략은 ① 전 인민의 소득증대와 유지 혹은 이것이 불가능하다면 특권층의 소득보장

과 신분보장, ② 통일 이후 정치적 공간을 확보하기 위한 수단으로
서 복지통합 과정의 분배권한 독점, ③ 복지통합 협의 사안에 대한
협상권과 남한과의 대화채널로서의 지속적인 지위 유지, ④ 일정한
자존감 유지와 더불어 실질소득 증대를 위한 전략적 입장 고수로 요
약된다. 이를 정리하면 각각 〈그림 Ⅲ-2〉와 〈그림 Ⅲ-3〉과 같다.

<그림 Ⅲ-2> 북한의 통일복지 통합 기본전략

① 전 인민의 소득증대, 특권층의 소득과 신분(복지급여) 보장
② 통일 이후 정치수단으로서 복지급여 분배권한 독점
③ 복지통합 협상권과 대화채널 지위 유지
④ 자존감 유지, 실질소득 증대를 위한 전략적 입장

· 출처: 저자 작성.

<그림 Ⅲ-3> 북한의 통일복지 통합 전략과 전술

① 현금, 현물, 의약품, 식량, 비료 등 생계에 필요한 모든 지원금과 지원품 요구
② 분배과정에서 특권층의 부정, 부패, 비리 발생
③ 남한의 지원에 대해 통일협상의 성과로 홍보, 지위와 권한 유지에 이용
④ 기존 북한의 복지체제를 유지, 복지체제는 이득이 되는 일부만 수용
⑤ 특권층에 대한 급여삭감 차단, 소득유지 혹은 상승시키고자 요구
⑥ 새로운 복지제도를 도입 시, 급여수준을 남한의 기준에 근거하여 요구

· 출처: 저자 작성.

2) 복지지원 협상 예시: 취약계층과 공적연금[17]

현재의 제도를 중심으로 통일 이후 남북한 복지통합 협상은 다음과 같은 과정이 예상된다. 통일 이후 남북한이 복지협상 테이블에서 북한주민의 복지지원에 대한 의제를 놓고 협의가 진행 중일 때, 남북한은 가장 먼저 쉽고 빨리 협의할 수 있고 가장 긴급한 지원이 필요한 분야를 의제로 우선 채택할 것이다. 그 의제는 바로 북한의 취약계층에 대한 식량과 보건의료부문의 지원이다.

먼저 식량지원의 경우 북한의 식량 부족분에 대한 남한의 지원은 비교적 손쉬운 타협이 예상된다. 그러나 남한은 이때 식량의 분배과정에 대한 참여를 요청하거나 이것이 관철되지 않을 경우 국제기구를 통한 최소한의 모니터링을 요구할 것이다. 이에 북한은 이를 제3자인 국제기구의 모니터링[18]을 수용할 것이라 판단되는데, 이러한 이유는 후자인 국제기구의 분배가 상당부문 익숙해져 있기 때문이다. 또한 다른 한편으로 남북한이 식량지원 규모에 대한 합의에 이르렀

---

17) 독일은 1990년 통일 이후 '이주억제'를 최우선 과제로 설정하고 동독지역의 임금 및 사회복지 수준을 급격히 끌어 올리는 모형(고연금 → 고실업 → 고복지비용 → 고재정적자)으로, 통일 초기단계에서 동독지역으로 GNP의 약5%를 이전, 이 중 49%가 사회복지 관련 비용으로 지출되었고 그 중 3/4이 실업수당 등으로 지출되는 심각한 통일 후유증을 겪었다. 이에 반해 한국은 통일 이전 및 과정에서 사전 북한 복지인프라 구축 및 사회복지 전달체계 구축 등으로 통일 단계의 사회복지 비용 지출을 억제하고 통일 이후 통합 단계에서는 북한 주민의 '이주억제'와 북한지역 고용확대, 사회복지 전달체계의 통합 등으로 남한 GNP 이전을 최소화하는 방향으로 통합 복지모형을 구축할 필요가 있다.(적정연금 → 고용확대 → 최저생활 보호 및 이주 억제 → 재정안정)
　　출처: 장용철, "북한 사회복지서비스 전달체계 구축방안 기초연구", 유근춘 엮음, 『통일한국의 사회보장체계 구축을 위한 기초연구(Ⅲ)』, 한국보건사회연구원, 2015, 120~121쪽.
18) 그러나 통일 초기에 이러한 제한적 모니터링은 추후 확대될 것이다.

나 할지라도 식량의 규모와 보관, 전용에 따른 문제로 인해 남한은 일괄적인 전달보다는 순차적인 전달을 통해 식량공급의 주도권을 유지하고자 할 것이다. 이 또한 북한이 일정부문 불편한 양보가 가능하리라 판단된다.

다음으로 이와 더불어 북한은 남한에 보건의료에 대한 지원을 요청할 것인데, 이는 기존의 국제기구에서 요청한 수준보다 상당부문 높을 것이다. 특히 이와 동시에 전문인력과 장비, 보건의료와 관련된 의료인프라에 대한 지원 또한 동시에 요청할 것이라 판단된다. 이에 남한은 남한의 지원능력에 비례하여 이를 수용할 것이라 판단된다.

남한의 북한에 대한 식량과 보건의료에 대한 지원은 이미 국제사회가 인식하고 있는 북한의 상황에 기인한 협상임에 따라 그리 큰 마찰은 발생하지 않을 것이라 예상된다. 즉, 남북한 사이에 다소 간의 신경전은 있겠으나 통일의 분위기에 편승하여 이것이 상쇄될 것이라 판단된다. 그리고 이것이 정상적으로 이루어진다면 일단 북한의 취약계층은 '안보권 위기'에서 탈출하게 된다.

다음단계가 제도별 통합인데, 공적연금에 가상하여 대입하면 북한은 가입자 보다는 통일 이전부터 연금을 수급하고 있는 수급자들에 대한 현금급여 지원을 요청할 것이다. 이에 북한은 현금급여 지급기준을 공적연금―북한의 사회주의체제에 따라 인민들은 국가에 고용된 근로자이기 때문임―의 운영원리에 입각하여 남한의 공무원연금 수준으로 고령자에 대한 노후보장을 요청할 것이다. 이것은 북한의 입장에서 최고치를 요구한 것이다. 이에 남한 정부는 남한 공무원연금의 재정을 고려하여 이를 즉각 거부할 수밖에 없다.

이후 북한은 남한의 국민연금 수준의 현금급여 수준을 요청할 것이다. 이에 남한 정부는 국민연금의 관리운영권이 정부에 있는 것이지 기금 지출에 대한 결정은 가입자와 수급자인 국민의 동의를 받아야 한다며 기금운영의 기반을 근거로 이를 거절할 것이다. 이렇듯 공적연금은 사실상 급여수준 협상의 '키'가 된다.

그런데 문제는 여기서부터 발생하기 시작한다. 이에 대해 북한은 상당한 거부감을 표시할 것이며 남한은 기초연금을 통한 지원을 제안할 것이다. 이에 북한은 별도의 지급기준을 제시하여 한시적으로라도 별도의 연금지원을 요청할 것인데, 그 기준액이 국민연금의 소득대체율에 준하는 요구를 하거나 기초연금 보다는 높은 수준을 요구할 것이다.[19]

이에 남한은 재정문제를 근거로 기초연금 수준을 고수하면서 일정기간 남한의 기초연금 지급기준과 다소 차이가 있는 기준액을 통해 지원하고자 할 것이다. 이 경우 그 기준액은 남한 기초연금 지급액의 70-80% 수준이 되리라 판단된다. 이러한 합의가 진행되어 집행된다 하더라도 또 다른 문제가 제기된다. 바로 기초연금의 남북한 차등수준에 대한 위헌소송이다. 북한주민이 남한 헌법재판소에 기초연금 차등지급에 대해 위헌소송을 제기할 경우 헌법 재판소는 위헌성을 지적할 것이다. 결과적으로 통일정부는 남북한 모두 동일한 기초연금 급여수준을 지급할 수밖에 없는 상황에 직면하게 된다. 이 경우 기초연금 부문의 연간 약 15조 원의 지출이 예상되고 이는 불가피한 통일복지 비용이다. 지금까지 남북한 복지통합 협상 과정을

---

19) 혹은 북한 노령연금 소득대체율 수준으로 요구할 가능성 또한 배제할 수 없다.

요약하면 〈표 Ⅲ-2〉와 같은 큰 틀에서 작동하리라 판단된다.

<표 Ⅲ-2> 남북한 복지협상 과정 예시: 식량·보건과 공적연금

남한의 제안	의제	쟁점	협상난이도	북한의 제안
② 조건부 수용	식량지원	분배투명성과 순차전달	하	① 식량지원 요구
④ 수용	보건지원	의료장비와 인력	중	③ 보건지원 요구
⑥ 즉각 거부	공적연금	현금급여 수준	상	⑤ 공무원연금수준 요구
⑧ 거부				⑦ 국민연금수준 요구
⑩ 거부				⑨ 별도 특별연금 요구
⑪ 기초연금제안				⑫ 수용
⑬ 합의지원				⑬ 위헌 제기 가능성

· 출처: 저자 작성.

Ⅳ. 남북한 사회복지 쟁점: 운영과 제도

1. 운영 쟁점

1) 작동원리

사회복지 운영원리는 복지체제를 작동하게 만드는 기본적인 프레임이다. 또한 사회복지 운영원리는 복지체계를 구성하는 하부단위인 각 사회복지제도에 직접적인 영향을 미치는데, 이는 해당국가 복지체제 동학의 기본적인 작동 베이스이다.[1] 사회복지제도의 운영원리와 체제 차이에서 남북한은, 남한의 독립·분리운영, 북한의 통합운영으로 대표된다. 광의로 접근하면 남한은 사회보험, 사회보훈, 공공부조, 사회서비스 각각 별도로 적용되고 운영된다. 반면 북한은 남한과 정반대로 사회보험, 사회보훈, 공공부조, 사회서비스가 각각 통합 운영된다.

---

[1] 김동열 외, 『남북 사회보장제도 통합방안 연구』, 통일준비위원회, 2015, 20쪽.

특히 북한의 경우 이러한 통합 운영의 근거와 배경에는 그들의 체제속성이 자리 잡고 있다. 북한은 기본적인 국가소유제도로 사실상 사기업의 부재, 사회주의체제의 국가와 근로자의 직접적인 임노동 관계, 무엇보다 국가사회적 공훈을 최우선하는 체제 특성이 존재한다. 그리고 이러한 정치·경제적 기반의 차이가 복지운영에 그대로 반영되어 통합 운영 체제를 지속시키고 있다.

가령, 남한은 국민연금 가입자가 본인의 건강보험과 연계하여 양 급여를 수급하거나 보훈연금 수급자가 본인의 국민연금에 공로나 보훈등급이 합산되어 계상·지급되지 않는다. 나아가 여타 다른 복지제도의 급여와 직접적인 연관성을 갖지 않는다. 남한의 사회보장제도는 각 제도별로 독립된 운영원리를 적용하고 있기 때문이다.

반면 북한은 이러한 남한과 달리 복지제도가 통합 운영됨에 따라 수급자 개인의 급여계상도 통합 적용되어 결정된다.[2] 가령, 북한은 국가공로자(남한으로 보면 국가공로·사회보훈 대상자)는 공적연금과 보건의료는 물론이거니와 식량배급과 국가가 지급하는 모든 복지급여에 있어서도 여타 일반 대상자 보다 급여수준이 높게 책정되어 상당한 차이가 발생한다. 특히 공훈을 우선시하는 북한은 해당시기의 포상이 1회성이 아니라 포상과 공훈의 수준에 따라 즉각적이고 종신적인 혜택을 동반하는 구조이다. 즉, 노동기간 중의 포상은 즉각적인 급여상승과 다양한 물질적 혜택을 동반하고 이것이 누적되어 추후 노후보장으로 이어지며 보건의료서비스에도 별도의 혜택이 주어진다.

---

2) 통상 이는 남한의 자산과 소득, 기여와 위험정도에 따른 기준, 북한의 기여와 공훈기준을 복지급여 지급기준의 1차적 판단근거로 하는 차이 때문이다.

이러한 양자의 차이는 양 체제의 속성에 기인한 것으로 어느 쪽이 옳거나 그르거나, 우수하거나 미약하다거나, 좋거나 나쁘거나 하는 차원에서 판단할 사안이 아니다. 이는 남북한 양 체제 그 자체의 차이에서 시작하여 상호간의 복지제도 발달과정상의 차이에서 나온 결과일 뿐이다. 더 나아가 이는 단지 남북한 양 체제차이에서 파생한 여러 가지 사회제도상의 차이이자 환경상·과정상의 차이이고 그러한 상황에서 발생한 다양한 차이점 중의 하나이다. 그러나 이것이 사실상 남북한 사회보장제도 통합에 가장 큰 장애가 되는 것 또한 사실이다.

따라서 이를 근거로 할 때 ① 남북한 사회복지제도 통합을 통일 이후 현행 남한체제 중심의 분리 운영방식으로 적용·재편할 것인가, ② 아울러 이를 통일 직후부터 즉각 적용하고 이것이 가능한가, ③ 그렇다면 이러한 경우 문제는 없는가, ④ 또한 비용문제를 차치하더라도 북한이 이를 받아들일 것인가, ⑤ 받아들인다면 이에 따른 남북한의 준비는 되어 있는가, ⑥ 그렇지 않다면 어떠한 대안이 있는가 하는 등에 대한 다양한 문제가 제기된다.

아울러 이러한 문제제기의 연장선상에서 현재를 기준으로 남북한 사회복지통합에 대한 실질적인 준비정도를 가늠한다면, 지금은 '논의단계' 조차 아닌 '관심단계'—그것도 초기수준—이다. 반면 역으로 이러한 문제제기는 ⑦ 현행 북한체제 중심의 통합 운영으로 재편할 것인가라는 관점에서도 위와 거의 동일한 수준—비록 상당부문 현실과 동떨어지지만—의 문제가 제기된다.

2) 운영 통합 전략

그렇다면 결국 이러한 상황에서 남북한 사회복지 제도의 운영원리상의 기본적인 차이를 극복한 바람직한 통합방안은 무엇인가? 라는 문제가 재차 제기된다.[3] 결론적으로 말해 통일 직후를 기준으로 할 때, 남북한을 떠나 어느 일방을 기준으로 한 급속한 제도운영 원리의 통합보다는 상호 기존의 틀을 유지한 가운데에 점진적인 통합[4]을 추구하는 것이 바람직하다고 판단된다.

이러한 이유는 첫째, 지금 현재를 기준으로 판단할 때, 신속한 제도통합을 추진할 만한 여건이 부족하다. 이는 무엇보다 양 체제의 제도상의 이질성이 상당하다. 즉, 남북한 양자의 사회복지제도의 공통분모를 기반으로 최소한의 통합을 이루기에는 제도적 차원의 이질성으로 인해 그 간극을 상쇄할 수 없을 정도로 매우 크다고 판단된다. 또 남북한 당사간의 상호간의 정보와 역량이 부족하며 나아가 준비 또한 매우 미비한 실정이다. 특히 국내외를 망라하여 이에 대한 정보, 전문 연구 인력과 역량, 축적된 노하우 등이 매우 부족하다.

가령 남북한 사회복지 통합은 1차적으로 남북한 통일방식과 속도, 정치 · 경제 · 사회 · 문화 · 군사 등 분야별 통합방식과 기준을 기반

---

3) 또한 ① 남북한 사회복지제도의 장점만을 승계하거나, ② 남한 중심의 사회복지 제도를 놓고 이를 기반으로 북한의 장점을 감안한 새로운 복지체제, ③ 기존의 남북한 사회복지제도와 전혀 다른 새로운 복지모형, ④ 남한의 재정에 북한의 제도를 대입하는 저수지 모형 이후 다른 모형 설정 등 위에서 언급하지 않은 제3의, 제4의 모형에 대한 논의도 필요하나 본 연구에서는 이에 대한 논의는 생략하고자 한다.

4) 특히 현재를 기준으로 판단할 때, 무엇보다 이 과정에서 통일한국의 복지모형이 새롭게 구상되거나 혹은 남북한 사회복지통합에 대한 본격적인 논의가 이루어질 것이라 판단된다.

으로 하여, 2차적으로 복지통합이 제도적·실질적 차원으로 접근·양분되면서 사회복지 제도별, 대상별, 계층별, 지역별, 소득별, 위험별, 현황별로 재차 분류되고, 3차적으로 이를 다시 단계별·시계열적으로 통일 이전 선행과제, 통일 직후 문제, 통일 이후 통합과정 상의 문제—예컨대 북한의 사회안전망을 관리하는 제반 사항—, 돌발변수를 포함한 궁극적인 통합에 이르는 통합 전략시나리오 등이 반드시 준비되어 있어야만 가능하다.

둘째, 신속한 통합을 시도하더라도 남북한의 복지 급여계산 방식의 차이에 의거하면 역차별 현상이 발생할 수밖에 없고 이는 결국 남한 주민의 반감을 야기할 개연성이 있다. 가령 남한의 복지체제를 중심으로 통합 적용할 경우 기존 가입자들의 이동과 제도 편입, 적용대상의 재설정, 수급기준의 납부(누적)액과 급여, 납부요율의 상향 조정, 소득대체율의 합의와 조정 등의 무수한 문제가 제기된다.

예컨대 북한의 공적연금 가입대상자는 남한의 공무원연금, 군인연금, 국민연금에 맞춰 재설계되어 가입이 이동될 것이고 기존의 연금수급자 역시 이에 기인하여 재설정 혹은 경과조치가 되어야 할 것이다. 또한 북한의 연금수급 수준—소득대체율—과 납부율—부담금 조정—도 남한에 준하여 동시에 상승될 것임에 따라 수급자는 유리하다. 그러나 가입자(현재 매월 1%)와 사업장(현재 매월 7%, 개성공단은 매월 15%)의 경우 재정부담이 증가할 것이고 이는 실질적인 가계소득의 하락을 야기할 것이다.

반면 북한의 복지체제를 중심으로 통합 적용할 경우 현실적으로 이에 대한 책임과 피해는 결국 남한주민이 보고 그 비용 역시 부담해야 한다. 반면 북한주민의 책임과 부담은 남한주민에 비해 상대적으로 작고 그 이익은 북한주민이 본다고 할 수 있다.⁵⁾ 즉, 복지급여 수급자나 가입자의 입장에서 북한의 통합 운영 체제 원리를 도입하면, 남한주민의 경우 일부 주민 외에는 사회적 공훈 수급자(사회보훈대상자)가 북한에 비해 상대적으로 극소수임에 따라 대상자가 소수이다. 반면 북한은 이와 정반대로 다수가 존재함에 따라 비대칭적이다.

따라서 북한의 복지체제를 중심으로 통합 적용할 경우 북한주민은 기존과 같은 수준의 급여가 자동적으로 승계—혹은 상승—될 것이다. 하지만 남한주민은 이로 인해 사실상의 역차별을 받는 현상이 발생할 것이다. 나아가 이를 남한주민이 긍정적으로 보고 수용할지도 미지수이다. 즉, 기존 북한의 통합 운영 원리 하의 급여계상 방식에 대해 남한주민은 이를 받아들이고 그 비용 또한 부담하기엔 다소 부담이 된다. 다시 말해 복지의 정치성에 입각한 기존 북한의 통합 운영 원리 하의 급여계상 방식에 대해 남한주민은 이를 결단코 받아들이지 않을 것이라 판단된다.

결국 이러한 이유로 신속한 통합보다는 점진적인 통합이 남북한 사회복지 제도 통합에 있어 혼란을 최소화할 수 있다. 또 점진적인 통합과정이 남북한 사회복지제도의 이질성에 대한 해법을 찾는 과정 또한 될 것이라 판단된다. 때문에 남북한 사회복지 통합 자체에 대해서는 남북한정부(통일 이전)와 통일한국정부(통일 이후)가 적극적이고 능동적으로 대응해야 한다. 그러나 그 방식과 속도에 대해서는 다소 시간을 갖고 관련 변수에 따라 대응하는, 즉 총론차원의 대

---

5) 이는 남북한 경제력을 기반으로 가구별 평균 소득수준 차이를 근거로 한 판단이다.

응원칙과 기준, 각론차원의 대응원칙과 기준이 작동하는 '다차원적 다중 전략'이 필요하다.[6] 가령 여기에는 ① 통일 직후 북한의 취약 계층에 대한 신속한 지원제도, ② 근로자의 고용유지 지원제도, ③ 이를 장려하는 기업지원제도, ④ 연금수급 대상자에 대한 안정된 노후 보장, ⑤ 북한 보건의료제도의 재건 등이 있다.

셋째, 상술한 문제의 연장선상에서 통일 이후 각종 '복지급여 지급기준과 급여수준'을 동일하게 적용할 것인가 하는 문제도 제기된다. 이는 사실상 남북한 경제·화폐통합과 직접적으로 관련된 사안이다. 따라서 이는 경제·화폐통합의 방식과 속도에 따라 그 과정과 단계를 같이 해야 한다.[7]

이에 대해 크게 두 가지로 요약하면 먼저 통일 직후 즉각적인 경제·화폐통합을 1 대 1로 할 경우 북한지역의 물가와 물가상승률을 감안하여 동일하지는 않으나 거의 단일한 '하나의 복지 급여 지급기준'안을 도출할 수 있다. 그러나 이 경우 복지비용 수입과 지출 모두 증가할 것이라 예상된다.

먼저 사회보험의 경우 남북한 가입자와 수급자 통합에 의거, 기존 가입자와 수급자 모두 대상이 증가하여 납부요율과 수급액이 자연

---

6) 결코 간과해서는 안 되는 것은 이러한 지원과정에서 발생할 우려가 있는 현물과 현금지원에 대한 부정·부패·비리에 대한 사전 차단과 근절인데, 이를 위해서는 북한의 협조와 더불어 투명한 전달체계 확보, 사후 확인 등의 제도적 장치가 필수 요건이다.

7) 다른 한편으로 복지통합을 경제·화폐통합 방식과 속도와 전혀 다른 차원의 논의로 ① '선 복지지원 후 복지통합' 전략을 추진하거나, ② 일부 복지제도를 구분하여 '선별적 통합과 선별적 분리정책'을 통한 통합, ③ 긴급구호대상, 일시적 구호대상, 취약계층, 빈곤층 집단, 일부지원 후 자립·자활가능 집단, ④ 기본적인 자립·자활가능 집단 등 대상별로 구분하여 복지제도 수혜와 제도편입에 접근시키는 방안, ⑤ 급여수준만 놓고 볼 때, 점진적으로 사회보험 급여와 임금을 인상하는 방안도 있다.

히 증가할 수밖에 없는 상황에 직면할 것이다. 다음으로 이와 반대로 점진적인 경제·화폐통합을 시도할 경우 '하나의 복지 급여 지급 기준과 수준'에 이르는 속도 또한 여기에 종속된다. 이 경우 상대적으로 복지비용 부담에 대한 증가속도는 여기에 준하여 점진적일 것으로 판단된다. 마지막으로 다른 한편으로 '복지급여 지급기준', 즉, 남북한 단일급여체계로 인한 급여기준의 일치가 통일 직후 가능하고 필요한가에 대한 문제도 제기된다. 이를 간략히 언급하면 이것이 필요하지만 가능하지는 않다고 판단된다.

왜냐하면 통일은 상대가 있는 상황임에 따라 남북한을 떠나 특정 일방의 제의는 불가할 것이다. 설혹 남북한이 합의에 이른다 해도 북한의 입장에서 통일에 대한 실질적인 기대로 인해 기존보다 높은 수준을 요구할 것임에 따라 복지분야의 통일비용이 증가할 것이다. 이러한 경우 남한정부는 남한주민을 별도로 설득해야 하는 정치적 부담을 갖게 된다. 이는 또한 남한이 추진하거나 추진할 복지문제와 제도별로 직접적으로 연계된 사안이다.[8] 때문에 통일한국 정부는 궁극적으로는 '복지급여 지급기준'을 단일한 형태로 추진하되, 점진적으로 추진할 제도와 분야와 이와 반대로 급진적으로 추진할 제도와 분야를 분리하여 대응해야 한다.[9]

넷째, 기구와 인력에 대한 통합 역시 난제인데, 북한에 비해 상대적으로 전문화되어있고 분리된 남한에 비해 단순·단일한 형태인 북한의 복지운영 기구에 대한 행정(기구) 통합은 절대적으로 시간이

---

8) 가령 현재 남한의 복지개혁 문제인 공적연금 중 특수직역 연금중의 하나인 공무원연금제도의 개선 문제 등이 있다.
9) 이에 대해서는 위의 각주 32번 참조.

필요한 부문이다. 왜냐하면 이는 해당 기관 인력들의 교육과 훈련, 전산망, 기반, 행정시스템, 인사와 조직 및 운영체계 등을 동시에 선결해야 하는 또 다른 차원의 문제이기 때문이다. 따라서 이는 각각의 남한 사회복지제도 운영기관이 각자의 업무에 맞는 통합 매뉴얼을 사전에 준비해야 한다. 또 통일이 임박한 일정한 시점 전에 이미 북한과 상호 교류해야 하고 해당 제도의 통합 시나리오에 맞는 기구 통합 자체 안을 갖고 있어야 한다. 나아가 상기 수반되는 사안 또한 북한과 상호 긴밀히 준비해야 한다.

다섯째, 남북한 사회복지제도 통합에 대한 예측과 준비가 가능하고 정확한 '복지 통일비용 추계'를 산정하는 데에는 어려움이 있다. 무엇보다 이는 남북한의 경제력 차이[10], 남북한의 통일비용 부담능력, 북한경제 상황, 통일시점, 통일 당시 남북한의 정치경제력, 남북한의 인구학적 요인 등에 대한 정확한 예측이 불가능하기 때문이다. 그럼에도 불구하고 이를 대비하기 위해서는 사회복지 통합 시나리오별 재정 시뮬레이션과 남북한 복지재정에 대한 지속적인 모니터링을 상시 운영해야 한다.

여섯째, 남북한 복지재정 통합 문제도 제기되는데, 사실상 이는 남한의 복지재정에 북한의 복지재정이 합산되는 형태를 가질 것이다. 하지만 남북한 현실을 감안할 때 복지지출에 있어서는 남북한이 각각의 '부담=지출'의 비례와 달리 상대적으로 북한의 수혜, 즉 저부담 고지출할 가능성이 높다.

---

10) 참고로 2017년 북한의 명목 국민총소득(GNI)이 남한의 2.1%에 불과한 것으로 나타났다. 북한의 1인당 GNI는 146만 4천 원, 남한은 3,363만 6천 원으로 남한의 4.4% 수준에 머물러 남북 간 경제 격차는 더욱 벌어지고 있는 것으로 보인다 출처: 통계청, 「북한의 주요통계지표」, 2018, 139쪽.

<표 Ⅳ-1> 남북한 사회복지 제도운영상의 주요 문제와 해결방향

연번	주요 문제	해결 방향
1	신속한 통합 여건 불가	· 통합 이전에 제반 준비 철저 · 1.2.3차적 접근 필요
2	역차별가능성 발생 예상	· 점진적 통합: 해법 준비 · 다차원적 다중전략 필요
3	급여지급기준과 급여수준	· 점진적·급진적 분야 문제 분리 대응 · 제도별·대상별 분리 대응
4	기구와 인력통합	· 통합메뉴얼 사전 준비 · 통합 시나리오별 통합 안 준비
5	복지 통일비용 추계	· 통합 시나리오별 시뮬레이션 · 지속적인 모니터링
6	복지재정 통합	· 재원 조달 방안 사전 준비
7	복지책임주체와 위험보장	· 통일한국 정부가 재설정

· 출처: 저자 작성.

이에 남한과 달리 북한의 복지재정 운용방식은 대체로 부과방식 임에 따라 남북한이 복지재정을 통합할 경우 그 이후에 지급되는 지 출은 사실상 남한의 기금에서 충당될 것이다. 또한 이러한 기금은 남한의 기금과 가입자가 거의 부담할 것이라 판단된다. 즉, 남한=재 정부담〉지출, 북한=재정부담〈지출의 등식이 성립될 것이고 복지분 야에 대한 별도의 재정지원이 없을 시 최악의 경우 남한의 복지재정 에 위기를 야기할 개연성이 있다. 이러한 점에서 남한정부는 남한주 민의 정서적·심리적 준비와 동의 또한 사전에 완료해야 한다. 또한 이를 대비하기 위해서는 복지비용 예상추계를 토대로 통일 이후 복 지재원 조달방안을 사전에 준비해야 한다.

일곱째, 복지 책임주체와 위험보장의 경우 남한은 국영과 민영복지 체제가 혼합된 반면 북한은 단일 국영체제인 것도 상호간의 차이를 나타낸다. 즉, 복지의 상품화와 비상품화가 제도적으로 보장된 남한과 복지의 비상품화가 제도적으로 구성된 가운데에 사실상 복지의 상품화가 현실에서 발생하고 있는 북한의 경우 개인의 책임이 강조되는 현실과 국가의 책임을 보장하는 제도 사이의 차이를 통일한국정부가 이를 재설정해야 하는 부담도 있다. 지금까지 논증을 토대로 남북한 사회복지 제도운영상의 주요 문제와 해결방향을 정리하면 〈표 Ⅳ-1〉과 같다.

2. 제도 쟁점

1) 남북한 사회복지제도 기능과 급여 중심 비교

남북한에 현존하는 사회복지제도는 사회복지를 보는 범위와 구조에 따라 각기 달리 할 수 있다. 이에 남북한 사회복지제도 중 그 기능을 중심으로 하면, ① 상호 동질적으로 존재하는 제도, ② 상호 부재한 제도, ③ 부분적(지역적 · 대상적)으로 일부 존재하는 제도 등으로 구분된다.

먼저 기능적으로 상호 동질적인 제도로는 남북한 모두 공적연금, 산재보험, 사회보훈이 있다. 또한 대표적인 보건의료제도로 남한은 건강보험(의료급여), 북한은 무상치료제 등이 있다. 다음으로 상호 부재한 제도로는 남한의 공공부조(국민기초생활보장제도, 기초연금, 의료급여 등), 노인장기요양보험제도, 사회서비스(최근 북한 일부 존재), 근로장려세제, 북한의 배급제(남한 일부 현물급여수급) 등이 각각 존재한다. 마지막으로 부분적(지역적·대상적)으로 일부 존재하는 제도로는 고용보험과 시설보호 등이 있다. 지금까지 언급한 세 가지 영역의 제도를 총망라하여 기능 중심의 남북한 사회복지 주요 제도를 간략히 살펴보면 〈그림 Ⅳ-1〉과 같다.

<그림 Ⅳ-1> 기능 중심의 남북한 사회복지 주요 제도 비교

남 한		북 한

| 건강보험 | · 공적연금(노후보장)
· 산재보험(노동재해보상)
· 사회보훈(국가적 공로) | |

남 한	북 한
– 고용보험 – 노인장기요양보험 – 국민기초생활보장제도 – 기초연금 – 의료급여 – 중증 장애인연금(수당) – 긴급복지 – 재해구호 사회서비스 – 지체 공공서비스 – 근로장려세제 – 최저임금제 – 민간 사회안전망 등	– 국가공로자연금 – 영예군인연금 – 제대군인생활보장비 – 유(가)족연금 – 식의주배급제 – 무상치료제 – 간병요양(거택) – 무상보육·탁아제도 – 무상교육 – 산전산후휴가 – 장애인(연금)서비스 – 보조금 * 30여 사회적 시책(?) * 36개 연금(?)

· 주: 1) 가운데부문이 동질성을 가진 제도.
· 주: 2) *부문은 북한의 주장이나 구체적으로 검증되지 않았음.
· 출처: 이철수, "남북한 사회복지 통합쟁점 연구: 거시-구조적 관점을 중심으로", 『북한연구학회 동계 학술회의』, 2014, 193쪽.

기능중심의 구분과 달리 보다 구체적으로 남북한 사회복지제도를 살펴보면, 남북한 모두 사회복지 제도를 일정부문 갖추고 있다. 그러나 남북한 모두 기본적인 체제 차이로 인해 상당부문 수평적 관점에서 차이점과 운영원리상의 이질성이 존재한다. 반면 남북한 모두 해당 체제를 떠나 사회적 위험에 대응하는 제도로서 존재하는 공통점 또한 분명히 존재한다.

　그리고 이러한 원인은 사회복지의 고유한 제도적 속성, 즉, 노령, 질병, 빈곤, 실업, 재해 등에 대한 국가적 차원의 인식과 그로 인한 정책적 집행 수단으로써 제도화된 사회복지 기능에 기인한다. 또한 이는 특정 체제를 떠나 인간의 생활상의 문제이기 때문에 어떠한 체제나 국가를 떠나 정부차원의 정책수립과 집행이 필요한 영역이기도 하다.

　이에 본 연구에서는 남북한 사회복지제도를 유사 급여중심으로 다음과 같은 상위제도별 영역으로 구분하였다. ① 사회보험, ② 공공부조/사회부조, ③ 사회보훈, ④ 사회서비스, ⑤ 사회서비스, ⑥ 긴급구호, ⑦ 재해(난)구조, ⑧ 민간 사회안전망, ⑨ 지자체별 복지서비스, ⑩ 기타 사회복지제도로 구분하여 접근하였다. 이는 현행 남한의 사회복지제도를 중심으로 북한의 사회복지제도를 대입한 것이다. 이러한 근거는 후술하겠지만 남한의 사회복지제도가 북한에 비해 세분화되어 있으며 사회변동과 비례하여 작용과 반작용으로 인한 제도적 역동성을 갖고 있기 때문이다. 이러한 구분을 기준으로 각 제도별, 영역별 남북한 사회복지제도를 대상과 급여기능 중심으로 간략히 비교하면 다음과 같다.

　첫째, 사회보험의 경우 남북한 모두 각각의 위협에 대비하여 존재하는 제도가 있다. 그러나 남북한 양자의 차이 또한 분명히 존재하는 부문이다. 먼저 공적연금의 경우 남북한 모두 노후보장을 위한 제도가 존재한다. 그러나 남한의 공적연금은 도입 시기를 중심으로 근로신분에 따라 국민연금과 특수직역연금(공무원, 군인, 사립학교 교직원, 우체국 등)으로 구분된다.

반면 북한의 공적연금은 전체 근로자 및 사무원에 적용되는 노령연금과 군인에게만 해당되는 제대군인 생활보상비—남한의 군인연금 같은—가 있다. 그리고 남한의 국민연금의 급여종류 중 하나에 해당되는 유가족연금은 노령연금과 별도로 수평적인 현금급여로 존재하고 있다. 북한의 유가족연금은 근로기간 중 사망한 경우 지급되는데, 이는 남한 국민연금의 유족연금과 비슷한 원리이다. 또한 북한은 국가공로자연금이 있는데, 이는 가입자가 근로기간 중 공훈과 포상을 합산하여 일정수준 이상이면 해당되는 공적연금이다.

한편 남한은 공적연금 이외에도 가입자의 능력과 의사에 따라 가입하는 별도의 사적연금(시장)이 있다. 그러나 북한은 사회주의체제를 지향함에 따라 공적연금에 대한 사적연금(시장)이 전혀 존재하지 않고 허용되지도 않는다. 한편 이와 관련하여 북한은 1995년 별도의 공공사회보험을 도입하였지만 임의가입 형태로 존속하고 매월 납입금을 납부할 만큼의 소득수준이 되는 근로자가 극소수임에 따라 가입율이 매우 저조한 것으로 알려졌다.

다른 한편 남한은 이와 별도로 2005년 퇴직연금(기업연금)을 도입하여 공(사)적 연금이 다층연금 형태로 운영되고 있는 추세이다. 따라서 공적연금의 경우 남한은 다양한 제도와 급여로 보장받고 있어 다층연금 체제를 지향하지만 북한의 경우 국영중심의 단층연금체제라 하겠다.

고용보험의 경우 남북한이 가장 차이가 나면서도 그 기준을 어디에 두느냐에 따라 그 판단을 달리하는 영역이다. 남한의 경우 1995년 고용보험을 도입하여 1997년 IMF위기 이후 점진적으로 확대, 발전하여 현재에 이르고 있다. 반면 북한의 경우 고용보험은 아니지만 고용보험 급여의 성격인 실업보조금이 1946년 도입, 1958년부터 지급이 중지되었다. 따라서 이후 북한은 국가차원에서 실업에 대한 현금급여가 존재하지 않고 적어도 공식적으로 실업을 인정하지 않는다.

그러나 2004년 시작되어 2016년 2월 폐쇄된 개성공단의 경우 북측 개성공단근로자들에 대한 실업보조금이 지급이 법적으로 명시되어 있다. 따라서 이는 개성공단근로자의 실업에 대한 현금급여의 보상 근거이고 이는 기존 실업의 부재를 주장하던 북한 체제와 상반된 견해이다.[11] 다른 한편으로 이러한 근거는 개성공단의 경우 실업보조금 지급주체가 남측 기업임에 따라 북한의 입장에서는 다양한 기능의 급여와 수당을 요구하는 것이 유리하다. 즉, 이러한 수당을 통해 북한은 현금을 확보할 수 있는 법적기제가 완비하게 된다.

때문에 고용보험의 경우 남한은 다양한 형태의 급여가 존재하나 북한은 체제성립 초기에 이와 유사한 급여가 존재하였다. 그러나 지금은 북한의 모든 사업장에 존재하지 않는다. 하지만 개성공단의 사업장에 한해서는 이와 유사한 취지와 기능을 하는 급여가 존재한다. 즉, 북한의 모든 사업장에는 고용보험 성격의 급여가 적용되지는 않으나 부분적으로 실업급여를 보장하는 과거 개성과 현재 라선 경제

---

11) 이철수, 북한경제특구의 노동복지법제 비교분석, 부동산법학, 22(2), 2018, 167~196쪽.

특구 같은 일부 지역의 사업장이 존재한다.

산업재해보상보험의 경우 남한은 상당부문 체계를 갖추고 있고 다양한 급여와 보상기준, 형태가 있다. 그러나 북한은 산재보상 급여의 성격을 갖고 있는 소수의 폐질연금이 있을 뿐이다. 북한의 대표적인 산재보상 관련연금은 폐질연금과 노동능력상실연금이 있다. 또한 산재로 인해 보건의료상의 치료가 필요할 경우 무상치료를 통해 보장받는 구조이다.

즉, 북한의 경우 남한과 같이 산재보험법이 존재하지는 않으나 산재보상 급여가 현금과 현물로써 존재하고 있다. 그리고 이러한 속성은 앞서 상술한 고용보험과 비슷한 제도 운영원리에 기인한다. 한편 북한은 일부 외국기업에 대해 분기별 년 4회 노동보호비라는 명목으로 이를 부담하게 하는데 이 노동보호비의 성격이 산재보험료와 대동소이하다. 또한 상술한 바와 같이 북한은 1995년 보험법을 통해 가입자의 생명(인체)과 재해에 대한 보상을 보장하고 있다. 하지만 동 보험은 임의가입이고 소득이 낮은 북한 근로자들이 다수임에 따라 가입자가 그리 많지 않아 효율성이 낮다.

보건의료보장의 경우 남한은 가입자(사용자) 부담의 건강보험, 북한은 서비스대상자의 재정부담이 없는 무상치료제를 통해 각각 건강권을 보장하고 있다. 그러나 제도적 운영원리에서 남북한은 상당부문 차이가 있다. 즉, 남한은 일정한 재정기여를 통한 보상의 성격을 가진 반면 북한은 제도적으로 무기여에 의한 보장을 추구하고 있다. 하지만 북한의 무상치료제의 질적 수준과 의료 서비스 공급능력에 관한 현실적 차원의 의문은 여전히 제기되고 있고 이로 인한 의료빈곤의 현실 역시 부정할 수 없다.

노인장기요양보험제도의 경우 남한에만 존재하는 제도이고 북한에는 이와 직접적으로 관련된 제도가 존재하지 않는다. 하지만 북한은 장기 와상환자의 경우 거택보호를 통해 보호하고 있고 이는 요양보호제도에 해당된다. 즉, 남북한 모두 상호 유사한 요양보험제도가 있으나 그 보호 대상과 취지, 급여수준에 있어 상당부문 차이가 나는 제도이다. 즉, 남한은 치매노인과 그 가족에 대한 서비스이지만 북한은 장기 와상환자 중심의 재택보호서비스이다.

둘째, 공공부조/사회부조의 경우 남북한은 상당부문 차이가 확연하다. 남한의 경우 빈곤층에 대한 국민기초생활보장제도, 의료급여, 긴급복지지원, 저소득층 노령인구에 대한 기초연금제도, 중증장애인에 대한 지원을 보장한 장애인연금제도가 있다. 이를 통해 남한은 빈곤층에 현금과 다양한 현물서비스를 제공하고 있다.

반면 북한은 공식적으로 빈곤층 자체를 인정하지 않고 있다. 이에 따라 현재까지 북한의 법령에서 저소득층과 빈곤층에 대한 국가의 직접적인 개입을 명시한 법령이 존재하지 않는다. 한편 북한은 적어도 배급제를 통해 빈곤층의 발생을 억제하는 기능을 한다고 보기에 이러한 행태가 전혀 이치에 맞지 않은 것은 아니다. 다른 한편 북한은 보조금이 있는데 보조금의 지급대상이 다소 생존권에 위기가 있거나 건강, 장애, 부양의 문제가 있는 경우 지급된다. 따라서 딱히 한마디로 북한의 공공부조는 부문적으로 극히 일부를 대상으로 존재한다 하겠다.

또한 남한의 의료급여는 북한의 무상치료제를 통해 보장되며 남한의 기초연금은 북한의 노령연금을 통해 보장된다. 아울러 북한의 경우 상술한 바와 같이 의식주 배급제를 통해 기초생활을 제도적으로 보장하는 체제이다. 따라서 북한의 의식주 배급제의 역할과 기능은 대단히 의미 있는 보편적 사회복지제도인데, 그 기능과 원리상 이는 공공부조와 사회서비스에 중복되는 기능을 하는 제도이다.

한편 장애인의 경우 남한은 장애인연금을 통해 지원하고 있고 북한의 경우에도 장애인에 대한 보조금이 존재한다. 또한 장애의 원인이 국가적 공훈이거나 노동재해일 경우 부문적이지만 현금과 현물이 동시에 지원된다. 따라서 장애인연금(보조금)의 경우 남북한은 공공부조의 형태로 존재한다.

셋째, 사회보훈의 경우 남북한 모두 현금과 현물급여로 존재한다. 사회보훈은 남한의 경우 보훈연금으로, 북한의 경우 국가공로자연금, 영예군인연금으로 작동하고 있다. 아울러 현금급여 이외에도 남북한 각각 서비스대상자의 보건의료 보장 또한 무상으로 제공하고 있다. 따라서 급여수준에 대한 평가를 차치하더라도 남북한 사회복지제도의 상호간의 제도적 동질성에 가장 근접한 것이 사회보훈제도이고 급여의 종류 또한 비교적 동일하다고 판단된다. 그러나 북한의 경우 국가공로자에 대한 예우가 여타분야의 급여보다 상당부문 매우 높다.

넷째, 사회서비스의 경우 남한은 사회적 약자인 노인, 여성, 아동, 장애인, 청소년, 가족, 지역사회복지 등에 대한 다양한 지원이 국가나 전문 전달기관을 통해 위험별, 욕구별로 프로그램화와 체계화되어 있다. 반면 북한은 위의 대상자에 대한 지엽적인 지원에 국한된다. 여성의 경우 산전산후 유급휴가[12], 아동의 경우 무상의 탁아서

---

12) 「로동법」은 1978년 4월 제정 이후 현재까지 총 세 차례 수정되었는데, 가장 최근인 2015년 6월 개정안에서 제66조의 산전산후휴가 기간의 일부 내용이 수정

비스와 교육, 청소년의 경우 무상교육, 장애인의 경우 취업알선과 보장구지원, 보조금 지급 이외에 이렇다 할 급여—재활이나 특수교육—가 별도로 존재하지 않는다. 따라서 사회서비스의 경우 북한은 무상탁아와 무상교육을 제외하고는 나머지 대상에 대한 사실상 거의 전무한 법적 서비스 내용을 갖고 있다.

다섯째, 사회서비스의 경우 남한은 보편적인 고용지원서비스, 공공부조차원의 저소득층 교육지원과 주거지원, 보건의료지원이 있다. 반면 북한은 이와 사뭇 다른 형태로 존재한다. 고용지원의 경우 제도적으로 완전고용을 추구하고 있음에 따라 최초 취업이외에 재취업을 위한 서비스가 제도적으로 불필요하다. 교육의 경우 무상교육, 주거복지의 경우 주택에 대한 국가의 공급제, 보건의료서비스는 무상치료제와 중복되는 구조이다. 따라서 크게 보면 사회서비스는 북한에 비해 남한이 저조하다 할 수 있으나 이는 질적 수준을 제외한 평가이다. 이에 사회서비스의 보편성 측면에서는 북한이 다소 앞서지만 사회서비스의 토양과 그 질적 내용은 남한이 월등히 우월하다.

여섯째, 긴급구호의 경우 남한은 긴급복지지원제도를 통해 신속한 대응을 시도하고 있다. 반면 북한은 보건의료분야의 응급구호를 제외한 이 부문에 대한 법적규정이 존재하지 않는다. 이는 앞서 상술한 바 있듯이, 북한이 의식주 배급제를 통해 기초생활을 보장하고

되었다. 수정된 조항의 내용을 살펴보면 "녀성근로자들은 정기 및 보충휴가 외에 근속년한에 관계없이 산전 60일, 산후 180일간의 산전산후휴가를 받는다"라고 하였다. 이는 기존의 산전산후휴가 150일을 240일로 확대된 것으로 총 3개월(90일)이 연장되었다. 한편 이러한 배경은 북한의 여성근로자에 대한 제도적 배려와 더불어 출산율 상승을 유도하기 위한 정책적 의도가 있다고 판단된다. 출처: 이철수, "북한의 노동복지법제 비교분석: 로동법과 외국인투자기업로동법을 중심으로", 『통일과 평화』, 10(1), 2018, 283쪽.

있기 때문에 요구호자의 긴급구호 상황이 발생하지 않는다는 가정에 근거한 것이기 때문이라 판단된다. 그럼에도 불구하고 현실적으로 이러한 상황을 예상하지 않은 북한의 인식에 대해 평가하면 우호적일 수는 없다. 왜냐하면 국가가 제도를 통해 빈민에 대한 구호를 보편적으로 시도하더라도 빈곤이 발생하는 상황과 그에 대응하는 방식은 항시 존재해야 하기 때문이다.

일곱째, 재해(난)구호의 경우 남한은 각종 자연재해와 사고에 대한 신속한 대응체계와 구호 프로그램을 갖추고 있고 이를 법적으로 보장하고 있다. 북한 역시 정부차원의 재난을 대비한 운영 체계를 갖고 있다. 그러나 북한의 경우 자연재해를 중심으로 운영되고 있어 각종 사고 대응이 비교적 소극적이다.

여덟째, 민간 사회안전망 공급의 경우 남한은 분야별, 대상별, 전문기관별 각종 사회서비스 프로그램을 운영하고 있다. 그리고 이는 국내에서만 제한되는 것이 아니라 국제적인 서비스 활동도 병행하고 있다. 그러나 북한의 경우 사회주의 체제임에 따라 민간차원의 사회안전망이 존재하지 않는다. 다만 북한의 당면한 식량, 보건위기로 인해 국제기구를 통해 구호대상국가로 분류되어 서비스를 제공받고 있는 현실이다.

아홉째, 남한은 중앙정부차원의 사회복지제도 이외에 지방자치단체별로 별도의 서비스체계를 갖고 있다. 반면 북한은 남한과 같은 지방자치제를 시행하지 않은 국가임에 따라 지방자치단체별로 시행하는 별도의 사회복지제도가 부재하다. 그러나 북한은 이와 별도로 지방행정 시스템에 1990년대 이후 일정한 자율성을 부여하는 모습을 보이고 있다. 따라서 북한은 중앙정부와 달리 지방자치단체가 독립

석인 복지서비스 프로그램을 입안·집행하기에는 다소 한계가 있다.

열째, 기타의 경우 사회복지제도와 관련된 것은 최저임금제라고 할 수 있다. 남한은 최저임금제가 도입되어 이를 전 사업장에 적용하고 있다. 그러나 북한의 경우 최저임금제가 전 사업장에 적용되지 않고 일부 외국기업의 근로자들에게만 해당되는 제도이다. 이러한 이유는 북한의 외국기업근로자의 경우 임금협상을 국가가 대신하여 최저임금에 대한 가이드라인을 지정하기 때문이다.[13] 지금까지 논증과 민간(사적)영역을 포함, 남북한 사회복지제도 중 유사한 급여를 중심으로 남북한 사회복지제도를 범주화하면 〈표 Ⅳ-2〉와 같다.[14]

---

13) 한편 북한의 임금제도는 자본주의와 달리 노동생산성에 따른 임금체계라고 정의할 수 없는 부문이 있다. 북한 역시 경쟁을 유도하고 이를 토대로 생산성 향상을 강요하지만 이는 자본주의식의 노동 인센티브 제도와는 질적으로 다른 체계이다. 또한 북한의 계획경제 시스템에서 임금은 생활비로 불리며 그 이유는 후방공급 체계에서 식량과 생필품의 공급이 배급제 형식으로 이루어지기 때문이다. 따라서 남한식의 최저임금제가 북한에서 발생하기 어려운 부문 또한 존재한다.

14) 참고로 남북한 사회보장정책 '가치'를 비교 하면 다음과 같다.

구분	남한	북한
이념적 가치체계	시장경제적 가치관 · 개인주의 · 진취성 · 경쟁성 · 자율성 · 보편주의 지향	사회주의적 가치관 · 집단주의 · 수동성 · 보편주의 · 단결성 · 협동성
사회문화적 가치의식	· 개방성 · 개인적 권리 · 합리성 · 사교성 · 민족성(역사적 경험)	· 독자성(폐쇄성) · 조직전체의 이익 · 충실성 · 단결성 · 민족성(역사적 경험)
선호 가치 순위	1. 행복한 가족관계 2. 편안한 삶 3. 자유 4. 평등성 5. 국가의 안정 등	1. 국가의 안전 2. 평등성 3. 편안한 삶 4. 행복한 가족관계 5. 자유 등

출처: 장용철, "북한 사회복지서비스 전달체계 구축방안 기초연구", 유근춘 엮음, 『통일한국이 사회보장체계 구축을 위한 기초연구(Ⅲ)』, 한국보건사회연구원, 2015, 126쪽.

<표 Ⅳ-2> 유사 급여중심 남북한 사회복지제도 범주화

제도 구분	남한	북한
사회보험	공적연금 (국민연금, 공무원연금, 사학연금, 군인연금, 우체국연금)	노령연금, 유가족연금, 제대군인생활보상비
	개인연금(민영보험)	-
	퇴직연금(기업연금)	-
	주택연금	-
	고용보험	경제특구 기업과 외국기업 일부
	산재보험	폐질연휼금, 노동능력상실연금
	건강보험	무상치료제와 중복
	일부 대상(군복무/교정시설)	무상치료제
	노인장기요양보험	
	노인장기요양보험 일부 대상자	요양보호(거택보호)
	각종 민영(사적)보험	인체/재산의 보험(임의가입)
공공부조	국민기초생활보장제도	-
	긴급복지지원	
	의료급여	무상치료제와 중복
	기초연금	-
	중증장애인연금	장애자연금 (장애원인이 노동재해일 경우), 폐질연휼금, 노동능력상실연금과 중복
	근로장려세제	
	시설보호대상자 일부(식량)	의식주 배급제
사회보훈	보훈연금/보훈 의료서비스 등	국가공로자연금, 영예군인연금 등 현금/현물지원
(대상별) 사회(복지) 서비스	노인복지	양로원(시설보호)
	여성복지	산전산후 휴가(240일) 등
	아동복지	탁아서비스와 교육, 애육원(시설보호)
	장애인복지	보조금, 보장구 지원, 고용지원, 양생원(시설보호)
	청소년복지	무상교육제와 중복
	(한부모)가족(다문화)복지	
	지역사회복지	-
사회서비스	고용지원	완전고용임에 따라 최초 고용 외 불필요
	교육복지	무상교육제(일부 유상)
	주거복지	주택 국가공급제(매매 가능)
	보건의료	무상치료제와 중복
긴급구호	긴급복지지원과 일부 중복	-

재해(난)구호	각종 재난 구호서비스 프로그램	재난 대비 운용
민간 사회안전망공급 (국내·국외)	각 전문기관별 각종 사회서비스 프로그램	-
지자체	각 광역, 지자체별 각종 공공서비스프로그램 (사회적 기업, 마을기업)	-
기타	최저임금제	과거 개성공단과 경제특구 외국기업해당

· 주: 1) 북한의 경우 급여의 성격과 기능에 따라 남한제도에 대입
· 주: 2) 공적연금의 경우 북한의 제대군인생활보상비를 제외한 경우 남한의 공적
　　　 연금과 북한의 공적연금은 제도적 운영원리를 달리하고, 남한의 체육연금·
　　　 과학기술인연금·예술인연금 제외
· 주: 3) 배경 음영은 사적연금과 민영보험
· 주: 4) 북한의 배급제의 경우 사회서비스와 공공부조의 기능과 성격이 중복됨
· 주: 5) 남한의 지역사회복지의 일부 서비스프로그램은 지자체와 연관됨
· 주: 6) 남한의 긴급구호, 재해(난)구호, 민간사회안전망, 지자체는 서비스 전달체
　　　 계의 역할도 병행
· 출처: 저자 작성.

2) 상호 존재 제도

기능적인 측면에서 공통적으로 남북한 모두 존재하는 사회복지제
도는 크게 공적연금, 산재보험, 사회보훈, 보건의료보장제도가 있으
나 내용적인 면에서 남북한 간의 상당한 차이가 있다. 이러한 4가지
제도를 중심으로 살펴보면 다음과 같다.

(1) 공적연금

공적연금은 제도의 취지에 맞게 노후보장을 위해 남북한이 모두
운용하고 있으나 운영방식과 내용면에서 상호간의 극심한 차이가
엄연히 존재한다. 남한의 공적연금은 국민연금, 특수직역연금(공무
원, 군인, 사립학교교직원, 별정우체국연금), 기초연금[15], 보훈연금,

체육연금16)으로 구분되나 북한은 노령연금, 공로자연금, (영예)군인 연금으로 크게 구분된다. 문제는 남한은 가입대상간의 분화가 직종을 중심으로 크게 5가지 영역인 반면, 북한은 3가지 영역으로 구분된다는 것이다. 남북한 (공적)연금 제도 종류를 여타제도를 포함, 총망라하여 간략히 비교하면 〈표 Ⅳ-3〉과 같다.

<표 Ⅳ-3> 남북한 공적연금 종류 비교

구분	남한	북한
공공부조형 공적연금	· 기초연금	· 없음
사회보험형 공적연금	· 국민연금 (노령연금, 장애연금, 유족연금)	· 노령연금(유가족연금)
특수계층 공적연금	· 특수직역 연금 (공무원연금, 사립학교교직원연금, 군인연금, 별정우체국연금)	· 국가공로자연금, · (영예)군인연금
사회보훈형 연금	· 보훈연금, 국가유공자연금	· 바로 위와 성격상 중복
사회서비스형 연금	· 장애인연금	· 장애인보조금
국가포상형 연금	· 체육연금, 계속기여자종사 연금	· 국가공로자연금과 성격상 중복

· 출처: 저자 작성.

그 내용을 살펴보면 남한은 특수직역을 제외한 대다수 국민이 가

---

15) 이외에도 남한은 퇴직(기업)연금, 개인연금, 주택연금이 있으나 이는 사적연금 이자 임의가입임에 따라 분석대상에서 제외하고자 한다.

16) 보훈연금과 체육연금은 공적연금이라기보다는 보상과 포상형식이고 대상자가 소수임에 따라 분석대상에서 제외하고자 한다.

입한 국민연금인 반면 북한은 노동가능 인구 대다수가 가입한 노령연금이 있다. 다른 한편으로 남한은 특수직역에 해당되는 4가지 공무원, 군인, 사립학교교직원, 별정우체국연금이 있다. 반면 북한의 경우 최초 가입은 노령연금으로 시작하나, 개인의 노동기간 중 포상의 수준에 따라 국가공로자연금으로 상승 가입되는, 다시 말해 노령연금가입자가 가입기간 중 개별적으로 획득한 공훈이나 포상에 의해 국가공로자연금으로 승급되는 구조이다. 또 영예군인연금은 군복무 중 사고나 재해로 인해 입은 장애에 대한 보상연금이다. 참고로 북한 공적연금의 간략한 실태를 살펴보면 〈표 IV-4〉과 같다.

<표 IV-4> 북한 공적연금 주요 실태 요약

구분	주요내용	비고
적용대상	· 가입은 기존과 거의 동일, 급여 지급은 차등	· 급여 지급 순위별 차등 지급
급여	· 연로자연금 월 700원, 쌀 1일 400g · 국가공로자연금 월 1,050원, 쌀 1일 600g · 영예군인연금 월 1,500원, 쌀 1일 500g	· 노후보장 기능 상실 · 급수별 차등급여
재정	· 1% 부담 인지, 7% 사업소 수익 부담 미인지	· 기존과 거의 동일하나 2006년 변화 미인지
전달체계	· 인민위원회, 동사무소를 통해 수급 관리 운영	· 기존과 거의동일

· 주: 1) 2019년 7월22일 기준 USD $1.00 = 900.07원(북한원) = 1,178.14원(대한민국원)으로 약 1.3배 차이남.
  (환율계산 출처: https://www.curvert.com/ko/kpw-calculator)
· 주: 2) 김천구(2011)에 따르면, 남북한 GDP차이가 20배로 추정되는바 북한은 남한의 70년대 중반수준으로 보인다. 이에 따라 ①연로자연금: 700원(북한원) x 1.3배 × 20배 = 18,200원(대한민국원) ②국가공로자연금: 1,050원(북한원) x 1.3배 × 20배 = 27,300원(대한민국원) ③영예군인연금: 1,500원(북한원) x 1.3배 × 20배 = 39,000원(대한민국원)
· 출처: 이철수·민기채, "북한의 공적연금 실태", 『북한법연구』, (20), 2018, 210쪽.

따라서 북한은 이와 같이 일부 특수계층을 대상으로 하는 국가공로자연금과 영예군인연금이 있는데, 이 두 가지 연금은 사실상 남한의 보훈연금 혹은 체육연금과 비슷한 성격의 제도라고도 할 수 있다. 즉, 북한은 남한으로 보면 국가공훈에 대한 보상인 보훈연금과 재정기여에 대한 보상인 노령연금이 합산된 국가공로자연금이 별도로 존재한다.[17]

한편 북한의 경우 남한처럼 사립학교교직원연금에 가입할 대상 자체가 전무하다. 이러한 이유는 북한의 교육정책이 국가가 교직원을 직접 임용 배치하는 체제의 특성에 기인한다. 이에 북한의 교직원은 일반 노동자와 같이 북한의 노령연금 가입대상이다.[18] 때문에 통일 이후 북한주민의 경우 남한과 같은 사학연금, 별정우체국연금의 수급자는 존재하지 않는 반면 통일 이후 사학의 민영화, 사립화의 속도, 별정우체국연금 대상자의 편입에 따른 가입자의 확장이 예상된다.

다른 한편 남한의 특수직역연금을 북한에 그대로 적용할 경우 다양한 문제가 발생한다. 가령, 북한의 경우 노령연금 가입자라 할지라도 제도적 운영원리와 사회주의체제의 임노동, 고용관계로 인해 북한의 노령연금 수급자와 가입자들은 남한의 공무원연금의 적용대상에 해당된다. 즉, 북한은 국가와 근로자의 직접적인 고용관계가 성립, 남한으로 보면 전체 근로자가 공무원연금의 가입·적용대상이다.

---

17) 이철수 외, 『통일 이후 북한지역 사회보장제도 - 과도기 이중체제』, 한국보건사회연구원, 2016, 157~163쪽.
18) 남한의 별정우체국연금과 과학기술인연금도 북한에서는 이와 동일한 근거로 존재하지 않는다.

그렇다면 남한의 제도를 북한에 적용할 경우 남한정부는 이러한 북한의 현실과 공무원연금의 기본적인 제도운영 원리와 취지를 계승, 이를 수용·인정해 주어야 하지 않는가? 라는 문제가 제기된다. 그러나 이는 사실상 현실적으로 남한정부가 수용할 수 있는 능력 밖의 문제이다. 왜냐하면 남한 공무원연금(군인연금과 국민연금도 마찬가지지만)의 재정이 열악하여 이들을 감당할 여력이 없기 때문이다.

이외에도 통일 이후 공적연금 수급대상 선별에서 단순히 사회주의 체제하의 의무가입으로 인한 60-65세 이상 전체 북한주민의 노후보장 추진해야 하는 문제, 체제차이로 인해 미가입한 지금 현재 남한 노인의 사각지대, 이러한 현실을 외면한 채, 기초연금이 아닌 공적연금으로 북한을 지원하는 남한의 행태가 과연 형평성에 맞는가, 또한 이것이 남남갈등, 남북한의 갈등요소로 작용할 가능성이 없는가 하는 문제도 제기된다.

반면 통일 이후 북한지역 직업군의 정비를 통해 공무원연금으로의 제도 편입을 유도, 가입을 확대할 수는 있다. 즉, 북한지역에 근무하는 공무원연금 가입자의 확대가 자연스럽게 예상된다. 하지만 수급자의 경우 문제의 성격이 매우 다르다. 가령 통일 당시 수급자들의 급여 수준을 남한의 공무원연금을 기준으로 적용하기에는 무리가 있다. 특히 남한 공무원연기금의 재정을 놓고 볼 때, 이는 요원한 기대일 것이다.

더욱이 남한 국민들의 경우 대다수가 국민연금에 가입되어 있으나, 공무원연금에 비해 상대적으로 급여수준이 낮다. 따라서 남한국민들이 이를 용납할 명분과 이유, 감정 또한 허락되지 않을 것임이

명백하다. 이와 마찬가지로 남한 군인연금의 열악한 재정, 국민연금의 기금 고갈 우려 등을 감안할 때, 통일 이후 북한의 가입자의 확대를 허용할 수는 있으나 수급자의 형평성을 고려하기에는 현실적으로 다소 무리가 있다. 결국 통일 이후 공적연금제도에서 제기되는 가장 큰 문제는 북한 수급자의 급여수준과 관련되어 있다 하겠다.

따라서 공적연금의 경우 이러한 남북한의 차이를 갖고 ① 즉각 통합 적용할 것인가, ② 일정기간 분리 운영 후 통합-과도기 이중체제-할 것인가, ③ 통일 당시 수급자와 가입자별로 이를 재차 분류하여 접근할 것인가, ④ 또한 남북한의 수급자와 가입자의 급여와 부담을 각각 차등 지급하고 부담할 것인가, ⑤ 반대로 동일하게 적용할 것인가 하는 등의 문제가 대두된다.

이에 남한의 공적연금을 북한에 그대로 적용 이식하면 가입자에 대한 편입은 북한의 시장화에 맞추어 전개하면 되지만 문제는 수급자의 급여수준이다. 가령 통일 당시 이미 지급받고 있는 북한의 노령연금, 공로자연금, (영예)군인연금 수급자의 경우 이들을 어떻게 할 것인가에 대한 문제가 재차 제기된다.[19] 이에 공적연금 제도를 통일 직후 즉각 통합하여 남한중심의 단일급여체계를 적용할 경우 비용부담 발생이 예상된다. 또한 남북한 양자의 기존제도 하에 분리

---

[19] 과거 독일의 경우 통일 직후부터 노령연금수급액을 재산정하여 지급되었는데, 동독의 일반층의 노령연금수급자들은 급여가 사실상 상승한 반면 특권층의 수급자(특별부양연금제도 대상자-특별직업군)들은 상당부문 통일 전 보다 급여수준이 매우 하락하였다. 당시 동독의 특별직업군은 공무원에 가까운 사람들로 국가안전보위부, 경찰, 인민군, 판·검사, 소방관 등 공공기관종사자들이 중심이었고 통일 직전 36만 명의 수급자와 160만 명의 잠재적 수급자(전체 동독 인구의 10%)가 있었다.
출처: 김원섭, "독일 연금 통합의 전개과정 평가",『통일 연금연구Ⅰ』, 국민연금연구원, 2014, 11쪽.

운영 후 통합할 것을 가정하여 접근하면 북한주민의 안정된 노후보장을 담보할 수 없을 것이라 판단된다.[20]

따라서 북한의 노령연금 대상자에게는 별도의 지급기준을 마련하여 기존보다 높은 급여를 보장하되 기존의 남한연기금의 운영에 큰 피해가 없는 방향으로 설계해야 한다.[21] 즉, 북한주민의 '노후 생활 보장 기준액'을 산정하여 이를 기준으로 기존의 수급액과 가입기간에 따라 재산정할 필요가 있다. 한편 가입자의 경우는 이와 달리 현행 남한의 공적연금을 그대로 적용해도 무방하나 기존보다 높은 사회보험료 부담액이 증가한다. 이에 따라 상술한 바와 같이 실질가계소득은 낮아질 것이다. 아울러 통일 이후 북한의 고용시장의 변화에 따라 납부예외자가 발생할 것으로 판단된다.

결론적으로 남북한 공적연금 통합은 특정 일방의 제도를 적용·이식하기 보다는 일정기간 과도기적 이중체제를 통해 분리하여 운영하는 방향으로 하되, 그 기간 동안 과도기적 급여와 제도를 적용·운영한 후에 통합해야 한다. 가령 '선 가입자 통일 후 수급자 통

---

20) 독일의 경우 제2차 통일조약에 따라 구체화된 '연금이식법'에 따라 서독의 제도를 동독에 그대로 적용, 기존 동독제도는 폐지하며 양 독의 제도 중 크게 상이한 부문은 경과규정을 적용하였다. 이에 동독주민은 마치 서독연금법에 가입했던 것처럼 간주하여 재계산·지급하였다. 또 연금재정의 회계는 일정기간 양독간 분리하였다. 그러나 결코 간과해서는 안 되는 것은, 독일은 통일이 20년이나 지난 지금도 동독에 대한 '후한 연금복지'로 인한 후유증, 즉, 동독연금의 재정적자와 이를 지원한 서독의 재정부담이라는 것이다.
출처: 이용하, "남북통일과 연금통합 방안", 유근춘 엮음, 『통일한국의 사회보장체계 구축을 위한 기초연구(Ⅲ)』, 한국보건사회연구원, 2015, 164~168쪽.

21) 가령 이는 북한의 공적연금 수급자들이 안전한 노후보장이 되도록 현금급여 수준을 통일 이전보다—현재 북한 노령연금은 북한 돈 2~3,000원 수준—높이되 남한과 동일하게 적용하지 않음에 따라 과도한 남한 연기금의 지출을 억제하자는 것이다.

일', '수급자의 급여수준 재설정', '급여수준의 점진적 인상 이후 최종
적인 남북한 단일화'하는 방향으로 진행·전개할 필요가 있다.

이에 통일 이후 남한 수급자는 기존 연금 수준 유지, 북한 수급자
는 기존보다 높은 수준을 유지하되 남한보다는 낮은 수준—그러나
남북한 가입자와 수급 대상자 모두 만족할 만한 급여 수준—을 적용
하여 연기금의 안정적 운영 전략을 전개해야 한다.[22] 다른 한편으로
통일정부는 이러한 경우를 대비, 남북한 간의 상대적 박탈감—가령
남한의 정서적 부담, 북한의 통일 기대감—에 대한 해소방안을 사전
에 마련할 필요가 있다.[23] 남북한 군인연금 통합 주요 쟁점과 해결
방향을 요약하면 〈표 Ⅳ-5〉와 같다.

---

[22] 이는 통일독일의 사례로 가되 그 상승 수준과 속도는 안정적으로 진행하자는
것이다. 참고로 독일 표준순연금의 경우 동독/서독, 1990년 40.3, 1991년 50.8,
1992년 62.3, 1993년 72.7, 1994년 75.1, 1995년 78.8로 급속히 증가하였다. 동서
독 화폐 통합 당시 서독의 1/3에 불과하던 것이 빠르게 증가하여 1995년에 거의
서독의 80% 수준에 도달하였다.
출처: 김원섭, "독일 연금 통합의 전개과정 평가", 『통일 연금연구Ⅰ』, 국민연금
연구원, 2014, 41쪽.

[23] 참고로 독일의 연금통합 사례가 시사해 주는 가장 중요한 교훈은 연금통합 관
련 통일비용을 줄이기 위해서는 제도 이행 및 동화는 최대한 신속하게 수행하
되, 남북한 지역 간의 경제력 및 급여의 격차는 점진적인 수렴을 유도해 나가
는 것이 중요하다는 점이다. 즉, 연금제도 및 조직관리 체계상의 접근 및 통합
을 신속하게 완료할수록 행정비용이 최소화될 것이다. 반면 남북한 양 체계 간
의 생활수준 및 경제력 격차의 완화를 서두를수록 북한경제의 생산성 및 경쟁
력에 대한 부정적 영향이 커지고 북한지역으로의 재정이전 부담이 늘어나게
된다는 것이다.
출처: 전홍택 편, 『남북한 경제통합 연구: 북한경제의 한시적 분리 운영방안』,
한국개발연구원, 2012, 172~173쪽.

<표 Ⅳ-5> 남북한 군인연금 통합 주요 쟁점[24]

구분	쟁점	해결방향
연금운영	· 북한공로자연금은=남한의 군인연금+훈포장+ (대상자별 보훈연금)	· 과도기 이중체제 운영 · 선 가입자 통일 후 수급자 통일 · 수급자 급여 재설정 · 급여수준의 점진적 인상 이후 남북한 단일화 · 노후 생활보장 기준액 제시 · 생계급여, 기초연금과 연계 · 수급자 주택연금 활용 · 가입자 개인연금, 퇴직연금, 주택연금, 농지연금 가입 유도
지급대상	· 대다수 국가공로자 · 군 병력의 남북한 차이로 인해 북한 수급자가 상대 적으로 다수	
가입대상	· 기존의 급여계상으로 할 때 이미 상당수가 공로자연금 대상 · 단기적으로 통일 직후 가입자 확대 예상	
수급자격	· 30년으로 남한과 10년 차이	
급여계상	· 공훈에 따라 최종 합산되는 형식 · 남-가입기간과 가입기간 평균납부률, 북-최종 임금	
급여종류	· 급여종류에 식량 포함, 현물급여 대체 문제	
급여수준	· 적정급여 수준과 재산정 기준 제시	
재정	· 남한 군인연금의 기금고갈, 국고지원 · 북한 군인연금의 부과방식 운영 · 북한수급자로 인한 재정 지출 확대 · 재정조달 방안의 미비로 인한 국민연금 갹출 가능성	
납부률	· 가입자의 납부률 남북한 통일 문제	
통합기준	· 남한군인연금을 북한군인에게 적용할 경우 조기수급 우려	

· 출처: 저자 작성.

(2) 산업재해보상보험

산업재해보상보험의 경우 남북한은 산재예방과 보상을 위해 모두 운용하고 있으나 운영방식과 내용, 양·질적 차이가 극명하다. 남한의 경우 비교적 정교화된 서비스 구조를 갖고 운영되고 있는 반면

---

24) 전달체계와 관리운영체계도 주요 쟁점이나 본 연구에서는 생략하고자 한다.

북한은 단순한 형태로 운영되고 있으며 이와 비례하여 남북한의 질적 차이가 있다.

이에 따라 남북한 산재보험 제도통합은 여타 제도에 비해 수급자 발생이 낮은 분야이고 부담액 또한 낮아 비교적 통합의 장애가 낮은 분야이다. 단지 북한의 경우 기업의 재정부담이 발생할 것이나 이는 기존 북한의 사회보험율에서 대체하면 큰 무리가 없다. 다시 말해 매달 갹출되는 북한의 사회보험료에서 재정을 부담하고 집행을 배정하면 된다.

단, 이 경우 운영기구 통합에 대한 문제가 제기되는데, 이는 행정기구 통합에 대한 논의로 산재보험의 경우 통일 직후 남한의 내용을 중심으로 개편하여 급여의 다양성을 꾀하되, 나머지는 운영은 기존의 북한 사회보험에 의거한 후, 추후에 근로복지공단으로 통합하는 것이 바람직하다고 판단된다.

반면 북한 근로자들의 경우 통일 이후 산재보상 신청이 일시적으로 증가할 것으로 판단되고 이 경우 다소간의 지출이 발생할 것이다. 이러한 이유는 기존의 북한 산재보상 수준이 남한에 비해 현저히 낮음에 따라 발생하는 자연스러운 보상심리—북한주민의 입장에서 통일 이후 남한의 우수한 제도를 통해 보호·보상받고자 하는 의식— 때문이다.

이에 남북한 산재보험 통합은 지금까지 논증한 제도 중에서 장애요소가 비교적 낮은 제도가 될 개연성이 있다. 그러나 다른 한편으로 산재보험 판정기준, 지역별 산재보험 의료전문기관 운영 등 산재보험 운영상 발생하는 북한의 관련 기반조성과 시설에 대한 문제는 여전히 제기된다. 이는 결국 행정통합과 연계되는 것이자 별도의 시간과 노력이 필요한 부문이다.

(3) 보건의료제도

보건의료제도의 경우 남한은 건강보험과 의료급여, 북한은 무상치료제로 대표되는데, 이는 지금까지 언급한 제도 중 가장 큰 제도적 · 내용적 수준의 차이가 나타난다. 보건의료제도는 '건강권'을 확립하는 차원에서 접근하는 것으로 이는 '생명권'과 직결되는 사안이고 나아가 '인권'과도 관련된 문제이다. 이에 공적연금과 사회보훈은 수급자의 일정한 기여와 유공에 대한 물질적 생존권 보상과 관련된 것이지만 보건의료제도는 이와 달리 여타 '권리이전의 권리'이다.

남한의 대표적인 보건의료제도인 건강보험은 재정부담에 있어 가입자부담 원칙인 반면, 북한은 무상치료제로 인해 가입자부담이 제도적으로 없다. 이는 보험료를 국가가 부담한다는 측면에서 남한의 의료급여와 일맥상통하는 부문이다. 다른 한편 북한은 현실적으로 무상치료가 아닌 유상치료 행위가 음성적으로 행해지고 있다. 즉, 북한은 현실적 차원에서 일정부문 의료의 상품화 · 시장화가 진행되고 있다. 그리고 이러한 원인은 아이러니하게도 북한의 국영보건의료 체제의 의료빈곤과 더불어 시작된 의료공급의 개인화에 기인한다.

반면 북한의 경우 사회보장에 관한 가입자 부담이 있어 매월 사회보험료를 납부하고 있지만 적어도 제도적으로 보건의료보장의 무상치료제에 의거 별도의 재정을 부담하고 있지는 않다. 문제는 통일 이후 ① 남한의 건강보험, 의료급여제도를 북한에 적용할 것인가, ② 반대로 북한의 무상치료제를 유지 · 존속시킬 것 인가, ③ 그렇다면 유지 존속기간을 얼마동안으로 할 것인가, ④ 이와 달리 이 또한 통일 이후 과도기적 기준을 적용하여 취약계층 의료구호에 대한 무상지원, 근로계층에 대한 건강보험 편입 유도 등 다중적 서비스 지원제도를 통해 보장할 것인가, ⑤ 소득을 기준으로 할 경우 통일 이후 의료급여 대상자의 증가에 대한 서비스 준비를 어떻게 풀어 나갈 것인가, ⑥ 통일 이후 국민연금과 건강보험―5대 사회보험 통합징수체계―의 재원과 징수를 현행 남한처럼 통합할 것인가 하는 등의 문제가 제기된다.

이에 결론적으로 말해 보건의료제도 역시 과도기적 분리 운영 후 통합으로 가되, 가입자와 수급자, 취약계층 (긴급)구호, 전염병 예방 등 대상과 사안에 따라 다양한 스펙트럼에 따라 준비·진행해야 한다. 아울러 현실적으로 비용부문에 있어 남북한 보건의료 부문의 재정통합은 사실상 통일 초기 '남한 고부담, 북한 저부담 혹은 무부담' 형태로 진행될 개연성이 높다.

반면 통합기준의 경우 남한의 건강보험을 중심으로 통합할 경우 북한주민에게 생소한 가입자의 부담, 징수체계와 관리운영체계, 기존의 국영의료 보장체제와의 마찰, 의료인력의 시장화, 북한의 진료체계(호담당구역제 등)의 변화가 발생할 것이다. 하지만 이와 반대로 남한의 의료 서비스 제공으로 인해 기존 북한 보건의료서비스 질적 향상 또한 발생할 것이다. 그러나 이외에도 북한 의료품 지원, 의료시설 정비, 의료 장비 지원, 의료 인력 교육 등 외부에 알려진 바와 같이 낙후된 북한보건의료 기반 구축에 상당한 재원과 인력, 장비, 시간이 필요하다고 판단된다.

(4) 사회보훈

사회보훈의 경우 남북한은 각기 다른 형태로 운영되고 있고, 내용과 제도적 차원의 양·질적 수준에 있어서 그 차이가 분명하다. 남한의 경우 사회보훈은 각종 훈·포상과 그에 따른 연금[25], 보훈연금과 보건의료 지원중심인 반면 북한은 각종 훈·포상과 그에 따른 연금, 식량과 주택, 임금 등 각종 혜택과 더불어 공적연금에 이것이 그대로 반영되는 형태로 양·질적 수준이 남한에 비해 다중적이고 다층화되어 있다.

다시 말해 남한의 사회보훈은 단순한 형태로 여타 복지제도에 비교적 영향을 주지 않지만 북한은 이와 정반대의 형태임에 따라 자연히 급여종류가 상승하고 이에 따라 질적 수준 또한 상승하는 구조이다. 이러한 남북한 사회보훈 차이는 상술한 바와 같이 남북한 체제속성 차이에서 기인한다. 문제는 (남북한)수급자의 입장에서 통일이후 남한의 기준을 적용하면 북한수급자의 급여종류와 범위가 낮아지는 반면 북한의 기준을 적용하면 남북한 모두 급여종류와 수준이 상승하게 된다는 것이다. 또한 사회보훈의 경우 남북한 모두 국고에 의한 재정지원을 함에 따라 특정 일방의 기준을 떠나 통일 이후 재정지출이 가중된다. 또한 이 경우 역시 재정통합에 있어 제기되는 문제는 남한의 고부담·과지출 문제인데, 여기에서 파생되는 문제와 해결책은 연금통합과 거의 동일하다.

한편 사회보훈제도 통합은 남북한 모두에게 정치적인 문제를 야기할 개연성도 있는데, 가령 남한의 입장에서 북한의 국가공로자를 통일 이후에도 그대로 인정할 것인가, 남한도 북한처럼 국가원호·보훈대상자의 질·양적수준을 상승시켜줄 것인가에 대한 논쟁의 대상이 될 것이다. 결국 이는 상술한 바와 같이 공적연금 제도의 통합

---

25) 가령, 남한의 경우 여기에는 각종 체육·국제대회 입상자에 대한 체육연금이나 기능올림픽 수상자에 대한 계속기여자종사연금 등이 있다.

사례와 거의 동일하게 통합―재기준·재산정후 지급, 이후 통합―을 전개해야 될 것이라 판단된다. 지금까지 논증한 상호 존재하는 남북한 사회복지 제도별 주요 문제와 해결방향을 정리하면 〈표 Ⅳ-6〉과 같다.

〈표 Ⅳ-6〉 남북한 사회복지 제도별 주요 문제와 해결방향: 상호 존재

주요 제도	주요 문제	해결 방향
공적연금제도	· 제도적 이질성 · 통합방식과 속도 · 급여수급과 재정 부담	· 북한수급자에게 별도기준 마련 · 남한의 기금 피해 최소화 설계 · 일정기간 분리운영 후 통합
산업재해 보상제도	· 급여수준과 종류 · 판정기준과 보상기준 단일화 · 북한의 관련 기반 미비	· 가입자 남한중심의 신속 통합 · 제반시설 기반 조성
보건의료제도	· 제도적 이질성 극대화 · 재정부담 증가 우려 · 보건의료 체계 차이 · 북한 보건의료망 붕괴	· 과도기적 분리운영 후 통합 · 대상과 사안에 따른 보건의료 지원 · 북한 기반 시설 복구 지원
사회보훈제도	· 정치적인 문제 야기 · 급여의 역차별 내재	· 급여수준이 높으면 재산정후 지급 · 급여수준이 적절하면 경과조치

· 출처: 저자 작성.

3) 상호 부재 제도

(1) 남한의 노인장기요양보험제도

노인장기요양보험제도는 고령이나 노인성 질병 등의 사유로 일상생활을 혼자서 수행하기 어려운 노인 등에게 신체활동 또는 가사활동 지원 등의 장기요양급여를 제공하여 노후의 건강증진 및 생활안

정을 도모하고 그 가족의 부담을 덜어줌으로써 국민의 삶의 질을 향상하도록 함을 목적으로 시행하는 사회보험제도이다.[26]

남한은 2008년부터 노인장기요양보험제도를 운영하고 있는 반면 북한은 치매노인을 위한 독립된 사회복지제도가 존재하지 않는다. 다만, 북한은 장기 외상환자의 경우 거택보호를 통해 보호하고 있고 이는 요양보호제도에 해당된다. 즉, 남북한 모두 상호 유사한 요양보험제도가 있으나 그 보호 대상과 취지, 급여수준에 있어 상당부문 차이가 나는 제도이다. 다시 말해서, 남한은 치매노인과 그 가족에 대한 서비스이지만 북한은 장기 외상환자 중심의 재택보호서비스이다.[27]

따라서 남한의 입장에서는 노인장기요양보험제도를 북한에 적용하고 북한의 입장에서는 이를 받아들이기만 하면 된다. 그러나 문제는 역시 이를 실천하기 위해 제기되는 사전 조건인데, 보건의료와 관련된 제도로 기본적으로 북한의 보건의료망이 정상적으로 작동해야 한다. 또한 요양원과 같은 시설보호가 가능한 보건의료 인프라와 전문인력, 치료와 재활 등과 같은 서비스 실천을 위한 구비조건에 상당한 자원과 조직이 필요하다. 아울러 치매의 신청 및 판정과 같은 행정적인 서비스 또한 완비되어야함은 물론이거니와 재원 조달 문제 또한 여전히 극복해야할 과제이다. 따라서 이는 통일 직후 북한의 보건의료제도와 노인복지서비스 차원에서의 서비스를 강화한 다음, 제도도입과 실천을 위한 기반조성을 통해 점진적으로 도입하는 것이 바람직하다고 판단된다.

---

26) 국민건강보험공단 장기요양보험 홈페이지, http://www.longtermcare.or.kr/npbs/e/b/101/npeb101m01.web?menuId=npe0000000030&zoomSize= (검색일 2019년 4월 25일)

27) 이철수, "남북한 사회복지 통합 요인: 제도와 SWOT분석을 중심으로", 『통일문제연구』, 27(2), 2015, 130쪽.

(2) 남한의 공공부조

: 국민기초생활보장제도, 의료급여, 기초연금, 긴급복지지원

공공부조는 자산조사를 통해 지원받을 자격이 확인된 빈곤층에게만 급여하는 것을 특징으로 하는 제도이다. 지원을 받을 자격(eligibility) 여부를 판별하는 기준이 공공부조의 선정기준선인데, 공공부조제도는 선별적인 프로그램이기 때문에 선별을 위한 기준선 설정이 필수적이다.[28]

남한의 공공부조는 기준선 이하인 빈곤층에 대해 국민기초생활보장제도, 의료급여, 긴급복지지원, 저소득층 노령인구에 대한 기초연금제도, 중증장애인에 대한 지원을 보장한 장애인연금제도, 각 지자체별 별도의 공공부조 프로그램이 있다. 이를 통해 남한은 빈곤층에 대한 현금과 다양한 현물서비스를 제공하고 있다. 반면 북한은 시설보호와 일부 계층의 식량과 보조금을 제외한 별도의 공공부조가 존재하지 않는다.[29] 북한이 의식주 배급제를 통해 빈곤층을 제도적으로 억제하고 있다고 스스로 판단하기 때문이다. 그러나 이러한 판단은 북한이 당면한 식량공급 능력을 감안할 때, 상당부문 신뢰성이 떨어진다. 따라서 북한의 일부 특권층을 제외한 일반 주민의 경우 배급제의 생활보장기능은 상당부문 상쇄되었다.

한편 남한의 국민기초생활보장제도를 북한에 그대로 적용할 경우

---

28) 이철수 외,『통일 이후 북한지역 사회보장제도 - 과도기 이중체제』, 한국보건사회연구원, 2016, 256~259쪽.

29) 북한의 공공부조는 일부 이재민 구호대책을 제외하면 주로 국가를 위해 공헌한 특수계층이나 그 가족들에게 혜택을 주는 '포상적 성격'을 지닌 분배임. 출처: 김동열 외,『남북 사회보장제도 통합방안 연구』, 통일준비위원회, 2015, 31쪽.

상당수 북한주민은 남북한의 소득격차로 인해 노동을 하고 소득이 있음에도 불구하고 대다수가 기초생활보장 수급대상자가 된다. 이러한 원인은 현재 소득과 자산을 기준으로 판정하는 남한의 기초생활수급대상자 판정기준을 북한주민 생활수준에 대입한 결과이다.

또 이러한 경우 통일 이후 남한정부의 복지지출은 급격히 증가할 수밖에 없는 구도가 된다. 또한 과연 이러한 현상을 남한국민의 정서적으로 받아들일지도 미지수이다. 특히 이러한 대상 전체가 의료급여 대상자와 연동됨에 따라 의료급여의 적용 확대와 지출이 불가피하게 된다. 아울러 이 경우 약 3만 명의 남한 기초생활보장 수급자와 더불어 통일한국=빈곤층 확대 재생산(북한주민의 지원으로 인해)이라는 오점과 불명예 문제도 발생하게 된다.

이와 마찬가지로 남한의 기초연금을 북한에 그대로 적용할 경우 대다수 북한 노년층이 수급대상자가 됨에 따라 상술한 국민기초생활보장제도와 거의 동일한 문제가 발생한다. 즉, 소득과 자산을 중심으로 하는 남한의 기초연금을 북한에 그대로 적용할 경우 북한의 대다수 노령연금 수급자가 여기에 해당됨에 따라 기초연금 재정지출이 상당부문 증가할 것으로 예상된다.

또한 이 경우 통일 당시 북한의 노령연금 수급자들은 다층연금·다층급여 대상자가 되는데, 왜냐하면 남한의 공공부조를 북한에 적용할 경우 ① 기초생활보장급여, ② 기초연금, ③ 의료급여, 기존 북한 노령연금 수급권을 승계, ④ 노령연금—통일 이후 별도의 공적연금—을 수급하기 때문이다. 아울러 이러한 경우 총 현금급여 수준이 월 근로소득 보다 높을 개연성이 있고 이는 근로의욕을 악화시켜 실업을 양산할 가능성도 있다.[30)]

따라서 남한정부는 북한의 빈곤층을 보호·지원하되, 별도의 소득과 자산 기준에 의거하여 적절한 현금급여를 제공해야 한다. 또한 이를 위해 남한정부는 북한주민에 대한 국민복지기본선—최저생계비를 포함한—을 사전에 준비·설정하여 여기에 근거한 적절한 급여를 제공해야 할 것이다. 나아가 이는 북한주민의 안정적인 근로수입 기준, 소득보장정책, 고용유지정책과 연계된 사안이다. 다른 한편 북한주민은 현행 남한 헌법상 남한주민과 동등한 법적권리를 갖고 있다. 이에 따라 기초생활보장과 의료급여와 같은 최소한의 복지수급권이 인정될 수밖에 없는 점도 간과해서는 안 된다.

(3) 남한의 사회서비스

남한의 사회서비스는 국가·지자체 및 민간 부문의 도움이 필요한 모든 국민에게 상담·재활·직업 소개 및 지도, 사회복지시설 이용 등을 제공하여 정상적인 사회생활이 가능하도록 지원하는 제도이다.[31] 반면 북한의 사회서비스는 신체적 취약계층에 대해서만 대인적·개별적 서비스와 상담치료 등의 비물질적·심리사회적 서비스를 제공하는 것을 주된 내용으로 하고 있다.[32] 즉, 남북한의 사회서비스의 대상 범위와 서비스의 내용 및 종류에 차이가 있다.

남한에서는 요구호 대상에 따른 각종 사회서비스제도(노인·여

---

30) 한편 남한의 긴급복지지원의 경우 주로 기초생활수급대상자 판정 이전단계에서의 지원제도로, 이를 북한에 적용할 경우 상술한 국민기초생활보장제도 수준의 문제가 발생한다. 이에 일정기간 별도의 긴급구호 프로그램으로 대체 후 남한 제도를 적용하는 것이 바람직하다.

31) 김동열 외,『남북 사회보장제도 통합방안 연구』, 통일준비위원회, 2015, 24쪽.

32) 앞의 책, 27쪽.

성·아동·장애인 등)가 공·사적으로 있다. 구체적으로는 중앙정부 및 지자체의 공공예산과 민간인들이나 단체들의 후원금을 기초로 급여와 서비스에 있어 무료 원칙으로 운영된다. 또한 남한은 서비스 대상자의 위험별, 욕구별로 프로그램이 체계화되어 있다. 반면 북한은 아동과 부녀자를 중심으로 노인 및 장애인 등에 대해 국가가 사회서비스를 제공하는 제도적 기반은 갖고 있으나 서비스 대상자에 대한 지엽적인 지원에 국한된다. 예를 들어 여성의 경우 산전전후 유급휴가, 아동의 경우 무상의 탁아서비스와 교육, 청소년의 경우 무상교육, 장애인의 경우 취업알선과 보장구 지원, 보조금 지급 외에 이렇다 할 급여—재활이나 특수교육—가 별도로 존재하지 않는다. 따라서 사회서비스의 경우 북한은 무상탁아와 무상교육을 제외하고는 나머지 대상에 대한 사실상 거의 전무한 법적 서비스 내용을 갖고 있다.[33] 따라서 사회복지 제도통합 시 이 부문에 대한 남북한 사이의 큰 이견은 존재치 않을 것인데, 북한의 경우 이를 받아들이기만 하면 되기 때문이다.[34]

그러나 이 역시 현실적으로 어려운 부문이 있다. 즉, 이를 실천하기 위한 북한 내의 지역별 대상별 기반 부족, 실천 전문 인력,[35] 사실상 이를 대행할 민간공적기관, 수반되는 별도의 재정부담, 서비스 기준의 적합성, 실천 가능한 북한의 환경 등에 대해 남북한이 사전

---

33) 이철수, "남북한 사회복지 통합 요인: 제도와 SWOT분석을 중심으로", 『통일문제 연구』, 27(2), 2015, 131~132쪽.

34) 한편 북한의 경우 시·도 단위별로 요구호자별 수용(복지)시설—애육원, 육아원, 양로원—이 있는데, 이는 남한의 지역별 복지관의 기능을 하는 것이 아니라 복지시설의 역할을 한다.

35) 이철수, "통일한국의 사회복지 통합 방안", 『북한』, (511), 2014, 49~50쪽.

에 구비해야만 가능하다. 따라서 이는 요구호 대상—긴급구호 대상을 제외한—에 대한 서비스로 상당한 시간이 필요한 속도의 문제지만 그리 어려운 난제는 아니고 통일경과에 따라 자연스럽게 적용·발전하리라 판단된다.

특히 북한의 경우 현재 북한 내에서 활동하고 있는 다양한 국제 NGO의 구호와 개발 경험을 남측 전문기구와 통일 직후부터 동시에 실천하는 것이 매우 바람직하다. 이에 통일한국 사회복지의 경우 사회복지 현장의 역할은 매우 크다고 할 수 있다. 북한의 경우 장기간 국제기구로부터 구호를 받은 경험이 있고 이는 지금도 진행되고 있다. 즉, 북한주민은 그들의 생활을 지원하는 구호활동에 대한 거부감은 낮다. 북한주민의 이러한 점을 감안 할 때, 통일 이후 이들에 대한 직접적인 서비스를 담당하는 역할은 민간 사회복지사에게 주어진다. 현재 남한의 사회복지사들은 사회복지 실천현장에서 빈곤층과 다양한 요구호자들의 안정된 생활유지와 지위향상을 위해 다방면에서 노력하고 있다. 이러한 이들의 역할과 기능을 고려하여 통일한국을 대입하면, 무엇보다 실질적으로 통일한국의 사회복지를 준비하고 완성해가는 전문 인력으로 '통일사회복지사'를 교육, 양성해야 한다.36)

상술한 바와 같이 통일은 필연적으로 사회복지를 중심으로 한 '균등한 삶의 질' 보장을 위한 복지통합 문제가 대두될 것이다. 이는 이

---

36) 현재를 기준으로 할 때, 현실적으로 가장 합리적인 방안 중의 하나는 북한이탈주민들을 통일사회복지사로 양성하여 통일 이후 이들이 귀향, 현지에서 워커로서 활동하게 하는 것이 바람직하다. 또한 이때에, 2015년 2월 현재 약 8만 명의 국내 사회복지사들이 있는데, 이들 중 숙련된 슈퍼바이져들이 통일 이후 북한지역 구호활동의 핵심적인 역할을 하게 유도해야 한다.

질적인 두 집단의 내적통합을 위해 고도의 사회복지 전문성 및 남북한의 역사 및 사회문화 토대를 이해하는 그룹의 개입이 반드시 필요한 부문이다. 그러나 통일 이전에 통일사회복지사가 양성되지 못할 경우 통일의 진행단계 및 통합 단계에서 전달체계의 부재로 혼란이 초래된다. 이에 통일사회복지사의 부재는 남북한 사회복지 통합을 국제구호단체나 NGO 전문가들에게 주도권을 맡기게 되어, 통합 비용의 비효율적 지출은 물론 사회복지통합의 기간을 지체시키거나 시행착오를 야기할 수 있다. 따라서 통일사회복지사는 통일실천가로서, 통일의병으로서 반드시 필요한 전문분야이다.[37]

이에 '통일사회복지사'는 학문적 개념이기 보다는 정책적·행정적 개념이다. 이에 통일사회복지사는 복지통합의 과정에서 '민족복지'의 발전을 위한 실천과 인적, 물적 전달체계 역할을 전문적으로 수행할 사회복지사를 의미한다. 이에 통일회복지사 역할은 다음과 같이 정리된다. ① 북한·통일 관련 공공기관과 NGO 등에서 사회복지통합의 기획과 실무, ② 남북한 통합 사회복지전달체계 구축과 실천, ③ 북한 취약계층 특성화 프로그램의 개발과 보급, ④ 북한 내 사회복지시설 설치와 운영, ⑤ 통일단계에서부터 북한지역 사회복지 전담요원, ⑥ 북한 지원 현장 모니터링이다.[38]

이에 사회복지 현장에서도 통일을 감안, 그 대상을 남한주민을 주요 대상을 할 것이 아니라 미래에 다가올 북한주민을 포함시켜 전문화된 교육, 미래를 대비한 준비를 해야 할 시점이다. 다시 말해 기존

---

37) 장용철, "북한 사회복지서비스 전달체계 구축방안 기초연구", 유근춘 엮음, 『통일한국의 사회보장체계 구축을 위한 기초연구(Ⅲ)』, 한국보건사회연구원, 2015, 138~140쪽.
38) 앞의 책, 140쪽.

의 사회복지사들을 특성화시켜 통일 전문인력으로 훈련시켜 통일사
회복지사라는 전문 영역과 인력을 배양해야 한다. 따라서 역설적으
로 통일 이후 통일사회복지사가 부족할 경우 통일복지에 대한 실천
은 시도 단계에서부터 균열이 발생할 것이다.

(4) 북한의 배급제

북한의 배급제는 북한의 환경에서 사실상 공공부조와 사회서비스
의 기능을 하고 있다.[39] 의식주 중에서 식(食)이 생존에 가장 직결되
는 만큼 북한에서의 식량 배급제의 작동은 체제를 유지하는 가장 기
본적인 조건으로 자리해 왔다. 1990년대 초반 이전까지 북한의 식량
배급은 원활히 작동되었고, 배급소(혹은 '식량공급소'라 칭하기도 함)
에서 배급을 탈 때 돈을 내긴 하지만 국정가격으로 정해진 그 액수
가 쌀 8전 등으로 매우 낮아 사실상 무상에 가까웠다. 그러다 1990년
대 후반, 이른바 고난의 행군이 시작되는 시기부터는 배급이 끊겼다
고 볼 수 있다. 물론 신분과 직종에 따라서는 고난의 행군 시기에도
배급을 탔고, 2000년대 이후에는 지역에 따라 배급제가 작동하는 곳
도 있고, 제대로 작동하지 않는 곳도 있었다. 이렇게 배급이 원활하
게 이루어지지 않게 되면서 북한 주민들은 더 이상 국가의 배급제에
대하여 기대하지 않게 되고 식량 확보를 비롯한 모든 생계는 스스로
시장을 통해 일구어 나가야 한다는 생각을 갖게 되었다.[40] 이에 따
라 시장화가 급속히 진행되었고, 배급제는 제도적 기능과 달리 현실

---

39) 본 연구에서는 의류와 주택을 제외한 식량문제만 국한하여 접근하고자 한다.
40) 이철수 외, 『통일 이후 북한지역 사회보장제도 - 과도기 이중체제』, 한국보건
　　사회연구원, 2016, 122~137쪽.

적으로는 전체 주민에 대한 국영공급과 개인·가족단위의 시장구입이라는 이중구조를 갖게 되었다. 그런데 문제는 부족한 식량에 대한 시장구입은 노동가능한 인구나 가족의 경우에만 해당되고 임산부, 아동, 청소년, 노인, 장애인 등 취약계층의 경우 국영공급 수준과 양이 생존에 절대적이라는 것이다. 참고로 북한 식량배급제 실태는 〈표 Ⅳ-7〉과 같다.

<표 Ⅳ-7> 북한 식량배급제 실태의 주요 내용

구분		내용
시기별 시행여부	김일성 시대 (~1990 이전)	정상적으로 작동
	김정일 시대 (1990~2010)	본격적으로 중단 또는 비정기적 지급
	김정은 시대 (2010 이후~)	정상적으로 회복되지 못함
차별	계층 차별	- 군수공업부문, 무역부문, 탄광부문, 1급 기업소 등 계획이 작동되는 부문의 노동자에게는 공급 - 군인, 국가안전보위부, 사회안전원, 행정기관, 무역기관 등 중요 기관의 종사자, 국가공로자, 영예군인, 협동농장 농민은 일반노동자보다 식량 사정이 나았음
	지역 차별	- 평양 지역은 다수 국가중요기관의 존재, 다수의 충성계층, 수도 평양의 상징성 등의 이유로 평양 이외의 지역보다 식량공급이 나았음 - 무역이 활발한 지역도 상대적으로 식량공급 사정이 좋았음
경로		- 노동(노동자) → 신청(각 단위: 기관, 단체, 기업소) → 식량공급량 결정(양정성(내각), 양정국(도), 양정과(시, 군, 구역)) → 시, 군, 구역 거점 식량공급 및 배급표 배부(양정사업소) → 동, 리 단위 식량공급(식량공급소) → 수령(노동자)의 6단계 - 양정성(중앙) → 양정국(도) → 양정과 및 산하 양정사업소(시, 군, 구역) → 식량공급소(동, 리)로의 식량공급 전달체계는 체계적으로 조직되어 있음
자체 전달체계 부문		- 일반노동자 이외의 식량공급 전달체계로는 유급당원, 군인, 국가안전보위부 직원, 사회안전원(경찰), 교도대 소속 군인, 양정사업소 노동자는 자체적인 배급소를 이용

		- 협동농장 농민들은 협동농장별로 관리위원회를 통해 분배 - 국가공로자, 혁명열사·애국열사·전사자 유가족들, 영예군인, 제대군인은 일반 노동자와 동일한 식량공급 전달체계를 이용
특징	주기 및 공급일	식량공급 주기는 15일이며 가구마다 공급일은 다름
	비동거	비동거 가족 구성원도 부양자로 인정되어 식량공급 보장
	타지역	식량이동증만 있다면 타 지역에서도 식량공급이 가능
	근로단체 역할	직맹, 여맹, 농근맹은 식량공급 전달체계에서 정치적 개입 이외에 특정한 역할 없음
	긴급 전달체계	최악의 식량난을 겪으면서 기본적인 식량공급이 불가해지자 긴급복지 차원에서 2호 창고라고 불리는 전쟁 시 식량창고를 개방하여 공급
	부패	배급받지 못한 해외 식량이 장마당에서 거래되는 등 전달체계 과정에서의 부패 목격 허위 배급표 작성을 강요받음
	주민대응	주민들은 장마당을 통해 생계 유지 서로 다른 식량공급 날짜를 활용하여 이웃과의 상호부조를 통해 쌀을 빌림 힘있는 권력을 동원하여 생활을 유지
주민 대응		- 주민들은 장마당을 통해 생계 유지 - 서로 다른 식량공급 날짜를 활용하여 이웃과의 상호부조를 통해 쌀을 빌림 - 힘있는 권력을 동원하여 생활을 유지

· 출처: 이철수 외,『남북한 사회복지 통합 쟁점과 정책과제』, 한국보건사회연구원, 2016, 108쪽.

북한은 전 주민에 대해 의식주 배급제—그 기능이 사실상 상실했지만—를 적용하고 있지만 남한은 이와 같은 제도가 사실상 전무함—시설수용자를 제외한 경우—에 따라 ① 이것을 유지 존속시킬 것인가, ② 유지한다면 언제까지 할 것인가, ③ 반대로 이를 즉각 폐지할 것인가, ④ 폐지한다면 어떠한 방향으로 가야 하는가, ⑤ 또 다른 측면에서 이 제도가 북한주민이 만족한만한 수준인가, ⑥ 만족도에 따라 제도의 존속여부를 결정해야 하는 것 아닌가, ⑦ 또한 통일 이후

<표 Ⅳ-8> 남북한 사회복지 제도별 주요 문제와 해결방향: 상호 부재

주요 제도	주요 문제	해결 방향
노인장기요양 보험제도 (남한)	· 북한에 부재한 제도 · 사전 기반조성 · 보건의료 기반과 연계 사안	· 통일 초기 보건의료망 통해 보호 · 통일 초기 노인복지서비스 통해 보호 · 서비스강화 이후 도입
공공부조 (남한)	· 북한에 부재한 제도 · 대다수 북한주민 해당 · 재원 급증 우려	· 북한수급자에게 별도기준 마련 · 빈곤층 억제정책과 연계 작동
사회서비스 (남한)	· 북한에 부재한 제도(일부 제외) · 인력과 시설 미비 · 북한의 전문성 결여	· 제반시설 기반 조성 · 정부와 민간의 공동 대응과 실천 · 국제NGO 구호와 개발 동시 실천 · 통일사회복지사 육성
배급제 (북한)	· 남한에 부재한 제도(일부 제외) · 북한배급 수준과 기능 후퇴 · 북한 식량 공급 부족	· 취약계층 식량 무상 지원 · 일정기간 배급제 복구, 유지 · 식량의 질적 수준 향상

· 출처: 저자 작성.

이렇다 할 식량공급체계가 존재하지 않거나 이를 대체할 수단이 없다면 일정기간 유지할 필요는 있지 않은가, ⑧ 아울러 이를 대체할 수단이나 제도를 준비해야 하지 않는가 하는 등의 문제가 제기된다.

따라서 이 제도 역시 상술한 공적연금 제도의 통합 전략처럼 그 방향을 같이 하며 ① 통일 초기 취약계층 식량구호, ② 식량공급 수준에 따른 배급량의 상향 조정, ③ 식량공급소를 통한 저가의 식량공급 일정기간유지, ④ 시장을 통한 부족분 구입 등 다양한 공급망을 제도적으로 보장한 후 점진적으로 폐지하되, 극빈층에 대한 식량구호는 유지하는 것이 바람직하다. 지금까지 논증한 상호 부재한 남북한 사회복지 제도별 주요 문제와 해결방향을 정리하면 〈표 Ⅳ-8〉과 같다.

4) 일부 존재 제도

(1) 고용보험

고용보험의 경우 남한에는 존재하나 북한에는 제도적으로 존재하지 않는다. 그러나 실업급여가 보조금의 형태로 특정지역에 한해서 운용되고 있다. 북한은 「개성공업지구 로동규정」 제29조에서 "기업은 자기의 책임으로 또는 양성기간에 일하지 못한데 대하여 종업원에게 일당 또는 시간당 로임의 60% 이상에 해당한 생활보조금을 주어야 한다. 생활보조금을 주는 기간은 3개월을 넘을 수 없으며, 생활보조금에는 사회보험료, 도시경영세를 부과하지 않는다"라고 하였다.[41]

이를 분석하면 제29조는 생활보조금이지만 사실상의 실업급여·생계급여를 명시한 것이고 이는 기존의 북한 사업장에 존재하기 않았던 급여이다. 따라서 제29조는 노동자의 비자발적 실업에 대한 실업급여의 지급을 명시한 것으로 북한이 사실상의 실업상태를 우회적으로 인정·보호한 것이다.

이에 통일 이후 북한 기업의 고용보험의 순차적인 도입은 가능하다고 판단된다. 반면 통일 직후 고용보험을 도입, 가입 확대를 유도하는 동시에 남한과 동일한 수준의 실업급여보다는 실업부조제도를 통해 일정기간 실업보조금 적용 이후 남한과 동일한 수준으로 진행하는 것이 바람직하다. 왜냐하면 통일 이후 고용상태의 불확실성과 더불어 현행 남한의 고용보험 급여 수급자격은 1년 이상 가입한 근로자에게만 지급되기 때문이다. 따라서 통일 당시 실업 상태인 자에게는 일정기간 실업보조금을 지급하고 고용보험 가입기간을 1년 이

---

41) 이철수, "북한경제특구의 노동복지법제 비교분석", 『법학연구』, 28(1), 2017, 195쪽.

상으로 유지하도록 해야 한다.

또한 남한의 고용보험 재원이 독일의 경우처럼 북한의 근로자를 감당할 수 있을 만큼 견실하지 못하다. 즉, 남한의 경우는 통일을 대비한 보험료율의 인상을 준비하고 있지 않으며, 고용보험의 재정상태도 좋지 않다.[42] 아울러 이 역시 재정기여와 기금고갈을 우려하여 일정기간 북한 근로자에 한해서 별도의 지급기준—실업부조 같은—을 마련할 필요가 있다. 이와 더불어 중앙정부차원의 별도의 고용장려제도를 도입하여 실업을 억제함과 동시에 고용 유지를 보장해주어야 한다.[43]

---

[42] ① 전홍택 편,『남북한 경제통합 연구: 북한경제의 한시적 분리 운영방안』, 한국개발연구원, 2012, 114쪽. ② 참고로 남한의 고용보험기금은 2018년 말 기준 총 9조 3,531억 원이고 이중 단기자금이 4,000억 원, 중장기자금이 8조 9,531억 원이며 운용수익률은 -2.22%이다. 또한 산업재해보험기금은 17조 8,271억 원으로 운용수익률 -2.00%이다.
출처: 고용노동부 홈페이지, http://www.moel.go.kr/info/astmgmt/employ/list3.do# (검색일 2019년 7월 6일)

[43] 이밖에도 가령 현행 남한의 취업성공패키지를 적용하자는 지적이 있다.

출처: 전홍택 편,『남북한 경제통합 연구: 북한경제의 한시적 분리 운영방안』, 한국개발연구원, 2012, 118쪽.

(2) 시설보호

북한의 경우 무의무탁 노인을 위한 양로원[44], 고아들을 위한 애육원, 장애인을 위한 양생원을 운영하고 있다. 이는 외형적으로 남한의 사회서비스 전문기관에 의한 시설보호와 다소 비슷한 점이 있다. 하지만 남한은 이를 주로 민간이 운영(위탁 포함)하고 있지만 북한은 국가가 직업 운영하고 있다. 반면 내형적으로 북한의 시설보호기관의 서비스 수준이나 급여는 남한과 비교할 만한 수준에 이르지 못했다.

이에 무엇보다 통일 직후부터 이들에 대한 보호가 절실한데, 먼저 시설 수용자의 긴급 구호를 통해 생존과 건강을 보장해야 한다. 다음으로 시설수용자들의 위험별, 대상별로 구분하여 이들을 제도적으로 구호하는 특별조치가 필요하다. 마지막으로 사회서비스 확충 방안과 마찬가지로 관련 제반시설 기반을 조성해야 한다. 지금까지 논증한 일부 존재하는 남북한 사회복지 제도별 주요 문제와 해결방향을 정리하면 〈표 Ⅳ-9〉와 같다.

---

44) 과거 프랑스 구호단체 '트라이앵글 제너레이션 휴머니테어'는 유럽연합으로부터 지원받은 67만 유로, 미화 91만 달러로 2013년 12월부터 2016년 3월까지 북한 노인을 위한 식량 지원 사업을 하고 있다. 동 사업은 조선연로자보호연맹 소속 180여 명과 은퇴자 시설에 거주하는 7천 200여 명의 노인들에게 식량과 의약품, 생필품 등을 지원하는 것을 포함하고 있다. 또 프랑스 국제개발처의 지원으로 가족이 없는 7천 5백여 명의 노인에게 식량을 제공하는 사업도 진행하고 있다.
출처: 미국의 소리(2014-11-06), "프랑스 NGO, 새 북한 노인 복지 사업 진행" https://www.voakorea.com/a/2509823.html (검색일 2014년 12월 1일)

<표 Ⅳ-9> 남북한 사회복지 제도별 주요 문제와 해결방향: 일부 존재

주요 제도	주요 문제	해결 방향
고용보험	· 과거 개성공단과 라선경제특구, 일부 북한 내 외국기업근로자만 해당 · 고용보험 가입자와 수급자 동시 상승 예상 · 실업급여 지출 부담 예상	· 통일 직후부터 도입, 가입 확대 · 실업보조금 적용 이후 남한과 동일 · 고용장려제도 도입
시설보호	· 급여수준과 종류 · 판정기준과 보상기준 단일화 · 북한의 관련 기반 미비	· 시설 수용자 긴급 구호 · 위험별, 대상별 제도적 구호 조정 · 제반시설 기반 조성

· 출처: 저자 작성.

지금까지 논증을 토대로 남북한 사회복지제도 통일 직후 중심으로 통합방향을 요약하면 ① 남한 제도 기준 점진적 적용·도입, ② 남한 제도 도입을 전제로 하되, 별도 급여기준(혹은 재산정)으로 즉각 적용, ③ 북한 제도 한시적 유지 후, 남한 제도 적용·도입, ④ 특정 일방의 제도를 떠나 즉각적인 특별 긴급구호(한시적)제도 도입, ⑤ 특정제도와 연계하여 진행·도입으로 구분된다. 참고로 이를 도식화하면 〈그림 Ⅳ-2〉와 같다. 또한 이를 기준으로 각 제도를 재차 정리하면 〈표 Ⅳ-10〉과 같다.

<그림 Ⅳ-2> 통일 직후 구호단계 남북한 사회복지제도 통합 스펙트럼

· 출처: 저자 작성.

<표 Ⅳ-10> 남북한 사회복지 제도 통합 방향: 통일 직후(구호단계)

제도/구분	남한	북한
사회보험	공적연금	② (수급자와 가입자 분리 대응)
	고용보험	② (실업부조, 실업보조금, 고용장려제도)
	산재보험	①
	건강보험	③
	노인장기요양보험	⑤ (보건의료제도와 연계)
공공부조	국민기초생활보장제도	②·⑤ (빈곤대책과 연계)
	긴급복지지원	
	의료급여	
	기초연금	
	–	③ (의식주 배급제)
사회보훈	보훈연금/보훈 의료서비스	②
사회(복지) 서비스 (시설보호)	노인복지	④ → ①
	여성복지	
	아동복지	
	장애인복지	

· 주: 1) ① 남한 제도 기준 점진적 적용·도입
· 주: 2) ② 남한 제도 도입을 전제로 하되, 별도 급여기준(혹은 재산정)으로 즉각
　　　　적용
· 주: 3) ③ 북한 제도 한시적 유지 후 폐지, 남한 제도 편입 적용·도입
· 주: 4) ④ (특정 일방의 제도를 떠나 즉각적인) 특별 긴급구호(한시적)제도 도입
· 주: 5) ⑤ 특정제도와 연계하여 진행·도입
· 주: 6) 공공부조에서 근로소득장려세제, 지자체 프로그램 제외
· 출처: 저자 작성.

Ⅴ. 남북한 사회복지제도 구성 쟁점: 사례

1. 적용대상: 남한 가입자·요구호자, 북한 고용인구 중심

남북한 사회보장 통합에 있어 적용대상의 비교는 무의미한 측면도 있다. 남북한에 상호 공통적이면서도 서로 다른 제도, 부분적으로 존재하는 제도, 상호 부재한 제도가 각각 상존한 가운데 이를 판단하기란 다소 애매한 측면이 있기 때문이다. 그럼에도 상호 존재하는 제도를 중심으로 살펴보면 사회보험 적용대상의 경우 남한의 개인의 고용상태에 따라 구분되는—가령, 국민연금의 경우 납부예외자가 존재— 반면 북한의 경우 제도적으로 완전(의무)고용과 의무가입을 유지한다. 이에 공적연금의 경우 구조적으로 북한은 가입비율이 높고 납부예외자 발생률이 남한에 비해 현저히 낮다. 때문에 공적연금에 있어 포괄적으로는 적용대상의 범위가 북한이 남한에 비해 상대적으로 높다.

또한 남한의 건강보험, 북한의 무상치료제는 보건의료에 대한 서비스 기능을 한다. 이에 남북한의 보건의료제도는 남한의 기초생활보장 수급자의 의료급여를 제외하면 적용대상에 있어 남북한 모두 전 국민을 포괄하고 있다. 또 산업재해보상제도에 대한 적용대상은 남북한 모두 근로자를 포함하고 있어 별다른 차이가 나타나지 않는다.

반면 적용대상의 사례를 발견할 수 없거나 부족한 제도도 있는데, 북한에 부재한 제도인 노인장기요양보험제도의 도입과 적용은 통일 이후 북한의 진행경과에 의거하면 된다. 특히 노인장기요양보험제도는 건강보험제도의 도입과 속도를 같이 해야 할 부문이다. 또 고용보험은 제도의 도입에 따른 적용대상에는 큰 무리가 없으나 실제 적용상의 문제—급여조건, 급여수준, 전달 등—는 다분히 존재한다.

또한 남북한에 상호 일치하지 않은 제도인 노인·여성·아동·장애인 등의 사회서비스제도가 있다. 그러나 북한은 이와 같은 제도가 남한에 비해 매우 부족함에 따라 자연히 남한에 비해 서비스 이용대상의 규모가 낮다. 이와 달리 북한의 경우 무상탁아서비스망이 조직화되어 있어 이 부문에 대한 서비스는 질적 수준을 떠나 상당한 편이다. 결국 북한의 사회서비스는 노인, 무의무탁자, 고아를 포함한 시설보호와 탁아서비스를 제외한 나머지의 경우 이렇다 할 제도를 발견하기에는 다소 무리가 있다.

반면 공공부조—국민기초생활보장, 기초연금, 의료급여, 긴급복지지원—의 경우 북한에는 부재한 제도임에 따라 이를 북한주민에게 도입·적용하면 된다. 하지만 이 경우 별도로 자신과 소득을 조사해야함에 따라 다소 시간이 필요한 부문이다. 또한 이외에도 여타 제도도 마찬가지지만 실제 이를 제대로 집행하기에는 선결해야 할 과제가 산적해 있음에 따라 이 역시 결단코 쉬운 작업이라 할 수 없다.

특히 공공부조 적용대상의 경우 북한주민의 빈곤상황을 감안하면 주민 대다수가 적용되는 사태를 맞이할 개연성이 있다. 그러나 그럼에도 불구하고 이를 도입 적용할 필요성이 있으며 이 경우 빈곤억제 정책과 대상별 구호, 통합적 소득보장정책과 연계하여 적용할 필요가 있다. 왜냐하면 통일 이후 북한주민에게 자칫 다양한 복지급여를 제공할 경우 중복급여 남발로 인해 역효과와 역차별이 발생할 가능성 있고 이를 사전에 차단할 필요성이 있기 때문이다. 또한 통일 이후 북한주민에 대한 통합적 구호정책을 통해 큰 틀의 제도적 구호를 마련한 가운데에 보다 구체화된 공공부조 프로그램을 적용하는 것이 합리적이기 때문이다.

사회보훈제도의 경우 남북한 모두 국가공로에 따라 선정하고 적용하는 취지는 기본적으로 거의 동일하나 북한의 경우 대상자가 남한에 비해 상대적으로 높다고 추정된다. 이는 북한의 경우 사업장 단위의 근로자에 대한 훈·포장 수상이 남한과 달리 국가 공로의 판단기준이 되는 체제 특징에 기인한다. 따라서 북한의 경우 국가공로 대상자가 남한에 비해 자연히 높을 수밖에 없는 구조를 갖고 있다. 결국 이는 국가 유공의 범위가 사업장까지 확장된 북한의 특성으로 인한 차이라 하겠다. 그리고 이러한 원인은 상술한 바와 같이 북한의 경우 국가와 근로자 사이의 직접적인 임노동관계에 기인한 국영기업체제이기 때문이다. 따라서 통일 이후 사회보훈 적용대상 통합은 사업장으로 확대된 북한의 사회보훈 구조를 변경, 이를 배제한 가운데에 새로운 기준으로 적용해야 한다.

이에 적용대상에 있어 사회보험·사회보훈 부문은 상대적으로 북한이 높은 반면 이외의 사회서비스 제두에 있어서는 남한이 절대저이고 압도적으로 높다. 따라서 적용대상의 통합은 각 제도별로 달리 해야 한다. 가령, 사회보험의 경우 현행 남한의 제도를 중심으로 할 경우 자연스러운 편입을 유도하게 되지만 ① 이 경우 가입기간 동안 기여의 차이를 어떻게 할 것인가, ② 이에 남북한 가입자의 상호 다른 재정기여 누적액의 차이를 어떻게 산정할 것인가 등 다른 측면의 문제가 재차 제기된다.

반면 공공부조와 분야별 사회서비스 대상의 경우 남한의 제도에 북한을 그대로 적용해도 무방한데, 이 경우에는 재정부담과 이를 실천할 전문 인력과 조직, 이들의 사전훈련[1] 등에 대한 다른 차원의 문제가 제기된다. 따라서 이 경우 상술한 적용대상별 구분을 ① 수급자와 가입자로, ② 제도별 요보호자로, ③ 대상자의 위험과 그에 따른 지원의 수준에 따라, ④ 급여의 지급기간에 따라 분리하여 대응할 필요가 있다.

다른 한편 북한의 탁아서비스의 경우 이를 그대로 계승할 것인가? 일정기간 유지 후 대체할 것인가? 하는 문제도 제기된다. 이에 통일 직후 별도의 제도적 서비스를 적용할 여건이 되지 않는다면 가능한 유지하는 편이 바람직하다. 이들의 보육도 문제지만 고용과 연계된 사안임에 따라 탁아서비스의 경우 서비스의 내용과 질적 향상을 위해 경주한 후 대체 서비스를 적용하는 것이 타당하다고 판단된다. 지금까지 논증한 남북한 사회복지 적용대상의 주요 쟁점과 해결방향을 정리하면 〈표 V-1〉과 같다.

---

[1] 상술한 바와 같이 이러한 점에서 향후 '통일사회복지사' 양성이 통일의 필수적인 전제조건이다.

<표 V-1> 적용대상의 주요 쟁점과 해결방향

주요 제도	주요 쟁점	해결 방향
· 공적연금 · 건강보험 · 산업재해	· 북한 근로자 대다수 공적연금 적용대상(고용으로 인한 의무가입) · 남한의 국민연금 납부예외자 발생	· 남한제도 중심의 편입 유도
· 고용보험	· 적용대상 확대, 큰 무리가 없음	· 진행경과에 따른 속도 조정
· 노인장기요양	· 건강보험 제도 도입과 연계	
· 공공부조 – 기초연금 – 기초생활보장 – 의료급여	· 주민과 근로자 대다수가 해당	· 통합적 생계, 자활구호 · 구체화된 공공부조프로그램 적용
· 사회보훈	· 북한에 일반 사업장 근로자 대상 · 북한의 수급자 처리 문제	· 새로운 기준 마련 적용
· 사회서비스	· 북한에 다소 부재한 서비스 적용문제 · 대상별 서비스 확대 문제 · 북한 탁아제도 존치여부	· 시설 수용자 긴급 구호 · 위험별, 대상별 구호 조정

· 출처: 이철수, "남북한 사회복지 통합쟁점 연구: 거시-구조적 관점을 중심으로",
  『북한연구학회 동계 학술회의』, 2014, 208쪽을 토대로 수정 · 보완.

2. 급여계상: 남한 제도별 분리, 북한 제도별 통합 적용

남북한의 각종 사회복지제도 급여계상의 차이는 상술한 바와 같이 남북한 사회복지제도 운영상의 차이에 기인한다. 또한 이는 남북한 사회보장 통합의 가장 큰 장애인데, 이러한 장애를 극복하기 위한 통합 접근방식과 기준은 점진적으로 하되 별도의 기준을 마련하여 접근해야 한다. 왜냐하면 분리 적용하는 남한의 급여산출 기준으로 한 경우 북한 수급자들은—화폐통합 수준을 떠나—낮아질 가능

성이 있다. 반면 기존 북한의 급여산출 기준으로 할 경우 급여수준
을 승계하여 유지 혹은 상승될 가능성이 높기 때문이다.

하지만 이 경우 ① 전자에 대한 북한 주민의 반감, ② 후자에 대한
남한주민의 반감이 발생할 것이다. 또한 ③ 통일한국정부의 복지재
정 부담 증가, ④ 기존 북한 운영체제의 불변으로 인한 북한 특권층
의 기득권 유지 수단 등에 대한 거부감 등이 야기될 것이다. 따라서
이를 고려할 경우 급여계상의 즉각적인 통합 적용은 사실상 불가능
하다. 결론적으로 상술한 바와 같이 ① 분야별, 제도별, 대상별, 위
험별, 급여별 별도의 기준으로 접근하되, ② 이를 다시 수급자와 가
입자에 따라 재산정과 재산입을 포함하여 분리·대응해야 한다. 그
리고 그 이후에 각 제도별 통합방식과 속도에 따라 ③ 단일급여 계
상 체계로 진입해야 한다.

아울러 무엇보다 간과해서는 안 되는 것은 북한의 공훈과 포상의
복지급여 합산 지급 계상 방식을 일부 조정하여 기존과 같은 역차별
을 배제해야 한다는 것이다. 때문에 가령, 공적연금의 경우 급여의
계상 방식은 현행 남한의 재정기여에 대한 보상 방식 중심으로 전환
해야 한다. 즉, 사회보험의 경우 (재정)기여에 의한 보상 중심으로,
공공부조와 사회서비스는 무기여에 의한 보상으로, 사회보훈은 기
여에 의한 보상으로 가되, 사회보험과 합산되지 않도록 남한의 급여
계상 방식을 적용해야 한다.

반면 공공부조와 사회서비스는 국고지원에 의거하고 북한에 거의
부재한 제도임에 따라 급여계상에 있어 남북한의 충돌은 거의 존재
하지 않는다. 지금까지 논증한 남북한 사회복지 급여계상의 주요 쟁
점과 해결방향을 정리하면 〈표 Ⅴ-2〉와 같다.

<표 V-2> 급여계상의 주요 쟁점과 해결방향

주요 제도	주요 쟁점	해결 방향
· 사회보험 　- 공적연금 　- 건강보험 　- 산업재해 　- 고용보험 　- 노인장기요양	· 남한: 제도별 별도의 계상 방식 · 북한: 재정기여와 공훈 합산	· 남한제도 중심 편입 방향 · 분야별, 제도별, 대상별, 　위험별, 급여별 별도의 　기준으로 접근 · 수급자와 가입자 따라 　재산정, 분리 대응 · 각 제도별 통합방식과 　속도에 따라 단일급여 　계상 체계로 순차적 진입
· 공공부조 　- 기초연금 　- 기초생활보장 　- 의료급여	· 국고에 의한 지원으로 큰 문제없음 · 북한에 부재한 제도	
· 사회보훈	· 북한: 공훈수준에 따라 배급과 각종 복 　지급여, 소득, 보건의료서비스가 동시 　상승하는 구도	
· 사회서비스	· 국고에 의한 지원으로 큰 문제없음 · 북한에 일주만 존재하는 서비스 제도	

· 출처: 이철수, "남북한 사회복지 통합쟁점 연구: 거시-구조적 관점을 중심으로",
『북한연구학회 동계 학술회의』, 2014, 209쪽을 토대로 수정 · 보완.

3. 급여종류: 남한 다양성, 북한 단순성

　남한은 사회보험의 경우 현금급여와 현물급여로 구분되고 양 급여 모두 각 제도별로 다양하게 구조화되어 있다. 반면 북한은 현금급여와 현물급여로 구성되어 있지만 급여의 종류가 남한에 비해 상대적으로 단순하다.[2] 공공부조의 경우 남한은 기초생활보장제도의 생계 · 주거, 의료, 교육, 자활, 해산 · 장제급여, 기초연금의 현금급여,

---

[2] 북한의 경우 공적연금제도에 식량배급이 현물급여의 형태로 존재하고 이것이 의식주 배급제의 제도적 틀 안에서 작동하고 있으나 실제 배급이 부족하거나 마비된 사례와 증언이 있다.

긴급복지지원제도의 생계지원, 의료지원, 주거지원 등의 급여가 있다. 반면 북한은 공공부조 성격의 보조금—장애인보조금—이 일부 있으나 남한과 비교할 만한 다양한 급여종류를 포괄하고 있지 않다.

사회보훈의 경우 남한은 현금급여로 대표되는 보훈연금, 현물급여인 보건의료서비스, 교육, 대부, 생업지원 등이 있다. 반면 북한은 이것이 노령연금과 소득을 보장하는 급여, 식량배급 수준 향상과 그 밖의 혜택에 포함, 수급자 개인의 서비스 수준이 향상되지만 이는 모두 기존 북한의 복지급여에 예속되기 때문에 급여의 단순성을 극복하지는 못한다. 사회서비스의 경우 남한은 대상별 다양한 서비스가 있으나 북한은 상술한 바와 같이 일부를 대상으로 일부 급여만 존재한다.

이에 급여종류의 경우 남북한 통합 시 남한을 기준으로 하는 것에 이견이 극히 일부를 제외하고는 없을 것이나, 그 적용의 시기와 범위에 있어서는 여타 제도와 마찬가지로 시기와 대상을 조절해야 한다. 다시 말해 남한의 다양한 급여종류를 놓고 통일과 동시에 이를 북한주민에 적용할 경우 가져올 비용부담 문제와 급여종류의 통합이란 사실상 남북한 사회보장제도 합치로 나가는 전초단계이다. 따라서 이를 감안한다면 점진적으로 진행해야 한다. 한편 남북한 급여종류의 차이는 남북한에 상존하는 사회복지제도의 종류 차이에 기인한다.

역으로 이는 상대적으로 남한의 다양한 급여에 기존의 북한의 단순한 급여가 예속되는 현상임을 의미한다. 이 경우 남한급여의 다양성만큼 북한 수급자와 가입자의 확대를 야기함에 따라 양자가 동시에 상승한다. 아울러 이 경우 수급자의 각종 급여에 대한 지출과 더불어 북한주민의 ① 소급적용 요구, ② 미충족급여에 대한 각종 민원과 소송이 발생할 개연성이 있다.

가령, 북한주민의 입장에서 새로운 제도를 도입하였는데, ① 이 제도가 기존의 북한제도에서 보장하지 못했던 부문이나 부족하게 보장했던 부문, ② 기존제도에서 누락되었거나 묵살했던 부문, ③ 새로운 급여를 수급 받았지만 여전히 부족하다고 판단되거나 급여상승을 요구했을 시 받아들여질 것이라는 부문에 대한 문제를 제기할 것이다. 이는 특히 자신들의 생존과 직결되는 사안임에 따라 강력한 요청이 쇄도할 것이다. 때문에 급여종류의 통합은 상술한 바와 같이 제도별, 대상별, 급여수준별, 급여종류별로 구분하여 적정 수준에 의거, 진행하여 점진적 통합을 시도해야 한다. 지금까지 논증한 남북한 사회복지 급여종류의 주요 쟁점과 해결방향을 정리하면 〈표 Ⅴ-3〉과 같다.

<표 Ⅴ-3> 급여종류의 주요 쟁점과 해결방향

주요 제도	주요 쟁점	해결 방향
· 사회보험 – 공적연금 – 건강보험 – 산업재해 – 고용보험 – 노인장기요양	· 남한: 제도별 위험별 다양한 급여 · 북한: 식량과 현금급여, 보건의료 급여 외 부재	· 시기와 대상을 조정, 남한 급여 제도 중심의 편입 유도 · 제도별, 대상별, 급여수준별, 급여종류별 구분 · 적정수준에 의거, 점진적 통합 시도
· 공공부조 – 기초연금 – 기초생활보장 – 의료급여	· 남한: 다양한 제도와 급여 · 북한: 일부 계층과 대상의 보조금	
· 사회보훈	· 남한: 현금급여·현물급여·의료급여 · 북한: 급여수준 높으나 기존급여에 예속 단순	
· 사회서비스	· 남한: 대상별 급여의 세분화 · 북한: 일부 대상, 일부 급여	

· 출처: 이철수, "남북한 사회복지 통합쟁점 연구: 거시-구조적 관점을 중심으로", 『북한연구학회 동계 학술회의』, 2014, 210쪽을 토대로 수정·보완.

4. 급여조건: 남한 국민연금 10년 이상,
북한 노령연금-여자 15년·남자 20년

남북한은 급여조건에 있어서도 각 제도의 기준에 따라 비교적 차이가 있는데, 그중 가장 대표적인 것이 공적연금이다. 공적연금은 남북한이 운영상의 기본적인 차이도 있지만 급여조건에 있어 차이가 보다 분명하다. 가령, 남한의 공적연금은 국민연금 10년 이상, 기타 특수직역연금 20년 이상 가입, 국민연금은 만 60세(65세로 개정), 특수직역연금은 정년 혹은 20년 이상 가입 후 퇴직 시—일부조정 중—지급되지만 북한의 공적연금인 노령연금의 경우 여자 15년, 남자 20년 이상이면 퇴직과 동시에 지급된다.[3] 따라서 제도적으로 급여수준을 떠나 북한의 공적연금이 수급자의 입장에서 유리한 측면이 있다.[4] 또한 실질적으로 북한의 노동 개시연령이 남한과 차이가 있음에 따라 북한의 경우 수급연령이 적어도 제도적으로는 조기수급화[5]가 가능하다.

이에 급여조건의 경우 이러한 남북한의 차이를 단일화하는 것 역시 통합조건이다. 남북한의 상호 다른 기준에 대한 합치는 상술한 바와 같이 이 또한 점진적인 방향으로 전개해야 후유증을 최소화 할 수 있다. 때문에 통일 당시 북한의 노령연금 수급자들을 그대로 인정, 이들에게 별도의 기준을 적용하여 노후를 지속적으로 보장해야

---

3) 급여수급 실태는 이와 상당부문 차이가 있다.
4) 특히 북한의 군인연금의 경우 북한의 입대연령이 만 16세부터 가능하기 때문에 남한의 군인연금을 북한에 적용할 경우 만 36세부터 수급 받는 현상도 발생할 개연성이 있다.
5) 현실적으로 북한의 경우 신체적 이상이 있는 경우를 제외하고는 대체로 노동이 가능한 연령까지 근로하는 경우도 있다.

한다. 다른 한편으로, 가입자의 경우 급여조건을 남한의 제도에 편입되는 속도에 기인하는 것이 합리적이며 후술하겠지만 이 경우 북한의 가입자들은 점진적으로 재정부담율을 상승할 필요가 있다.

또한 산업재해보상제도와 고용보험의 경우 상술한 통일 이후 그 일정한 시기가 경과한 후라면 급여조건에 큰 장애를 받지 않을 것이라 판단된다. 단 이 경우 통일 직후 실직상태자의 경우 다소 문제가 발생할 것이라 예상되는데 이들은 앞서 상술한 바와 같이 통합적 구호와 통합적 소득보장프로그램을 통해 보호해야 한다.

그러나 보건의료제도의 경우 급여조건에 있어 남북한의 상당한 차이가 극명하게 나타난다. 그러나 북한의 현실을 감안하면 북한지역에 대한 남한의 의료급여와 건강보험의 도입 속도, 이로 인한 북한 무상치료제의 향방에 따라 과정을 달리할 것이다. 따라서 그 이전까지는 급여조건에 제한을 기하기엔 사실상 무리가 있다. 때문에 일정기간 북한 주민에 대한 무상치료제를 유지해 주거나 사실상 이를 대체하는 보건의료제도로 남한의 의료급여를 별도로 의료구호 프로그램화하여 적용할 필요가 있다.

반면 남북한 모두 사회보훈은 공훈과 유공에 대한 보상이고 공공부조와 사회서비스는 위험과 무기여에 의한 보상임에 따라 급여조건에 큰 이견이 없다. 그러나 사회보훈의 경우 북한의 국가공훈 평가기준을 남한의 기준으로 조종하거나 별도의 새로운 기준을 신설해야 한다. 또 공공부조는 상술한 바와 같이 소득과 자산에 대한 사전조사가 전제된다. 지금까지 논증한 남북한 사회복지 급여조건의 주요 쟁점과 해결방향을 정리하면 〈표 V-4〉와 같다.

<표 V-4> 급여조건의 주요 쟁점과 해결방향

주요 제도	주요 쟁점	해결 방향

· 공적연금	· 남북한의 급여조건 차이
	· 북한의 남녀 차이
		· 수급자는 통일 이후 인정,
		  별도 기준 적용
		· 가입자는 남한 제도중심으로
		  점진적 전환

· 산업재해 · 고용보험	· 큰 문제없음 · 단, 통일 직후 실직자 구호	· 진행경과에 따른 속도 조정 · 통합 소득보장 프로그램을 통한 구호
· 보건의료제도 – 건강보험 – 노인장기요양	· 기여/무기여로 큰 차이	· 진행경과에 따른 속도 조정 · 별도의 의료구호 프로그램 적용
· 공공부조 – 기초연금 – 기초생활보장 – 의료급여	· 큰 문제없음	· 소득과 자산조사가 전제, 선결
· 사회보훈	· 상동	· 단, 북한의 공훈평가 기준 조정, 남한에 편입
· 사회서비스	· 상동	· 단, 북한의 판정기준 조정, 남한에 편입

· 출처: 이철수, "남북한 사회복지 통합쟁점 연구: 거시-구조적 관점을 중심으로",
  『북한연구학회 동계 학술회의』, 2014, 211쪽을 토대로 수정 · 보완.

5. 급여수준과 지급기간: 남한 우위, 북한 하위

급여수준의 경우 남북한의 경제력 차이만큼 양 · 질적 차이가 발
행하는 부문인데, 이는 궁극적으로 남북한이 단일화해야 할 사안이
다. 이에 급여지급 수준은 이론의 여지없이 남한을 기준—극히 일부
사회복지 제도6)를 제외하고는—으로 단일화해야 하고 이에 남북한
은 통합 논의의 과정에서 큰 충돌이 발생하지 않을 것이라 판단된

---

6) 가령, 이는 산전산후 휴가(남한 90일, 북한 240일)제도 같은 것을 의미한다.

다. 결국 급여수준은 남북한의 질적인 측면의 일치를 의미하는데, 이에 대한 확고한 기준은 남북한 사회보장제도의 비교를 통해 이미 일정부문 결론에 도달한 상태이다. 따라서 이는 재론의 여지없이 남한을 기준으로 상기의 문제를 바탕으로 해결방안을 마련해야 한다.

따라서 남한의 급여 지급수준을 놓고, ① 어떤 제도부터, 어떤 대상부터 우선적으로 지원하여 일치시킬 것인가, ② 어느 시점까지 완전히 일치시킬 것인가, ③ 다른 한편으로 일정기간 기여가 낮은 북한주민에 대한 지원에 대해 남한국민이 용납할 수 있는 범위와 수준은 어디까지인가, ④ 지역과 대상을 기준으로 할 경우 남한주민에 대한 역차별 요소는 없는가 하는 등의 문제가 제기된다.

급여 지급기간의 경우 남한은 각 제도별로 다양하게 분화되어있지만, 북한은 공적연금을 제외한 경우 사회보장에 있어 6개월을 기준으로 구분된다. 이에 북한의 경우 요보호자의 치료기간에 따라 구분되는 6개월 미만의 국가사회보험과 6개월 이상의 국가사회보장이 1차적으로 지급기간을 지정하고 있다.[7] 이러한 북한의 국가사회보험과 국가사회보장은 지급기간을 기준으로 하여 단기급여과 장기급여로 정의할 수 있다. 그리고 이는 남한의 산업재해보상제도의 상병보상연금과 거의 비슷한 성격이다.

따라서 남한에 존재하지 않지만 흡수가능한 제도인 북한의 국가사회보험과 국가사회보장은 통일 이후 지급기간의 재설정을 통해 보호를 유지 · 강화하는 방향으로 진행해야 한다. 이에 통일 직후 이

---

7) 제73조 국가는 로동재해, 질병, 부상으로 로동능력을 일시적으로 잃은 근로자들에게 국가사회보험제에 의한 일시적 보조금을 주며 그 기간이 6개월이 넘으면 국가사회보장제에 의한 로동능력상실년금을 준다.(사회주의 노동법)

<표 Ⅴ-5> 급여수준과 지급기간의 주요 쟁점과 해결방향

주요 제도	주요 쟁점	해결 방향
· 북한 국가사회보험 (6개월 미만)	· 북한 급여수준의 열악 · 지급기간의 단순성	· 통일 이후 지급기간의 재설정을 통해 보호를 유지·강화 · 급여지급 기준을 대체 제도 마련 · 수급원인에 의거, 기존 남한의 사회복지제도에 편입 · 요구호자의 위험 정도에 따라 이를 재차 구분, 지원과 서비스
· 북한 국가사회보장 (6개월 이상)		
· 사회보험 – 공적연금 – 건강보험 – 산업재해 – 고용보험 – 노인장기요양 · 공공부조 – 기초연금 – 기초생활보장 – 의료급여 · 사회보훈 · 사회서비스	· 큰 이견이 없음 · 단, 북한 식량급여 유지 후 폐지, 이를 대체할 제도 마련	· 상동 · 진행경과에 따른 속도 조정 · 남한제도로 편입 적극 유도 · 단, 별도의 지급기준 필요 검토 필요

· 출처: 이철수, "남북한 사회복지 통합쟁점 연구: 거시-구조적 관점을 중심으로", 『북한연구학회 동계 학술회의』, 2014, 212쪽을 토대로 수정·보완.

러한 급여지급 기준을 대체하는 제도를 마련해야 한다. 또한 수급원 인에 의거, 기존 남한의 각종 사회복지제도에 편입시키는 방향으로 가되, 요보(구)호자의 위험 정도에 따라 이를 재차 구분하여 지원과 서비스에 대한 접근을 병행해야 한다.[8]

---

8) 예컨대, 이는 수급원인이 산업재해라면 산재급여에 편입하여 보호하고 또 요 보호자나 수급자의 상태가 향후 지속적인 혹은 일정기간 노동이 불가능하다면

반면 이를 제외한 기타 나머지 사회복지제도의 경우 통일 직후 점진적인 통합·적용 방향에 준하여 보장하면 된다고 판단된다. 단, 이 경우 북한수급자에 대한 별도의 지급기준이 필요할 것이라 판단된다. 지금까지 논증한 남북한 사회복지 급여수준과 지급기간의 주요 쟁점과 해결방향을 정리하면 〈표 V-5〉와 같다.

6. 재정부담
   : 남한 제도별 차등부과, 북한 임금 1% 기업이윤 7% 통합부과

재정부담의 경우 남북한은 각기 다른 기준과 징수체계를 갖고 있는데, 가령, 남한의 경우 연금, 건강보험 등 사회보험의 경우 가입자의 소득별·제도별 납부비율에 차이가 있다. 또한 이와 달리 남한의 사회복지제도 중 수급자와 요보호자가 무부담하는 사회복지제도 역시 존재한다.

북한의 경우 사회보험 재정부담은 소득기준 납부제로 매월 소득의 1%를 부담하는 동시에 사업장에서 매월 사업장 수익의 7% 부담하는 형태이다. 반면 북한의 과거 개성공단 근로자, 라선경제특구 근로자, 북한 내의 외국기업 근로자, 중국·러시아·유럽 등 해외지역 근로자들의 사회보험 재정부담율은 제도적으로 매월 15% 수준이다.[9] 즉, 북한의 사회보험료 부담률은 제도적으로 2가지 기준을 갖

그에 맞는 별도의 현금급여서비스를 제공하고 의료서비스가 필요하다면 적절한 치료를 가능하게 하는 방향으로 서비스를 제공하자는 것이다.
9) 그러나 실질적으로는 이와 달리 더욱 높다고 예측된다. 왜냐하면 근로자가 실제

고 있다. 그러나 대다수 근로자들이 북한지역에 근무함에 따라 재정 부담 기준은 1차적으로 여기에 근거해야 한다.

또 남한은 제도별—5대 사회보험—로 분리 부과하고 건강보험공단에서 통합 징수하지만 이후 기금의 집행은 분리 운영하는 체제이다. 반면 북한은 통합 징수하는 운영하는 체제이다. 또한 재정부담의 납부율에 있어서도 남북한은 부담률의 차이가 크게 발생하는데, 매월 납부총액을 기준으로 할 경우 상대적으로 남한가입자들의 부담이 높다.

가령, 남한 가입자들은 사업장 근로자를 기준으로 국민연금의 경우 기준소득월액의 9%[10](근로자 · 사업주 각 4.5%), 특수직역인 공무원의 경우 기준소득월액의 16~18%[11](근로자 · 정부 각 8~9%), 군인의 경우 기준소득월액의 14%(근로자 · 정부 각 7%), 사학연금[12]의 경우 교직원 개인은 기준소득월액의 8~9%를 개인부담금으로, 법인은 교원에 대해 기준소득월액의 4.705~5.294%, 직원에 대해 8~9% 부담, 정부는 교원에 대해서만 기준소득월액의 3.295~3.706% 부담, 건강보험 직장가입자의 경우 보수월액의 6.46%[13](근로자 · 사업주 각 3.23%),

---

지급받는 실질임금이 공식적인 월급여보다 현저히 낮기 때문이다.

10) 2018년 7월 1일부터 2019년 6월 30일까지 적용할 최저 · 최고 기준소득월액은 각각 30만 원과 468만 원임.
    출처: 국민연금공단 홈페이지, http://www.nps.or.kr/jsppage/info/easy/easy_03_01.jsp (검색일 2019년 4월 15일)

11) 2015년 공무원연금법 개정으로 2016년 기준소득월액의 8%, 그 후 매년 0.25% 인상되고, 2020년부터 기준소득월액의 9%를 납부한다.
    출처: 사학연금공단, 『사학연금법령 개정사항 설명자료』, 2016, 1쪽.

12) 2015년 사학연금법 개정으로 교직원 개인은 2016년 기준소득월액의 8%, 그 후 매년 0.25% 인상되고, 2020년부터 9%를 납부한다. 단, 교원에 대한 법인과 국가의 분담비율은 5.0 : 3.5를 적용한다.

13) 지역가입자의 건강보험료 부과점수당 금액은 2019년 기준 189.7원이다.

노인장기요양보험의 경우 건강보험료의 8.51%(근로자 · 사업주 각 4.255%)로 근로자 기준 월 소득에서 2019년 기준 사회보험료만 합산할 경우 비소비성 지출이 임금의 약 12% 수준이다. 반면 북한은 개인의 임금에서 부담 1%[14]와 기업이윤의 7%[15]를 포함하여 총 8% 수준임에 따라 상대적으로 사회보험 재정기여에 있어 남한의 가입자가 높은 부담을 하고 있다.[16]

한편, 결코 간과해서는 할 수 없는 것은 남한의 공적연금의 경우 저출산과 고령화로 인해 기금운영의 문제가 대두된 지 오래고 일부 공적연금은 매년 국고지원이 이루어지는 이른바 공적연금 고갈의 위기에 따른 연금개혁 문제가 있다는 것이다.[17] 이러한 상황에서 남

---

14) 북한근로자의 월 평균임금이 3,000원임을 감안하면 월 30원을 부담하게 된다.

15) 이것은 통상 사업별의 이윤에 근거함에 따라 사업장별 이윤에 따라 차등이 있다.

16) 북한의 기업이윤 7% 사회보험료 납부는 사업장의 이윤에 따라 부과됨에 따라 해당 기업의 이윤총액에 따라 실제 납부금액이 결정된다. 그러나 이는 북한근로자의 임금과 등치되지 않는다. 다시 말해 북한 근로자의 임금과 해당 기업의 이윤은 별개의 사안으로 봐야 타당하다. 왜냐하면 북한은 2012년 6.28방침을 시행하여 각종 임금과 수당을 상승시켰지만 북한근로자의 임금은 표준임금에 가까운 반면 기업이윤은 해당기업의 수익의 결과에 의거하기 때문이다.
한편 세계일보(2014-06-27), "[단독]北, 모든 기업 자율경영…파격 '경제실험'"에 따르면, 북한이 2014년 5월 모든 기관과 기업소, 상점 등에 자율적 경영권을 부여하는 내용을 골자로 한 새로운 '경제개혁조치'(이하 '5 · 30조치')를 단행한 것으로 알려졌다. 중국의 북한 소식통은 2014년 6월 26일 "북한이 5월 30일 노동당 중앙당 조직부와 내각 명의로 전국 각 기관과 기업소에 새로운 경제조치를 내렸다"며 "그동안 노동당과 내각 차원에서 생산(교역) 종목 등을 엄격히 통제해온 북한 전역의 기관과 기업소, 단체, 상점 등에 상당한 수준의 자율적 권한을 부여하는 획기적 조치"라고 전했다. 이 소식통은 새 경제조치의 내용과 관련해 "기업소 등이 올린 수익으로 단위 직원들의 노임(임금)을 지급하고, 경영 과정에서 종목에 구애받지 말고 광범위한 무역을 해서 공장도 살리고 노동자들의 생활수준을 올리라는 내용 등이 포함돼 있다"고 말했다. 만약 이것이 사실이고 향후 고착화된다면 표준임금에 기업의 수익배분이 합산되어 근로자의 실질임금이 상승되고 이 경우 위에서 지적한 기업이윤과 임금관계의 정의에 대한 해석은 정반대가 된다.

북한 공적연금의 통합은 더욱 난해한 문제일 수밖에 없다. 왜냐하면 통일이 가시화될 경우 크게 남한은 기존의 기금운영의 문제, 북한은 급여수준의 문제를 상호 갖고 있는 상황에서 통일로 인해 불가피하게 양자의 통합—그것의 속도를 떠나—을 추진해야 하기 때문이다.

이렇게 볼 때, 남북한의 사회복지 재정통합도 문제지만 가입자의 재정부담율을 통합하는 것도 큰 장애이고 이는 또한 가계 실질소득(순소득)과 직결되는 사안이다. 따라서 재정부담의 통합 역시 상술한 바와 같이 남한의 기준으로 하되, 북한지역근로자들의 경우 통일 직후부터 적용해야 하는 제도와 점진적으로 상승시켜야 할 제도를 구분하여 접근할 필요가 있다.

특히 북한 지역근로자들의 경우 통일 이후 갑작스러운 재정부담의 상승에 대해 정서적 거부감이 발생할 것이다. 또한 이는 가구별 수입과 생활안정에 직접적인 관련이 있는 부문이다. 따라서 통일 이후 북한의 경제상황, 시장의 변화, 물가, 고용 등을 놓고 북한지역 주민의 생활안정지원제도와 연계하여 판단할 문제이다. 이에 북한 주민에 대해 일시적이나마 다층적 소득보장체제의 도입하거나 특히 근로빈곤층을 위한 근로장려세제 적용을 검토할 필요가 있다. 반면 공공부조, 사회보훈, 사회서비스는 재정부담이 없고 조세에 의한 국고 지원제도이다. 지금까지 논증한 남북한 사회복지 재정부담의 주요 쟁점과 해결방향을 정리하면 〈표 V-6〉과 같다.

---

17) 참고로 북한에서도 고령화가 심해지고 있으며 이는 노후소득보장을 중심으로 복지에서의 부담으로 작용할 가능성이 크다. 반면 저출산은 장기적으로 큰 문제이나 통일과정에서 큰 문제를 야기하지는 않을 것이고, 인구이동은 한반도 전체의 경제성장에 도움이 되는 측면도 존재한다.
출처: 이철수 외, 『통일의 인구·보건·복지 통합 쟁점과 과제』, 경제·인문사회연구회, 2017, 387쪽.

<표 Ⅴ-6> 재정부담의 주요 쟁점과 해결방향

주요 제도	주요 쟁점	해결 방향
· 사회보험 - 공적연금 - 건강보험 - 산업재해 - 고용보험 - 노인장기요양	·남한 제도별 차등 부과 　- 국민연금: 직장가입자 9% 　　(사업장과 공동부담) 　- 군인 연금 　　: 14%(국가와 공동부담) 　- 공무원 연금 　　: 16~18%(국가와 공동부담) 　- 사학연금: 개인 8~9%, 정부는 　　교원에 대해 3.295~3.706%, 　　법인은 교원에 대해 4.705~5.294%, 　　직원에 대해 8~9% 　- 건강보험: 직장가입자 6.46% 　- 노인장기요양보험 　　: 건강보험료의 8.51% 　　(근로자·사업주 각 건강보험료의 　　4.255%) · 북한 　- 가입자: 임금의 1% 부담 　- 사업장: 이윤의 7% 부담 　- 단, 과거 개성공단, 금강산, 　　라선 임금의 15% 부담	· 남한의 기준 부담 방향 · 통일 직후 재정부담 적용 제도와 　점진적 상승 제도 구분 · 생활안정지원제도 　(통합소득보장프로그램, 　구호프로그램)와 연계 판단
· 공공부조 - 기초연금 - 기초생활보장 - 의료급여	· 국고에 의한 지원으로 큰 문제없음 · 단, 대상자 증가로 상당한 비용 　증가 예상	· 진행경과에 따른 속도 조정
· 사회보훈	· 상동	· 상동
· 사회서비스	· 상동	· 상동

· 출처: 이철수, "남북한 사회복지 통합쟁점 연구: 거시-구조적 관점을 중심으로",
　　『북한연구학회 동계 학술회의』, 2014, 215쪽을 토대로 수정·보완.

7. 관리운영주체와 전달체계: 남한 독립, 북한 통합 운영

사회복지제도의 서비스 관리운영과 전달체계의 통합에 있어서도 남북한은 상당한 차이가 있다. 이는 상술한 남북한의 복지체제 운영 상의 차이에 의거한 것인데, 남한의 경우 모든 사회복지제도가 분화 되어 독립적으로 운영되는 반면 북한은 상대적으로 사회보험과 보 건, 배급제 분야로 크게 구분되어 운영된다. 사회보험의 경우 남한은 각 사회보험 공단, 공공부조 경우 중앙정부와 지자체, 사회보훈의 경우 전문 서비스 기관, 사회서비스의 경우 요보호자별 사회복지 전 문 서비스 기관 등으로 관리운영체제가 각 제도별로 분리되어 있다.

반면 북한은 사회보험을 책임지는 정무원 노동성 사회보험국과 도·시군 인민위원회, 보건의료를 책임지는 정무원 보건성, 도·직 할시 보건국 혹은 보건처, 시·군 보건처 혹은 보건과, 식량공급을 책임지는 정무원 산하의 양정관리국, 각 도·시군 인민위원회 양정 국·양정과, 일선 양정사업소와 배급소 등으로 구분된다. 또 북한의 경우 사회보험은 사회보험서기가, 보건의료는 보건의료일꾼이라는 의료전문인력이, 식량배급은 기업소 경리과 직원과 배급소 담당이 행정업무를 주관한다. 한편 북한의 경우 사회서비스 전문기관이 사 실상 부재함에 따라 이러한 인력을 교육·공급해야 하는 별도의 프 로그램 또한 필요하다.

이에 남북한 사회복지 관리운영주체와 전달체계의 통합은 다른 한편으로 남북한 행정통합과 연계된 가운데에 진행해야 한다. 동시 에 각 사회복지 제도별 통합은 급여와 서비스 전달체계의 합리성을 바탕으로 추진해야 한다. 즉, 이는 사실상 행정조직의 통합을 의미하는데, 행정통합의 경우 외연적·제도적 통합은 단순하고 시간상의 제약이 비교적 느슨하다. 반면 내연적·실질적 통합은 이와 달리 시스템에 의거한 단일 조직·단일 문화로의 완전한 일치를 의미한다.[18] 따라서 이는 해당 조직구성원의 노력과 동시에 시간이 필요한 부문이다. 결국 제도별 관리운영주체와 전달체계는 앞서 통일 이후 복지통합의 진행 경과에 따라 속도를 조정하고 기존의 북한 행정조직을 포괄하는 방향으로 진행해야 한다. 지금까지 논증한 남북한 사회복지 관리운영주체와 전달체계의 주요 쟁점과 해결방향을 정리하면 〈표 Ⅴ-7〉과 같다.

---

18) 참고로 이와 관련 다음과 같은 주장이 있다. 북한사회복지 조직관리체계의 재구축문제를 공적연금에 대입할 경우 현재 북한의 사회보험을 관할하는 노동성 산하 사회보험국과 각 도·시·군의 일선행정기관인 사회보험금고 및 사회보험사무소를 남한의 체계와 일치하도록 독립행정기관으로 전환한다. 즉, 노동성 사회보험국의 업무를 신설되는 북한국민연금공단(가칭)으로 이관하고, 그 산하에 각 지역별로 지사 및 상담(안내)센터를 설치한다. 국민연금의 북한지역 확대 적용을 위해서는 적용·징수·급여 업무수행을 위한 정보관리시스템의 구축이 선제조건인데, 이에 필요한 제반의 인적·물적 지원을 제공해야 할 것이다. 즉, 남한정부는 북한지역의 연금관리체계 구축을 지원하기 위한 법적 근거를 마련하고 구체적인 지원계획을 수립·추진해야 할 것이다. 이에는 북한지역 연금관리인력의 재교육 및 재배치, 정보관리(record keeping)시스템 구축, 남북한 지역공단 및 지사 간 자매결연 및 인력파견 등 다각적인 지원방안을 미연에 마련해 두어야 할 것이다.
출처: 전홍택 편,『남북한 경제통합 연구: 북한경제의 한시적 분리 운영방안』, 한국개발연구원, 2012, 1/8쪽.

<표 V-7> 관리운영주체와 전달체계의 주요 쟁점과 해결방향

주요 제도	주요 쟁점	해결 방향

· 사회보험
- 공적연금
- 건강보험
- 산업재해
- 고용보험
- 노인장기요양
	· 남한
	- 국민연금공단, 공무원연금공단,
	  국방부, 사학연금공단,
	  별정우체국연금공단
	- 근로복지공단
	- 건강보험공단
	· 북한
	- 사회보험국, 지방인민위원회
	- 보건성
	- 양정관리국, 배급소
		· 진행경과에 따른 속도 조정
		· 기존 북한 행정조직을 포괄
		· 남한조직으로 점진적 편입 유도
		· 북한인력 재교육, 재배치

· 공공부조 - 기초연금 - 기초생활보장 - 의료급여	· 남한: 중앙정부와 지자체 · 북한: 부재한 제도	
· 사회보훈	· 남한: 보훈복지의료공단 · 북한: 사회보험과 동일	
· 사회서비스	· 남한: 대상별 전문 서비스기관 · 북한: 시설보호기관 외 부재	· 상동 · 전문인력 교육프로그램 도입 적용

· 출처: 이철수, "남북한 사회복지 통합쟁점 연구: 거시-구조적 관점을 중심으로",
『북한연구학회 동계 학술회의』, 2014, 216쪽을 토대로 수정 · 보완.

이상의 주요쟁점을 종합하면 〈표 V-8〉과 같이 거시-구조적 차원
의 남북한 사회복지 통합과제로 재차 요약된다.

<표 Ⅴ-8> 남북한 사회복지 통합과제: 거시-구조

구 분	주요 쟁점	접근 방향
운영원리	분리운영 vs 통합운영	점진적 통합 추구
존(부)재 제도	통합적용 vs (후)편입, 유지(유예)	제도별, 대상별 접근 후 편입
적용대상	가입자, 요구호자 vs 노동인구	제도별, 위험별 적용대상 구분 접근
급여계상	분리계상 vs 통합계상	별도 기준마련, 분리대응, 점진적 접근
급여종류	다양성 vs 단순성	분야별 적정수준에 의거 접근
급여조건	공적연금 가입기간 차이	수급자와 가입자 분리 대응
급여수준, 지급기간	양·질적 차이, 기간차이	통합가능 범위 설정 편입·접근
재정부담	차등부과 vs 통합부과	제도, 생활안정제도 연계하여 접근
관리운영주체	제도별 독립운영 vs 통합운영	속도조정을 통한 점진적 접근

· 출처: 이철수, "남북한 사회복지 통합쟁점 연구: 거시-구조적 관점을 중심으로", 『북한연구학회 동계 학술회의』, 2014, 217쪽을 토대로 수정 · 보완.

VI. 남북한 사회복지통합 SWOT분석*

1. SWOT분석 기준

본 연구의 SWOT분석은 ① 사회복지 제도(법적기반), ② 적용대상의 포괄성, ③ 급여수준의 적절성&급여종류와 조건, ④ 재정 부담과 규모, ⑤ 서비스 전달체계와 관리운영체계 수준, ⑥ 복지현실을 중심으로 거시적으로 접근한다. 그리고 이러한 틀 안에서 본 연구의 강점 분석기준은 다음과 같다. 시기적으로 통일 이전을 기준으로 하고 남북한에 각각 존재하는 다양한 형태의 사회복지제도들의 쟁점을 주요 대상으로 한다. 이를 놓고 상호 비교하여 상대적으로 우위를 점하고 있다고 판단되는 사안의 경우 그러한 장점을 가상하여 궁

---

* 참고로 본 연구를 포함, 사회복지제도 SWOT분석 기준은 다음과 같은 것이 있다. ① 복지제도의 포괄성: 인간의 전 생애과정에서 나타나는 문제를 망라하고 있는가, ② 수혜자 범위의 보편성: 복지 수혜를 받아야 할 사람이 그 혜택을 받고 있는가, ③ 복지혜택의 적절성: 수혜의 정도가 정상적인 생활에 지장이 되지 않을 정도인가, ④ 복지혜택의 소득재분배성: 복지 제도가 사회적인 불평등 해소에 기여하고 있는가이다.

극적으로 남북한 사회보장 통합의 상호 상승효과를 야기할 수 있는 쟁점을 중심으로 고찰한다.

반면 본 연구에서 약점 분석의 기준은 시기적으로 강점 분석과 동일하게 통일 이전을 기준으로 한다. 하지만 강점과 정반대로 남북한 사회보장제도를 비교하는 것이 아니라 각기 현존하는 상태에서 남북한에 각각 내재한 복지체제 속의 제도적·실태적 취약점을 중심으로 고찰한다. 이는 본 연구가 통일 이후의 남북한 사회보장 통합을 가상한 것임에 따라 통일 이전 약점에 대한 상호 비교 연구의 무의미성과도 무관하지 않다.

한편 본 연구에서 기회 분석의 기준은 다음과 같다. 시기적으로 통일 이후를 기준으로 하고 남북한에 각각 존재하는 다양한 형태의 사회복지제도를 상호간의 장점을 수용할 경우와 우호적 지원이 발생하는 현상을 상정하여 이를 중심으로 접근한다. 반면 본 연구에서 위협 분석의 기준은 기회 분석과 마찬가지로 통일 이후를 기준으로 한다. 하지만 위협 분석은 남북한 복지통합을 놓고 현실적으로 발생할 수 있는 주요 문제를 중심으로 접근한다.[1]

여기서 통일 전후를 혼합하여 SWOT분석을 시도하는 이유는, 본 연구가 궁극적으로 남북한 복지통합을 설정하여 접근하기 때문이다. 따라서 남북한 사회복지제도를 각각 독립적으로 분리하여 SWOT 분석을 할 경우 의미 있는 결과를 도출할 개연성이 낮아진다. 지금까지 언급한 남북한 복지통합 SWOT분석 기준을 정리하면 〈표 Ⅵ-1〉과 같다.

---

[1] 통일 이후 기회와 위협은 사실상 통일 이후 강점·약점과 대동소이한 내용이다.

<table>
<tr><td colspan="3" align="center"><표 VI-1> 남북한 복지통합 SWOT분석 기준</td></tr>
</table>

구분		주요 기준 내용
강점(S)	통일 이전	남북한 사회복지제도 장점 비교: 비교우위성
약점(W)		남북한 사회복지 체제: 제도적·실태적 취약성
기회(O)	통일 이후	남북한 사회복지제도 상호 장점 수용, 우호적 지원
위협(T)		남북한 사회복지통합 현실적 문제

· 출처: 저자 작성.

2. 강점: 통일 이전

1) 남한

남한은 사회보장제도의 제도적 다양성이 북한보다 우월하다. 즉, 남한은 다양한 대상의 보호를 목적으로 제도적 기반이 포진되어 있다. 이는 앞서 〈표 VI-1〉에 나타나 있는 바와 같다. 반면 북한은 사회주의 국가임에 따라 제도적 포괄성을 갖고 있다. 이에 남북한 사회보장제도의 제도적 종류와 기반을 중심으로 접근하면 우열을 가리기가 다소 난해하다. 그러나 여기에 복지실태를 가미하고, 요보호자와 서비스 이용 대상자의 욕구를 첨가하면 압도적으로 남한의 제도가 우월하다.

또한 남한은 각종 사회보장제도의 복지급여 종류—무상치료, 무상보육, 무상교육을 제외한—와 급여수준에 있어 북한보다 월등히 우월하다. 그리고 이는 상술한 바와 같이 남북한의 경제력 격차만큼 차이가 있다. 가령 남한의 국민기초생활보장의 생계급여 월 40만 원은 북한 근로자의 월 평균소득 3천 원에 비해 수십 배의 물질적 가치를 갖고 있다. 이를 달리 접근하면 북한의 근로자들은 남한의 빈곤층보다 실소득은 물론 생활수준에서 그만큼의 차이가 있음을 의미한다. 이는 한마디로 북한의 중산층은 남한의 빈곤층 보다 경제적 수준이 낮다는 것이다.

이와 같은 연장선상에서 남한의 복지재정의 경우 국고지원, 조세, 가입자 부담 등으로 재정확보 채널이 다양화되어 있다. 반면 북한의 복지재원 조달은 이와 비슷하나 규모에 있어 남한과 비교할 바가 못된다. 이에 남한의 복지재원은 북한에 비해 압도적으로 비교우위를 점하고 있는데, 이는 상술한 급여수준 만큼이나 차이가 있다. 그리고 이러한 복지급여와 복지재정은 남북한의 경제력 격차에 기인한다.

아울러 남한의 사회복지 전달체계는 제도별로 전문화되어 독립적으로 운영된다. 특히 사회서비스의 경우 전문서비스 기관과 우수한 전문인력에 의한 서비스를 제공하고 실천한다. 또 남한의 사회복지 전문기관은 수급자와 요보호자에 대한 프로그램화된 절차에 따라 진행된다. 이는 곧 전문화된 사회서비스망의 조직화의 경우 북한에 비해 남한이 우위에 있음을 의미한다. 반면 북한의 사회복지 전달체계는 공공재로서 전달망은 갖추어져 있으나 인력과 질적인 수준, 서비스 프로그램에 있어 전문성은 남한에 비해 떨어진다. 결국 전반적으로 질적이고 양적인 면에서 남한의 사회복지체제는 북한보다 비교자체가 무의미할 정도로 우위에 있다 하겠다.

2) 북한

북한은 남한에 비해 적용대상의 포괄성이 압도적으로 우세하다.

이는 사회주의 체제의 특성에 기인한 것으로 전 주민에 대한 고용정책과 더불어 북한이 체제 초기단계에서부터 사회보장제도를 도입·적용했기 때문이다. 다시 말해 사회주의 체제의 보편성으로 인해 북한은 적어도 제도적 차원에서 복지사각지대는 존재하지 않는다.

또한 북한은 복지급여 중 전 인민에게 식량급여를 제공하는 식량공급제로 인해 제도상 표면적으로 각 개인의 식량 문제는 발생하지 않는다. 즉, 북한의 경우 포괄적인 식량급여는 그 기능상 먹는 문제를 해결하는 역할을 하게 된다. 또 이와 연장선상에서 결국 북한의 의식주 배급제는 정상적인 작동을 전제로 할 경우 빈곤억제 기능을 하게 된다.

이와 더불어 북한의 전 주민에 대한 무상치료, 무상탁아, 무상교육은 서비스 내용과 수준에 대한 평가를 차치하더라도 그 존재성의 경우 남한에 비해 다소 우위를 점하고 있다. 또한 북한 공적연금의 남자 가입연한 20년 이상/ 수급개시 60세 이상, 여자 가입연한 15년 이상/ 수급개시 55세 이상인 수급조건의 경우 남한의 국민연금에 비해 다소 작지만 인상적이라 할 수 있다.

결과적으로 사회복지제도의 종류, 복지급여의 종류, 복지재정의 안전성, 사회복지 전달체계 이렇게 4가지는 남북한 사회복지체제에 있어 가장 이질적이고 차이가 발생하는 부문이다. 따라서 남북한 복지통합의 강점은 남한의 경우 제도적·실질적 서비스 수준, 전달체계와 내용이 해당되고 북한의 경우 비록 단순하지만 포괄성과 무상복지제도[2]로 대표된다 하겠다.

---

2) 사실 이는 북한의 복지현실에서 경제난 이후 무상이 아니라 유상으로 전환된 지 오래이다.

3. 약점: 통일 이전

1) 남한

남한의 경우 다양한 제도에서 적용대상의 사각지대가 존재한다. 또한 여전히 남한 내부에서 급여수준과 적절성에 대한 지적이 있다. 가령 국민연금의 완전노령연금, 기초생활보장제도의 생계급여, 건강보험의 의료서비스 수준, 산재보험의 보상범위, 고용보험의 실업급여 수준 등 수급자의 입장에서 상당부문 긍정적인 사회보장적 제 기능을 수행하고 있지만 이러한 것이 여전히 부족한 것 또한 사실이다. 즉, 남한은 일정한 사회복지체제는 갖추고 있지만 OECD국가와 비교할 때, 양·질적 수준에 있어 높이 평가할 만한 수준에 이르진 못했다.[3] 게다가 비록 일부지만 미래의 복지재정 안정성[4]과 건전성 ―저출산 고령화로 인한 연기금―에 대한 우려도 존재한다.

---

3) 2014년 한국의 국내총생산(GDP) 대비 복지 예산의 비율은 경제협력개발기구 (OECD) 조사 대상국 중 가장 낮은 것으로 나타났다. 국민이 1년간 낸 세금에 국민연금·건강보험 등 사회보험료를 더한 총액이 GDP에서 차지하는 비중(국민부담률)은 2013년에 30개국 중 28위를 차지했다. 이는 우리나라의 복지 수준이 낮지만, 국민의 세금 부담 역시 적다는 뜻이다.
출처: 연합뉴스(2015-02-05), "韓 GDP 대비 복지지출 비율, OECD중 최하위", https://www.yna.co.kr/view/AKR20150204186400002?input=1195m (검색일 2018년 5월 18일)
4) 가령 여기에는 2060년 이후 국민연금의 기금 고갈 문제가 해당된다.

2) 북한

북한의 경우 제도적으로 전 주민을 포괄하는 서비스를 제공한다고 하나 현실적으로는 남한보다 더 큰 사각지대가 존재한다. 가령이는 북한의 식량문제와 이로 인한 식량배급 실태가 반증한다. 또한 최저생계를 보장하지 못하는 공식소득 수준, 사실상 붕괴된 무상치료제로 인한 의료빈곤, 노령연금의 노후보장 기능 미비, 보건의료서비스 수준의 낙후 등이 있다. 이에 북한의 계층별 · 제도별 복지사각지대의 규모는 상당하다.[5]

이와 더불어 각종 복지급여 종류와 수준 역시 남한에 비해 약점으로 지적된다. 급여종류의 경우 사회적 위험에 비해 단순하고 급여수준은 매우 낮다.[6] 또한 앞서 언급한 바와 같이 복지재정도 매우 취약한데, 이는 북한의 경제력에 비례함과 동시에 각종 사회보험 기금의 운영이 부과방식임에 따라 재정안정성에도 문제가 내재되어 있다. 즉, 북한의 복지재정은 북한 경제상황에 따라 다소 변동된다. 아울러 각종 서비스 전달체계의 경우 비교적 안정적이나 그 전문성에는 여전히 의문이 있다. 결국 남북한 사회보장 통합의 약점은 남한의 경우 복지사각지대와 급여수준과 적절성으로, 반면 북한의 경우이와 달리 전반적인 복지체제 마비와 낮은 복지수준으로 대표된다 하겠다. 참고로 지금까지 언급한 남북한 복지통합 강점과 약점을 비

---

5) 이는 현장조사를 기반으로 한 국제기구의 다양한 보고서가 증명하고 있다. 북한 취약계층의 규모는 최소 300만 명에서 최대 600만 명으로 알려져 있다.
   출처: WFP · FAO · UNICEF, 2011; WFP · UNICEF · WHO, 2013; WFP · FAO, 2012.
6) 가령 북한은 산재보험의 경우 폐질연금과 노동능력상실연금 두 종류이며, 공적연금인 노령연금의 월 지급액인 2,000~3,000원은 시장에서 두부 한모 구입가격이다.

교 정리하면 〈표 Ⅵ-2〉와 같다.

<표 Ⅵ-2> 남북한 복지통합 강점과 약점 비교: 통일 이전

구분	남한	북한
제도	제도적 다양성 ▲	제도적 포괄성 ▽ 현실적 계급순위 분배 강함 ▽
적용대상	사회안전망 미확충 ▽	제도적 사회안전망 확충 ▲ 현실적 사회안전망 붕괴 ▽
급여	급여수준의 적절성 부족 ▲	급여 수준 및 종류 낙후 ▽
재정	비교적 안정적이나 일부 우려 존재 ▲	재정 규모 열악 ▽
전달체계	전문화 ▲	상대적 비전문화 ▽
현실	북한에 비해 상대적으로 우위이나 복지수준 부족 ▲	복지체제 붕괴 고착화 ▽

· 주: 비교 평가 결과는 상▲ 중○ 하▽ 로 나눔.
· 출처: 저자 작성.

4. 기회: 통일 이후

1) 남한

통일 이후 남한의 입장에서 북한 사회복지제도로 인해 적용대상의 포괄성에 대한 확대 요구가 발생할 개연성이 있다. 이는 상대적으로 제도부분에서 다소 취약한 남한의 적용대상을 놓고 북한의 사회주의 복지체제를 남한이 추동하는 것을 의미한다. 즉, 아이러니하게도 남한이 북한의 국가사회복지체제의 제도적 장점을 역으로 수용하는 것이다.

그러나 물론 현실에서 다양한 난관이 상존해 있다. 그럼에도 불구하고 남한의 입장에서 외부적 요인으로 인한 기회는 사회복지제도 전반에 대한 포괄성의 재확립과 이에 대한 논의일 것이다. 또한 이와 마찬가지로 남한에 부재한 제도이나 서비스 이용대상자의 입장에서 일부 집단이 수용하고 싶은 무상치료제, 무상보육, 무상교육에 대한 도입도 쟁점화될 가능성이 있다.

2) 북한

북한의 경우 남한에 비해 통일 이후 기회요소가 상당하다. 무엇보다 통일 이후 북한은 남한의 지원을 전제로 할 경우 현재 붕괴내지 마비된 복지체제의 정상화가 가능하다. 또 이로 인해 북한의 취약계층은 안보권의 위기를 극복하게 되고 동시에 통일 이후 사회안정화에도 다소 긍정적인 기능을 한다.

또한 북한 주민에 대한 남한의 각종 사회서비스의 제공과 더불어 다양하고 새로운 각종 복지급여가 도입·확대된다. 그리고 특히 이 부문에 소요되는 재정 또한 사실상 상당부문 남한이 부담하기 때문에 북한의 입장에서 복지재정 건전성이 확보된다. 즉, 통일 이후 북한은 안정적인 복지서비스와 더불어 복지재정 확충을 통해 장기간 마비된 복지체제를 회복할 수 있는 환경이 성립된다.

이것은 결국 북한 사회서비스 전달체계의 전문성 강화로 이어져 기존에 비해 양·질적으로 발달된 복지시스템을 갖게 된다. 즉, 통일 이후 북한은 통일 이전과 다른 사회복지 전문인력과 자원, 전문조직과 기구 등을 확보하게 된다. 따라서 통일 이후 남북한 복지

통합의 기회는 남한의 경우 적용대상의 포괄성과 무상복지에 대한 아젠다 설정인 반면 북한은 복지체제의 정상화, 급여의 다양화, 복지재정 확충, 서비스의 전문화, 운영기관의 조직화로 대표된다 하겠다.

5. 위협: 통일 이후

1) 남한

무엇보다 통일 이후 남한의 북한 지원에 따른 남한 복지재정 지출이 우려된다. 현재를 기준으로 할 때, 남한은 통일 초기부터 북한의 취약계층에 대한 대규모의 식량, 보건, 위생 등에 대한 지원을 진행할 수밖에 없다. 이에 대한 남한주민의 인식은 부정과 긍정, 찬성과 반대가 공존할 것이라 판단된다. 결국 남한주민의 입장에서 통일 이후 북한주민에 대한 지원을 찬성하지만 장기적인 대규모 무상지원에 대해서는 반대할 개연성은 충분하다. 이로 인한 자기소득의 감소를 우려하기 때문이다.[7]

특히 북한 노령층의 경우 기존의 포괄적인 북한 복지체제로 인해 절대 다수가 제도적으로 노후보장을 제공받게 된다. 반면 이에 대해 기존의 남한 공적연금 사각지대 수급자들은 상대적 박탈감이 발생할 수밖에 없다. 결국 이는 남한주민들로 하여금 북한주민의 무상지원에 대한 정서적 지지 철회와 더불어 이로 인한 남남갈등과 남북갈

---

7) 이철수 외,『통일 이후 북한지역 사회보장제도 - 과도기 이중체제』, 한국보건사회연구원, 2016, 105쪽.

등이 발생할 가능성이 높다. 즉, 남한주민의 입장에서 여전히 복지 사각지대에 잔존하고 있는 노인빈곤층이 상당한 가운데 북한의 복지지원에 대한 지속적인 국민적 지지를 담보하기에는 분명한 한계가 존재한다고 판단된다. 다시 말해 현실적으로 통일 이후 남한의 북한에 대한 복지지원 자체의 '이중적 정체성'으로 인한 제약이 상당 부문 존재한다는 것을 의미한다.

또한 남한정부의 입장에서도 이는 결국 상당한 정치적 부담감을 갖게 한다. 그런데 더욱 심각한 것은 가령 통일 이후 북한의 대표적인 취약계층인 노령인구 복지지원에 대한 남북한의 이중적인 현상을 타파할 뚜렷한 해결책도 지금 현재로서는 분명하지 않다는 것이다. 결국 이는 남한주민의 정서적 지지와 경제적 허용범위 내에서 진행해야 한다.

아울러 이는 북한 정부(주민)의 요구를 남한 정부(주민)이 수용 가능한 적절한 기준선을 제시하고, 남북한 상호간의 합리적인 조정을 유도해야 가능하다. 그러나 만약 이와 반대로 통일 이후 통일 분위기에 편승 및 도취되어 무분별한 지원을 지속할 경우 남한 복지재정은 물론이거니와 심각한 국가재정위기를 맞이할 것이라 예상된다.[8]

2) 북한

자칫 통일 이후 남한으로부터의 대규모 지원으로 인해 북한주민 중 일부는 과거 사회주의로의 회귀의식이 발생할 가능성이 있다. 특

---

8) 가령 기초연금을 통한 북한 노령인구에 대한 지원, 기초생활보장제도의 생계급여를 통한 빈곤층 지원의 경우 지금 현재 남한 복지재정 지출규모를 대규모로 확대시킬 것이다.

<표 VI-3> 남북한 복지통합 기회와 위협 비교: 통일 이후

구분	남한	북한
제도	제도적 다양성 → 포괄성 (— → ▲)	제도적 포괄성 → 현실화 (▽ → ▲)
적용대상	사회안전망 미확충 → 제도적 확대 (▽→ ▲)	현실적 사회안전망 붕괴 → 정상화 (▽ → ▲)
급여	급여수준의 적절성 부족 → — (▲ → —)	급여 수준 및 종류 낙후 → 선진화 (▽ → ▲)
재정	비교적 안정적, 일부 우려 존재 (▲ → ▽)	재정 규모 열악 → 재정 확보 (▽ → ▲)
전달체계	전문화 → — (▲ → —)	상대적 비전문화 → 전문화 (▽ → ▲)
현실	북한에 비해 상대적으로 우위이나 복지수준 부족 → — (▲ → —)	복지체제 붕괴 고착화 → 정상화 (▽ → ▲)

· 주: 비교 평가 결과는 상▲ 중○ 하▽, → 통일전후 변화, — 불변으로 나눔.
· 출처: 저자 작성.

히 북한주민 중 근로소득이 현저히 낮고 통일 이전에 비해 통일 이후 확고하게 소득수준의 향상이 발생하지 않은 계층일 경우 더욱 그러하리라 예상된다. 이는 근로빈곤층이 대다수인 북한 근로자와 노후보장이 부족한 노인빈곤층을 염두에 둔 판단이다.[9]

또한 남한 지원품의 분배과정에서 북한의 각종 부정부패, 비리 발생이 우려된다. 이는 서비스 지원과 분배에 대한 북한주민 전체에 대한 모니터링이 사실상 불가능하다는 판단에 기인한 것이다. 투명한 분배와 공정한 배분원칙이 제도적 장치로써 마련되어 있다 할지라도 기존의 북한 사회안전망을 활용할 경우 부정의 소지는 다분히 존재한다. 아울러 별도의 공급체계를 통일 이후 단시간에 확보할 수 없다는 현실성을 감안할 때, 이러한 우려는 더욱 배가 된다.[10] 지금

9) 아울러 이는 통일 이후 북한주민의 급격한 소득향상을 고려하지 않은 판단이다.

까지 언급한 남북한 복지통합 기회와 위협을 비교 정리하면 〈표 Ⅵ-3〉과 같다.

지금까지 논증한 거시적 수준의 남북한 복지통합 SWOT분석을 주요 내용을 요약하면 〈표 Ⅵ-4〉와 같다. 또한 〈표 Ⅵ-4〉의 내용을 근거로 거시적 수준의 남북한 복지통합 요인을 통합계량화 하면 〈표 Ⅵ-5〉과 같다.

<표 Ⅵ-4> 거시적 수준의 남북한 복지통합: SWOT분석

구분	남한(X)	북한(Y)
강점(S)	· 급여수준 우월성 · 복지재정 건전성 · 전달체계 전문성	· 적용대상의 포괄성 · 배급제의 빈곤억제 기능 · 3가지 무상복지제도 · 노후보장 수급 조건
약점(W)	· 복지사각지대 존재 · 급여수준 적절성 · 복지재정 안전성	· 사실상 대규모 복지사각지대 존재 · 복지급여 종류와 수준 부족 · 복지재정 열악성 · 전달체계 낙후
기회(O)	· 포괄성 확대 쟁점화 · 무상복지서비스 도입 쟁점화	· 복지체제 정상화 · 취약계층 생존권 보장 · 복지급여 확대 · 복지재정 확충 · 서비스의 전문화 · 운영기관의 전문화
위협(T)	· 복지재정지출과 재정위기성 · 대북 지원에 대한 지지 불확실성 · 국론분열 가능성 · 정치적 부담감 발생 가능성	· 사회주의 회귀의식 발생 가능성 · 부정부패 비리 발생 가능성

· 주: 환경과 쟁점, 제도, 구체적 사안에 따라 추가적인 내용이 존재
· 출처: 저자 작성.

---

10) 한편 남한 사회복지제도를 북한에 그대로 적용할 경우 향후 북한 적용대상의 사각지대 발생, 남한의 제도 도입으로 인한 가입자 재정부담 상승, 새로운 복지제도 도입과 적용에 따른 후유증 등이 발생할 것이다.

<표 VI-5> SWOT분석 남북한 복지통합 요인 계량화: 거시적 수준

남한(X)3+북한(Y)4= 총 7	강점(S)	약점(W)	남한(X)3+북한(Y)4= 총 7
남한(X)2+북한(Y)6= 총 8	기회(O)	위협(T)	남한(X)4+북한(Y)2= 총 6

· 출처: 저자 작성.

또한 〈표 VI-4〉를 근거로 재차 거시적 수준의 남북한 복지통합 SWOT분석 상관관계를 정리, 도식화하면 〈그림 VI-1〉과 같다.

<그림 VI-1> 거시적 수준의 남북한 주요 SWOT분석 관계 도식화

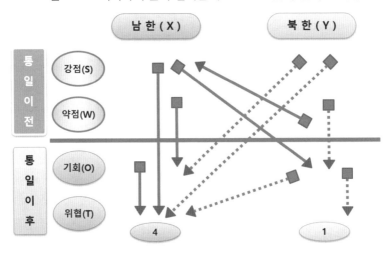

· 주: 원문자 안의 숫자는 위협 요인 전이의 단순 총합
· 출처: 저자 작성.

위의 〈그림 VI-1〉에 나타난 바와 같이 첫째, 통일 이전 남한(X)의 강점(S)이 북한(Y)의 입장에서 통일 이후 기회(O)로 작용한다. 또 통일 이전 남한(X)의 강점(S)이 아이러니하게도 통일 이후 남한(X)의 위협(X)과 직결되는데, 이는 북한(Y)에 대한 남한(X)의 지원 결과에

따라 파생된 것으로 북한(Y)에는 부재하다. 한편 통일 이전 북한(Y)의 강점(S)은 남한(X)의 입장에서 각각 통일 이후 기회(O)와 위협(T)으로 이중 전이된다.

보다 구체적으로 살펴보면 통일 이전 남한(X)의 강점(S)인 ① 급여수준, ② 복지재정, ③ 전달체계의 상대적 우수성은 통일 이후 북한(Y)의 입장에서 복지체제의 정상화와 선진화의 기회(O)로 작용한다. 또한 이는 통일 이후 남한(X)의 ① 복지재정지출과 재정 위기성, ② 대북 지원에 대한 지지 불확실성, ③ 국론분열 가능성, ④ 정치적 부담감 발생 등의 위협(T)으로도 동시에 작용한다. 즉, 통일 이전 남한(X)의 강점(S)이 통일 이후 남한(X)의 위협(T)과 직접적인 관계를 형성하는데, 이는 남한(X)이 통일 이후 북한(Y)의 기회(O)를 충족시킨 결과의 반응이자 대가라 할 수 있다.

반면 통일 이전 북한(Y)의 강점(S) 중 ① 적용대상의 포괄성, ② 3가지 무상복지제도가 통일 이후 남한(X)의 입장에서 ① 포괄성 확대, ② 무상복지서비스 도입 쟁점화의 기회(O)로 작용한다. 그리고 이러한 통일 이전 북한(Y)의 강점(S)들은 통일 이후 남한(X)이 북한(Y)을 지원할 경우 남한(X)의 위협(T)으로 재차 작용한다.

둘째, 통일 이전 남한(X)의 약점(W)은 통일 이후 남한(X)의 입장에서 기회(O)와 상관되는데, 이는 북한(Y)도 동일하다. 그러나 동시에 북한(Y)의 경우 통일 이전 약점(W)이 통일 이전 남한(X)의 강점(S)과 다소 상반된다.

보다 구체적으로 살펴보면 통일 이전 남한(X)의 약점(W)인 복지사각지대는 통일 이전 북한(Y)의 강점(S)과 비교, 이를 수용할 경우 상술한 비의 같이 통일 이후 포괄성 확대 논의로 쟁점화된다. 반면 통일 이전 북한(Y)의 약점(W)은 통일 이후 남한(X)의 지원으로 인해 상당부문 상쇄된다. 특히 통일 이전 북한(Y)의 일부 약점(W)의 경우 통일 이전 남한(X)의 강점(S)에서 이미 그 일부 충복시키고 있었기 때문에 통일 이후 북한(Y)의 기회(O)는 배가된다.

셋째, 통일 이후 남한(X)과 북한(Y)의 각각의 기회(O)는 통일 이후 각각의 위협(T)과 관련이 있다. 그러나 통일 이후 북한(Y)의 기회(O)는 남한(X)의 입장에서 위협(T)에도 동시에 영향을 미친다.

보다 구체적으로 살펴보면 통일 이후 남한(X)의 기회(O)인 ① 포괄성 확대, ② 무상복지서비스 도입 쟁점화는 역설적이게도 이의 논의과정, 실천과 적용 여부에 따라 위협(T)요인과 연관된다. 반면 통일 이후 북한(Y)의 기회(O), 즉 복지체제의 정상화와 선진화는 북한(Y)의 입장에서 재차 ① 사회주의 회귀의식 발생 가능성, ② 부정부패 비리 발생 가능성의 위협(T)으로 전이된다. 아울러 이러한 북한(Y)의 기회(O)는 통일 이후 남한(X)의 입장에서 ① 복지재정지출과 재정 위기성, ② 대북 지원에 대한 지지 불확실성, ③ 국론분열 가능성, ④ 정치적 부담감 발생 등의 위협(T)으로도 이중 작용한다.

넷째, 통일 이후 남한(X)의 위협(T)은 통일 이전 남한(X)의 강점(S)과 통일 이후 기회(O)에서 전이되고 이와 마찬가지로 통일 이전 북한(Y)의 강점(S)과 통일 이후 기회(O)에서도 영향을 받는다. 반면 통일 이후 북한(Y)의 위협(T)은 통일 이후 북한(Y)의 기회(O)에서 이전되는데, 이는 상술한 바와 같이 남한(X)과 동일한 현상이다.

이를 토대로 작용 대 반작용을 기준으로 판단할 때, 가장 인상적인 것은 남한(X)의 위협(T)과 관련된 요인이 남북한(X·Y) 양자에 걸쳐 공통적으로 관련이 있다는 것이다. 때문에 이를 근거로 단순평가하면 남한(X)의 위협(T)요인이 북한(Y)의 SWOT분석요인과 상관성이 높다고 할 수 있다. 통일 이후를 가상한 남북한 복지통합에 관한 현실성을 근거로 했기 때문이다.

6. 남북한 복지통합 SWOT전략

지금까지의 논증을 토대로 남북한 사회보장 통합 추진전략을 SWOT전략으로 정리·요약하면 다음과 같다. 첫째, 강점을 가지고 기회를 살리는 전략인 SO전략(우선순위전략)은 남한(X)과 북한(Y)의 강점(S)만을 기회(O)에 승계하여 적용하면 각각 다음과 같다. 남한(X)의 경우 적용대상의 포괄성 확대와 무상복지제도에 대한 도입 검토, 북한(Y)의 경우 복지체제의 정상화, 취약계층의 구호와 더불어 질적 수준의 향상으로 대표된다.

SO전략(우선순위전략)을 놓고 남북한 양자를 비교할 경우 현실적인 차원에서 북한(Y)은 남한(X)에 비해 상대적으로 보다 더 많은 이익이 있다. 이러한 원인은 북한(Y)의 기회(O)요인들이 재원과 인력중심이고 이는 즉각적인 적용이 일정부문 가능하다. 반면 남한(X)은 기회(O)요인들이 통일 이후 즉각적인 도입과 시도를 할 수 있는 사안들이 아니라 이는 어디까지나 제도의 확장과 도입에 관련된 요소들이다.

따라서 이는 사실상의 시간이 필요한 사안들임에 따라 이에 대한 논의와 실현가능 여부, 제도적 검토가 필요하다. 즉, 제도적인 분석과 이를 위한 실천적인 프로그램 그리고 이것이 현실화하는 단계와 과정에 대한 다양한 분야의 논의가 전제된다. 따라서 이는 통일 이후 또 다른 차원의 논의 주제이다. 때문에 남한(X)과 북한(Y)은 통일 이전에 이에 대한 '(통합)기준'을 논의 및 상호 준비할 필요가 있다.

둘째, 강점을 가지고 위협을 최소화하는 전략인 ST전략(해결과제 전략)은 남한(X)의 경우 통일 이후 북한(Y)에 대한 복지지원으로 인해 기존의 내재된 남한(X)의 강점(S)에 대한 제도적 균열이 우려되고 나아가 지원 자체 대한 정서적 지지도 미비할 수 있다. 따라서 이를 해결하기 위해서는 문제의 성격상 크게 두 가지 방향으로 접근해야 하는데, 하나는 동 분야에 대한 안정적인 제도 운영계획이고 다른 하나인 국민적 동의와 지지는 통일 이전 완비해야 한다.

반면 북한(Y)의 경우 위협(T)요인은 남한으로부터 지원으로 인한 인식변화, 즉, 통일 이후에도 국가가 책임지는 사회주의식 분배의식 혹은 이로 인한 사회주의 체제로의 회귀의식이 발생할 가능성이 있다. 또한 지원품의 공급과 분배과정에서 북한관료들의 조직적인 부정부패, 비리가 발생할 개연성이 있다. 결국 북한(Y)의 입장에서 의식 퇴보와 분배부정이 우려되는데, 이는 매우 심각한 사안이고 경우에 따라 사실상 통합의 가장 큰 장애물일 가능성이 있다.

때문에 이를 해결하기 위한 방안도 문제의 성격에 따라 두 가지로 구분되는데, 먼저 '의식'의 경우 통일 이전에 이미 상당부문 고착화된 현재 북한 주민의 자립과 자활을 더욱 공고히 하도록 유도해야 한다.[11] 다른 하나인 '부패일소'는 통일정부의 북한에 대한 투명한 모니터링과 더불어 지원 프로그램을 실천·적용하기 이전에 준비해야 한다.

---

11) 이철수, "북한 사회보장법 법적 분석; 기존 사회복지 관련 법령과의 비교를 중심으로", 『통일정책연구』, 24(1), 2015, 204~205쪽.

ST전략(해결과제전략)을 놓고 남북한 양자를 비교할 경우 상술한 SO전략과 동일하게 현실적인 차원에서 북한(Y)은 남한(X)에 비해 상대적으로 보다 더 많은 편익이 있다. 이러한 원인은 북한(Y)의 위협(T)요인들은 남한(X)의 복지지원을 수용한 과정과 결과로 나타나는 현상인 반면 남한(X)의 위협(T)요인들 북한(Y)을 지원한 동기와 행위—사실상의 소득분배 이전—의 결과로 나타나는 현상이기 때문이다. 더욱이 가령 남한(X)의 경우 상당한 복지재원을 직접 부담함으로써 지원규모와 기간에 따라 해당 제도의 재정위기를 야기할 가능성도 있다. 이를 사전에 방지하기 위해서는 앞서 언급한 바와 같이 개별 사회복지제도와 지원 프로그램에 대한 안정적인 제도적 운영계획을 마련해야 한다.

　셋째, 약점을 보완하며 기회를 살리는 전략인 WO전략(우선보완전략)은 남한(X)과 북한(Y) 모두 통일 이전의 약점(W)의 일부가 통일 이후 기회(O)로 전환된다. 남한(X)의 경우 통일 이후에도 여전히 약점(W)으로 지속되는 것은 급여수준의 적절성과 복지재정의 안정성인 반면 복지사각지대의 존재나 규모는 통일 이후 북한(Y)의 영향으로 인해 일정부문 완화할 가능성—일정부문 수용할 경우—이 있다. 반면 북한(Y)은 통일 이전의 약점(W)은 통일 이후 남한(X)의 지원으로 인해 거의 대부분이 해소될 가능성이 높다.

　WO전략(우선보완전략)을 놓고 남북한 양자를 비교할 경우 상술한 SO전략(우선순위전략), ST전략(해결과제전략)과 동일하게 현실적인 차원에서 북한(Y)은 남한(X)에 비해 상대적으로 보다 더 많은 이득이 있다. 즉, 통일 이후 북한(Y)은 통일 이전 당면한 복지문제들이 남한(X)의 지원으로 인해 일거에 상당부문 해결할 수 있는데, 이는 북한(Y)의 약점(W) 다수가 상술한 바와 같이 재정에 기인하기 때문이다. 반면 남한(X)은 복지사각지대에 대한 제도적 논의 이외에 이렇다 할 실익이 존재하지 않는다.

따라서 궁극적으로 남한(X)의 입장에서 WO전략(우선보완전략)은 통일 이전에 복지사각지대 해소를 위한 분야별 제도발전, 급여수준의 적절성에 대한 제고, 각 제도별 기금 확충과 안정적 운영을 준비해야 한다. 또한 통일 이후를 대비, 무상복지에 대한 논의와 국민적 합의를 제시해야 한다. 반면 북한(Y)의 입장에서 WO전략(우선보완전략)은 통일 이전에 정상적인 복지체제를 완비함과 동시에 질적 향상을 시도해야 한다. 다시 말해 통일 이전에 남북한 양자 모두 약점(W)을 최소화하는 것이 남북한 복지통합에 순기능적인 기여를 할 것이다.

넷째, 약점을 보완하며 위협을 최소화하는 전략인 WT전략(회피과제)은 남한(X)과 북한(Y) 양자 모두 통일 이전 약점(W)이 통일 이후 위협(T)과 직접적인 관련이 되는 사안은, 현재로서 뚜렷하지 않다. 특히 북한(Y)의 경우 기본적으로 통일 이후 위협(T)요인이 최소화되는데, 이는 상술한 바와 같이 북한(Y)의 입장에서 통일 이후 기회(O)요인의 역기능적 측면이 위협(T)이 되기 때문이다. 때문에 북한(Y)은 통일 이전 약점(W)이 통일 이후 기회(O)로 상당부문 상쇄되었고 이로 인해 약점(W)과 위협(T)의 직접적인 인과관계가 성립되지 않는다.

그리고 이러한 경향은 남한(X)도 거의 동일한 과정이 성립되게 한다. 하지만 특이하게도 남한(X)은 통일 이전 남북한의 강점(S)이 통일 이후 위협(T)으로, 통일 이후 북한(Y)의 기회(O)가 남한(X)에게 위협(T)으로 동시에 작용한다. 이러한 원인은 무엇보다 통일 이후 남북

구분		기회(O)	위협(T)
강점(S)		[SO전략] ·남한: 적용대상과 제도 도입 ·북한: 정상화, 구호, 질적 향상 [해결방안] ·남한: 통일 이전 (통합)기준 논의, 준비 ·북한: 상동	[ST전략] ·남한: 제도적 균열, 정서적 지지 미비 ·북한: 분배 의식 후퇴, 부정부패 [해결방안] ·남한: 제도 운영계획, 국민적지지 사전 　　　완비 ·북한: 자립자활공고화, 부패방지 방안 　　　마련
약점(W)		[WO전략] ·남한: 사각지대, 급여와 재정 　　　불안정 ·북한: 복지체제 마비와 질적 수준 [해결방안] ·남한: 통일 이전 문제와 사안 　　　검토제시 ·북한: 통일 이전 정상화 노력 시도	[WT전략] ·남한: 관계 불성립 ·북한: 상동 [해결방안] ·남한: 통일 이전 사안별 해결, 준비 ·북한: 자립자활공고화, 부패방지 방안 　　　마련

· 주: ① SO전략: 강점을 가지고 기회를 살리는 전략(우선순위전략)
　　② ST전략: 강점을 가지고 위협을 최소화하는 전략(해결과제)
　　③ WO전략: 약점을 보완하며 기회를 살리는 전략(우선보완전략)
　　④ WT전략: 약점을 보완하며 위협을 최소화하는 전략(회피과제)
· 출처: 저자 작성.

한 사회보장 통합이 사실상 남한(X)에 의한 대규모의 북한(Y) 지원을 중심으로 진행될 것이라는 현실적인 판단에 기인하기 때문이다.

결국 WT전략(회피과제전략)을 놓고 남북한 양자를 비교할 경우 상술한 전략 모두와 동일하게 현실적인 차원에서 북한(Y)은 남한(X)에 비해 압도적으로 보다 더 많은 수익이 있다. 따라서 남한(X)은 이를 해결하기 위해서는 위협(T)의 사안별로 접근해야 한다. 가령 복지재정지출과 재정 위기성은 통일복지 재정추계를 통해 순비하고, 징서직

<그림 VI-2> 남북한 복지통합 단순 도식

```
1. 남북한 복지통합
   = 남한사회복지 + 북한사회복지

2. 복지통합 구도
   = 남한사회복지제도 ∪ 북한사회복지제도
   = 남한사회복지제도 ∩ 북한사회복지제도
   = 남한사회복지제도 ⊂ 북한사회복지제도
   = 남한사회복지제도 ⊃ 북한사회복지제도

3. 복지통합 효과
   = (남한의 강점 + 북한의 강점) + (남한의 기회+북한의 기회) = 최상
   = (남한의 약점 + 북한의 약점) + (남한의 위협+북한의 위협) = 최하

4. 복지통합 전략 조건
   = SO전략 ↑ ST전략 ↑ WO전략 ↓ WT전략 ↓ = 최상
   = SO전략 ↓ ST전략 ↓ WO전략 ↑ WT전략 ↑ = 최하

5. 복지통합 환경
   = (남한의 지원 능력 ↑ — 북한의 부정 ↓) + 북한 자체 능력 ↑ = 최상
   = (남한의 지원 능력 ↓ — 북한의 부정 ↑) + 북한 자체 능력 ↓ = 최하

6. 복지통합 현실
   = (남한의 지원 능력 — 북한의 부정) + 북한 자체 능력 = 실제 수준
```

출처: 저자 작성.

분열과 거부, 그리고 국론분열 가능성은 통일복지에 대한 정당성과 교육을 통해 차단하며 정치적 부담감 발생 가능성은 합리적인 가이드라인을 마련하여 궁극적으로 통일 이전에 이러한 장애요소를 제거하거나 최소화해야 한다. 아울러 이러한 조건과 상황이 통일 이전에 조성되어야만 남북한 사회보장 통합 환경이 고무적일 수 있다.

지금까지 논증한 상대적·우호적 관점의 남북한 거시적 수준의 복지통합 요소 SWOT전략을 정리하면 〈표 Ⅵ-6〉과 같다. 또한 지금까지 논증을 토대로 남북한 복지통합을 단순 도식화 하면 〈그림 Ⅵ-2〉와 같다.

1. 법제 통합
: 남한의 법령과 체계 ⊃ 북한법의 내용 일부

상술한 거시-구조적 수준의 쟁점과 달리 남북한 사회복지 통합에 있어 양자 통합의 1차적인 근거는 제도이다. 이를 기준으로 통합기준을 설정할 수밖에 없는 환경이자 근거자료이기 때문이다. 이에 남북한 사회복지통합을 떠나 남북한의 분야별 통합에 있어 제반 모든 분야는 통일 당시 현존하는 양자의 제도, 즉, 법령을 중심으로 1차적인 시도할 것이라 판단된다.[1]

---

[1] 한편 이와 달리 현실에서 벌어질 남북 통합의 양상은 독일의 경험이 그러했듯이 우리가 가정했던 시나리오와는 전혀 다르게 전개될 가능성이 있다. 특히 미국, 중국, 일본 등 주변 강대국 사이의 한반도를 둘러싼 지정학적 역학관계는 고도의 복합방정식으로 전개되고 있어 향후 남북 통합의 시기와 양상을 가늠하기 어려운 것이다. 남북통합의 현실은 우리의 예상을 뛰어 넘어 전개될 가능성이 있고 그에 따라 법제 통합 역시 양상이 달라질 수 있는 것이다. 법제 통합 논의는 통합의 전제와 가정에 따라 달라질 수밖에 없는 것인바, 모든 모델을 이론적으로 검토할 수는 있겠지만, 현실성이 있어 보이는 모델에 집중하는 것

이러한 점에서 남북한 사회복지의 통합을 1차적으로 외형적인 '제도(법령)통합', 2차적으로 각 제도별 실질적인 '급여통합' 순으로 진행해야 정상이다. 그러나 북한의 복지현실을 감안하지 않은 제도통합은 '문자적 통합'에 국한될 개연성이 있고 더욱이 북한의 복지제도와 현실의 극심한 괴리를 목격하고 있는 가운데에 북한의 복지제도를 법령을 중심으로 판단하고 이를 근거로 통합을 진행한다는 것은 매우 위험하다.

왜냐하면 실제적인 차원에서, 통일국가의 복지체제를 구축해야 하는 통일정부의 입장에서, 제대로 작동하지 않고 있거나 제도적 보장 수준이 실제에선 차이가 있거나 일반주민이 만족하지 않은 제도를 근거로 통합을 진행한다는 것은 '연목구어'식 통합수준의 결과를 야기할 개연성이 높기 때문이다.

이에 먼저 제도통합의 경우 법 체계를 통합할 경우 제기되는 문제는 남한의 법령이 ○○법-○○법시행령-○○법시행세칙(시행규칙) 순으로 체계적 반면, 북한의 법령은 극히 일부를 제외하고는 ○○법 이외에 이를 준용할 구체적인 법령이 부족하다.[2] 따라서 남북한 사회복지 법령의 통합은 기본적으로 남한의 법체계를 중심으로 하되, 그 내용에 있어서는 즉 하부작동에 필요한 조항은 상황에 맞게 진행해야 한다. 참고로 북한 사회복지법 체계는 〈그림 Ⅶ-1〉과 같다.

이 향후 실제 법제 통합 과정을 준비하는 데 도움이 될 것이다.
출처: 유욱, "남북한 사회통합을 위한 법적 과제: 노동, 교육, 환경 분야를 중심으로", 『제2회 아시아법제포럼 남북법제분과 발표문』, 2012, 128쪽.
2) 다른 한편으로 북한은 ○○(시행)규정이나 ○○(시행)규칙이 존재하나 사회복지와 관련, 합영법 등을 제외하고 이와 관련된 내용이 현재까지 국내에 공개된 사례가 거의 전무하다.

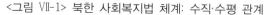

<그림 Ⅶ-1> 북한 사회복지법 체계: 수직·수평 관계

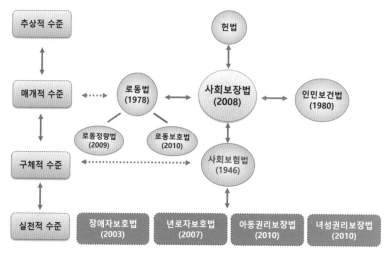

· 주: 1)「장애자보호법」과「년로자보호법」은 기능과 성격상「사회보장법」의 하위체계.
· 주: 2)「아동권리보장법」과「녀성권리보장법」은 기능과 성격상「사회보장법」의
　　　관련체계.
· 주: 3) 2008년「사회보장법 시행규정」과「사회보험규정」은 미공개이나 구체적수준
　　　으로 추정.
· 출처: 이철수, "북한「년로자보호법」의 의의와 한계: 타 법령과의 비교를 중심으로",
　　『북한연구학회보』19(1), 2015, 64쪽.

　　다시 말해 남한의 사회복지 법체계에 북한의 사회복지 관련법을
편입시키되 그 내용에 있어서는 북한의 사회복지법의 내용을 고려
하고 참조하여 제정할 필요—그것이 비록 과도기적일 지라도—가
있다. 결국 남북한 사회복지 법제 통합은 통합 시나리오와 더불어
북한 법의 맹점과 내용을 감안한 가운데에, 현실에 따른 통합의 속도
를 조절하면서, 상황의 변화를 고려하고 예측하면서 접근해야 한다.
　　또 이러한 점에서 통일 이후 제도적 복지통합은 자칫 매우 위험한
상황을 야기할 수 있다. 따라서 제도적 차원의 남북한 복지 법제통

합은 통일헌법과 별개로 진행하여 실효성을 최우선시하며 접근해야 한다. 이러한 이유로 법제통합은 실제성을 감안한 가운데에 점진적으로 진행해야 한다.

2. 조직과 인력 통합

분야별 사회복지제도를 독립적으로 운영하는 남북한 행정기관과 사회복지전문 기관의 조직과 인력의 통합은 남북한 사회복지 통합에서 그동안 매우 등한시된 영역이다. 그러나 실질적인 복지제도의 집행기관인 조직과 인력의 통합은 단일한 제도를 완성하기 위한 필수요소임에 따라 반드시 필요한 부문이다. 달리 보면 이는 남북한 사회복지 제도통합에서 가장 난해하고, 조직통합은 속도와 운영 방식에 따라 진행한다 치더라도 인력통합의 경우 이렇다 할 표본이나 기준이 없는 부문이다.

특히 인력통합은 궁극적으로 하나의 기준에 의거한 행정과 더불어 구성원 간의 소통과 문화의 공유를 의미하는데 이것을 달성하는 데는 별도의 교육과 시간이 필요하다. 이에 남한의 사회복지 운영제 기관들은 물론이거니와 정부, 지자체, 공공기관, 민간 사회복지기관 등 서비스 행정통합을 위해 사전에 각 기관별로 북한에 대한 기본적인 교육과 조직통합에 따른 사전 훈련, 인사통합을 위한 교육·행정 매뉴얼 등을 연구하여 준비해야 한다.

가령 보건의료제도의 경우 상당기간의 남북한 보건인력의 협진체제 구축, 북한 사회보험서기의 재교육과 재배치, 사회복지시설 봉사원들의 재교육, 남한의 각 사회보험공단 직원들의 사전교육과 더불어 이러한 것에 필요한 조직통합 전문가 양성 등 또 다른 차원의 문제들이 산적해있다.

3. 복지재정(국고 지원, 적립과 부과, 조세) 통합

북한의 복지재정은 조세에 의해 조달되나 대부분의 (복지)재정이 부과방식으로 운영―특히 사회보험―되어 복지재정 조달과 실제 집행규모가 수급자 규모와 욕구, 요보호자의 요구를 우선할 수 있는 구도가 아니며 결국 년 단위의 국가 경제 상태에 복지재정이 사실상 종속된다.

가령 북한의 식량공급량과 수준은 북한의 해당 년도의 전체 식량 수확률(식량자급률)과 외환보유율(식량수입률), 국제기구의 무상지원 규모에 의거한다. 즉, 이에 따라 북한의 정부차원의 복지재정은 북한의 경제력에 예속된다.

한편 식량공급에 북한 근로자를 대입하면 ① 개인별 배급량과 배급순위, ② 거주지역의 식량상황, ③ 거주지역 인근 시장의 공급량과 가격 등 상술한 국가 공급능력과 개인이 시장을 통한 구매 능력을 혼합계상하면 실제 식량구매량이 산출된다.

또한 북한의 경우 통상 국가의 복지재정이 열악하면 개인의 복지재정 지출이 상승하고 국가의 복지재정이 건실하면 개인의 복지재정 지출이 축소되는 구조이다.

반면 남한의 복지재정은 크게 국고지원, 본인·사용자·기업 부담, 조세, 특별세 등에 의해 지원되며 사회보험 재정은 적립방식과 부과방식이 혼합되어 있다. 따라서 남북한 사회복지 재정 통합은 통일 이후 북한의 복지재정을 남한의 복지재정에 유입할 것이 아니라 부족한 북한의 복지재정을 지원하는 한편 각 사회복지제도의 진행방향과 편입속도에 따라 '선 재정지원, 후 재정통합' 방식으로 진행될 수밖에 없다. 이러한 점에서 통일 이후 남북한 사회복지 제도의 분야별 비용추계가 갖는 의미는 실로 지대하며 이것이 사실상 사회복지 부문의 통일비용이다. 지금까지 논증한 매개적 수준의 남북한 사회복지 통합과제의 주요 쟁점과 해결방향을 정리하면 〈표 Ⅶ-1〉과 같다.

<표 Ⅶ-1> 남북한 사회복지 통합과제: 매개적 수준

구 분	주요 쟁점	접근 방향
법제통합	· 법 체계의 차이 극복 · 북한법과 현실의 괴리	· 남한법체계에 편입을 유도하되, 과도기적으로 관련 내용은 북한법령 참조
조직과 인력통합	· 기준, 표본이 부재	· 관련 각 제 기관별 교육, 훈련, 행정 매뉴얼 등 기반 사전 구비
복지재정	· 재정 운영방식 차이 · 재정 규모의 극심한 격차	· '선 재정지원, 후 재정통합'

· 출처: 저자 작성.

VIII. 구호-안정-이행-통합*

1. 정의: 구호-안정-이행-통합

지금까지 상술한 것을 토대로 판단할 때, 남북한 복지통합은 양자의 상황을 고려하여 점진적으로 '과도기적 제도통합(사실상의 이원화된 복지)체제', '과도기적 급여통합(사실상의 차등급여)', '일원화된 완전한 단일제도'의 방향으로 진행해야 한다. 그리고 이는 남한의 입장에서 북한을 적용할 경우 크게 보면 통일 전 지원과 교류를 시작으로 통일 이후 구호-안정-이행-통합 순으로 적용되는 것을 의미한다.[1)]

여기에서 '구호단계'는 남북한이 통일에 대한 본격적인 논의가 시작되고 가시적인 통일발효단계에 접어드는 시점으로 통일 직전부터 통일 초기단계(통일 전후 1년-2년)를 의미한다. '안정단계'는 북한의

---

* 이 부문은 이철수의 2014에서 발췌·수정한 것임
1) 반면 남북한 경제통합은 발전-이행-통합 순인데, 남북한 통합분야에 따라 다소간의 차이가 있다. 그리고 이는 남북한의 당면한 현실을 반영한 것이나.

통일 초기 긴급구호대상에 대한 원만한 지원이 이루어져 이들이 생활안정단계로 진입, 북한지역의 경제와 사회가 체제이행 단계로 도약하기 위한 준비단계로, 이 시기 북한주민의 고용과 소득이 일정부문 보장되는 시점을 의미한다. '이행단계'는 북한의 체제전환 진입과 동시에 사회복지에 관한 남북한의 통합단계로의 본격적인 논의와 합의단계의 과정을 의미한다. '통합단계'는 남북한 사회복지 제도통합의 완료단계로 단일한 복지체제하의 완전한 일치과정, 통일한국의 사회복지체제의 성립단계를 의미한다. 그리고 이는 통일 이후 북한의 체제이행이 일정부문 안착한 것을 의미한다.

또한 이를 보다 더 세분화하면 ① 통일 전(준비-지원-구호), ② 통일 직후(지원-구호-재건), ③ 통일(통합) 중기(재건-안정), ④ 통일(통합) 말기(이행-통합)로 구분된다. 또 이러한 통일 이후 구호-안정-이행-통합 과정은 개인과 가족의 소득과 자산, 교육 수준에 따라 현실에서는 동시다발적으로 적용과 작용이 가능하다. 또한 통일 당시 구호계층의 규모가 작고 안정·이행·통합 계층이 상대적으로 많을 경우 통합속도와 기간이 짧아지고 비용 또한 감소한다. 반면 통일 당시 구호계층이 지금의 북한처럼 상대적으로 안정·이행·통합계층보다 많을 경우 통합속도와 기간이 길어짐은 물론이거니와 비용 또한 증가한다. 따라서 이러한 점에서 통일 이전부터 이러한 조건과 상황에 적극적으로 개입할 필요가 있다.

2. 통일 초기의 사회복지
  : 취약계층·지역 지원, 구호 자활 프로그램

복지국가를 지향하고자 노력하는 남한과 달리 북한의 경우 한마디로 긴급구호 국가라 해도 과장된 표현이 아니다. 즉, 지금 현재의 북한사회복지 체제는 '전반적인 긴급구호 대상 국가'로 달리 말해 북한주민의 상당수가 우리로 보면 취약계층에 해당된다. 2011-2013년 발간된 국제기구보고서에 따르면 취약계층에 대한 분석과 통계가 약 300-600만 정도인데, 이러한 차이는 조사 당시 북한의 그때그때 다른 복지 현실을 반영하고 있기 때문이다. 그리고 역설적으로 이는 북한경제력의 '널뛰기'식 불안정을 의미하는데, 이는 다시 말해 경제가 호전되면 취약계층이 줄고 경제가 악화되면 취약계층이 증가한다는 것을 반증한다.

북한 취약계층의 경우 국제기구는 영유아와 임산부, 취학 전 아동, 청소년, 장애인, 고령자를 중심으로 보고 있는데, 이들에게 가장 필요한 것은 식량과 보건의료, 그리고 재가서비스이다. 자립자활 능력이 턱없이 부족한 이들에 대한 국제기구의 지속적인 서비스 지원 활동은 지금도 진행되고 있으며 해결될 기미가 보이지 않기 때문에 통일한국의 사회복지를 놓고 볼 때, 문제는 이들에 대한 통일 초기의 지원 방안과 수준이 의미하는 바가 크다는 것이다. 즉, 이들에 대한 구체적인 지원 수준은 북한 주민으로 하여금 통일(사회복지)에 대한 기대감과 충족감을 1차적으로 판단하는 기준이 된다. 왜냐하면 이들 역시 엄연한 가족을 구성하고 있기 때문이다. 다시 말해 이는 수급자가 가족을 구성하고 있기 때문에 비록 복지수급은 가족구성원 중의 일부가 한다 하더라도 그 효과나 파생되는 인식은 가족 구성원 전체에 영향을 준다는 것을 의미한다.

이에 따라 통일한국의 사회복지에서 남북한 사회복지제도의 통합보다 먼저 준비하고 통일 직후 신속히 집행해야만 하는 것은 바로 북한의 취약계층에 대한 '긴급구호 시나리오(프로그램)'이다. 이는 현재 북한 취약계층의 생존권의 심각성 정도를 의미한다. 때문에 이들이 당면한 삶의 현실을 결코 간과해서는 안 된다.

3. 통일 중기부터: 안정-이행-통합

남북한 사회복지의 통합과정에 있어서 제도적 결합 요소보다는 마찰 요소가 훨씬 많다. 다시 말해 사회복지체제의 경우 남북한은 공통분모보다는 이질적인 제도로 구성되어 있고 이것이 통합의 걸림돌로 작용한다. 예컨대 사회보장만 놓고 보면 자산과 소득을 기준으로 하는 남한의 국민기초생활보장제도를 북한에 적용할 경우 북한주민 대다수가 근로능력이 있고 근로를 하고 있음에도 불구하고 대상자가 된다. 또한 남한의 공적연금을 북한에 대입하면, 사회주의 체제의 임금과 노동관계는 국가와 근로자의 직접적인 고용관계임에 따라 제도의 운영원리상 북한근로자들은 우리로 보면 공무원연금 대상자이다. 또 남한의 고용보험의 경우 북한에는 개성공단 근로자와 라선과 같은 북한경제특구, 일부 외국기업 근로자를 제외하고는 적용되지 않는 부재한 제도이고 또 산재보험의 경우 남한과 달리 급여수준이 매우 낮다. 특히 보건의료제도의 경우 가입자부담인 남한의 건강보험과 달리 북한은 적어도 제도적으로 가입자 부담이 전혀 없는 무상치료제이다.

아울러 이러한 사회보장제도에 대한 북한의 급여수준은 남한과 달리 그 급여의 계상에 '국가사회적 공훈'이 포함·연계되어 계상·지급된다. 즉, 각각의 사회복지제도를 분리운영하고 있는 남한과 달리 통합 적용되는 형태로 전혀 다른 제도적 운영기준을 갖고 있어 통합에 상당한 난제로 작용할 것이다.

결국 남북한 사회복지 통합의 큰 방향은 북한에 대한 구호-안정-이행-통합의 순서 진행되어야 한다. 즉, 사회복지 통합에 대한 기준과 방식을 사전에 연구, 합의하여 통일 초기에는 취약계층에 대한 긴급구호 중심으로, 통일 중기부터는 자립과 자활을 추구하는 생활안정 정책중심으로, 그 이후부터는 통일한국 사회복지체제로 편입되는 체제이행 초기의 통합단계의 중심 순으로 점진적으로 접근해야 하고 이것이 지금 현재를 기준으로 가장 합리적인 통합 기준의 얼개이다.

Ⅸ. 통일 이전 과제: 조건과 환경 조성

1. 남북한 사회복지통합 전문가와 전문 연구기관 지정·육성

무엇보다 통일 이전에 정부는 통일사회복지 연구기관과 전문가를 육성하여 남북한 사회 복지제도 통합과 전략, 통일 이후 북한의 복지체제 전환 등을 연구해야 한다. 현재 극소수의 통일사회복지 전문가와 사실상 전무한 통일사회복지사로는 통일사회복지 연구와 실천을 현실적으로 뒷받침할 수 있는 여건과 능력이 매우 부족하다. 따라서 정부는 통일사회복지의 중요성을 인식하여 이러한 집단을 전략적으로 양성해야 한다. 이는 결국 통일사회보장에 대한 정책과 실천차원의 합리적인 아이디어를 제공하는 단초가 될 것이다.

특히 통일사회복지 전문 연구인력들을 통해 정부는 남북한 사회복지 통합 전략과 모형을 단계별·제도별·대상별 시나리오 등을 연구·제시해야 한다. 이를 통해 정부는 합리적인 남북한 사회복지통합 방안을 제시하여 통일의 후유증을 최소화해야 한다. 따라서 상술한 바와 같이 정부는 통일사회복지에 대한 연구기관과 연구 전문인력을 확보하여 중장기적으로 남북한 사회복지 통합모형과 통일한국의 복지국가 모형 등에 대한 연구를 통일 이전에 제시·완비해야 한다.

2. 통일사회복지사 양성: 통일복지 실천가 배출

상술한 문제의 연장선상에서 남북한 통일은 남북한 주민의 '동등한 삶의 질' 보장을 위한 복지문제가 필연적으로 가장 큰 화두가 될 수밖에 없다. 이에 따라 통일현실에서는, 남북한이라는 이질적인 두 집단의 내적통합을 위해 사회복지 전문가 그룹의 개입이 반드시 필요하다. 특히 이들은 구호상태인 북한의 경우에 더더욱 필요하고 이들은 소위 '통일의병'들이다.

하지만 통일 이전에 이러한 역할을 할 '통일사회복지사'가 양성되어 있지 못할 경우 우리의 통일복지 실천은 사실상 요원함을 인지해야 한다. 즉, 통일 이후 북한에서 북한주민의 구호와 서비스 활동을 할 사회복지 실천인력이 부족하다면, 정책적 집행은 사실상 불가능하다. 또한 이러한 경우 다양한 사회서비스 전달체계의 부재로 인해 혼란이 초래되고 그 효과도 상쇄된다. 결국 통일사회복지사가 부재할 경우 통일 이후 북한지역 복지현장에서 기존의 국제구호단체나 국제NGO전문가들에게 주도권을 빼앗기게 되는 결과를 초래하게 된다. 따라서 통일사회복지사는 통일실천가로서, 통일의병으로서 우리에게 반드시 필요한 전문 인력이자 자산이다. 역설적으로 만약 통일 전후에 이들이 존재하지 않는다면 아무리 합리적인 복지 통합방안도 실천적 차원에서는 한계가 존재할 수밖에 없다.

3. 남북한 복지통합 담당 준비기구 구성
    : 민·관·군·각 복지공단(공공기관) 협동

특히 상술한 문제의 연장선상에서 이러한 모든 것의 담당 주무기관인 보건복지부, 고용노동부 등 중앙행정기관은 이를 전담하는 부서를 신설하여 통합의 초석을 준비해야 한다. 또한 이러한 조직들은 주관 부서 간의 소통과 상호 연계를 통해 협력체제를 구축, 미래를 대비해야 한다. 아울러 이러한 조직은 일시적인 행정부서가 아니라 통일을 대비한 항구적인 조직으로 독자적이고 독립적인 부서를 완비해야 하고 궁극적으로 통일사회복지에 대한 '컨트롤 타워' 역할을 담당하는 중량감 있는 조직으로 육성해야 한다. 왜냐하면 통일사회복지 통합의 실제 내용을 결정·집행하는 곳은 중앙정부 내 담당부처이기 때문이다.

4. 통일 이전부터 대북 복지지원 사업을 실천하자
    : 유연하나 단호하게

무엇보다 남한정부는 남북한 사회복지 분야의 교류를 시도해야 한다. 이에 남한사회복지제도를 확충하여 사회안전망을 더욱 촘촘히 하고 복지사각지대를 최소화하는 동시에 남북한 사회복지 교류를 통해 북한주민의 복지현실과 욕구 등을 통일 이전에 파악하여 복지통합의 척도로 삼아야 한다.

또한 이를 기반으로 향후 지속적인 대북 지원을 통한 통일의 기대감과 북한주민의 자립·자활을 유도해야 한다. 역설적으로 대북지원을 통한 북한 취약계층 규모가 소규모화되거나 북한 보건의료망이 복구되어 원활하게 기능할 경우 통일복지 부문의 비용은 상쇄된다. 그러나 이와 반대로 북한이 지금과 같은 열악한 보건·복지 현실이 지속될 경우 통일복지 부문의 비용이 증가할 것이고 이 경우 통일정부의 부담으로 전가될 것이다. 이러한 점에서 통일 이전의 대북보건복지 교류와 지원은 사실상 복지통합을 위한 선행사업이다.

5. 통일 이전 사회복지 및 사회보장 분야의 교류[1)]

통일이 실현되었을 때 얼마나 빠르게, 그리고 안정적으로 통합체제로 이행할 수 있는가는 통일 이전에 남북 간의 격차를 얼마나 줄일 수 있는가에 달려있기 때문에 남북한 정치, 안보 문제와는 별도로 비정치분야인 사회복지·사회보장 분야에서 북한과 주기적으로 대화하고 교류할 수 있는 창구를 마련해야 한다.

아울러 사회보장제도 통합을 위해서는 남북한 제도간의 이질성을 충분히 고려한 통합방안이 필요한데, 이를 위해서는 통일 이전에 충분한 학술적 교류가 선행되어야 하며, 사회보장에 영향을 미치는 경제, 인구, 법제 등 다양한 정책적 협동연구가 요구된다.

---

1) 이철수 외,『통일 이후 북한 지역 사회보장제도: 통합기 단일체제』, 한국보건사회연구원, 2017, 18쪽.

X. 결론: 전략과 과제

본 연구는 연구주제인 남북한 사회복지 통합 쟁점에 대해 기존 연구 고찰과 논의의 전제를 시작으로 현존하는 남북한 사회복지제도를 놓고 각각 운영, 제도, 구성에 대해 쟁점별로 분석하였다. 그리고 이는 남북한 사회복지 제도를 기능별, 유사 급여별 비교를 통해 추출하였다. 아울러 이를 기초로 통일 직후 북한주민 구호단계에서 남북한 사회복지 제도 통합 방향을 제시하였다. 또한 남북한 사회복지 제도의 구성 쟁점을 놓고 제도별·사례별 예시와 분석을 통해 각각의 주요 쟁점과 해결방향에 대해 살펴보았다. 아울러 남북한 사회복지통합에 있어 매개적 수준에서 발생할 쟁점과 해결방향을 예시하였다.

구체적으로 남북한 사회복지 제도와 제도별 구성을 중심으로 요약하면 다음과 같다. 먼저 복지제도의 경우 첫째, 사회보험의 경우 남한은 5대 사회보험을 갖추고 있는 반면 북한은 크게 공적연금과 산재보험, 일부 경제특구 지역과 외국기업 사업장에서 제한적으로

적용되는 실업급여 성격의 보조금, 무상치료제로 대표되는 보건의
료제도가 각각 존재한다.

이에 남북한 사회보험제도는 상호 동질적인 제도와 이질적인 제
도, 제도적 취지가 동일하지만 다른 형태로 존재하는 제도, 한쪽에
는 존재하지만 다른 한쪽에는 부재한 제도 등으로 구분된다. 그리고
이러한 거시적 수준의 제도적 공통점과 차이점, 특정제도간의 미시
적 수준의 부분적 공통점과 부분적 차이점은 향후 남북한 사회복지
제도통합의 걸림돌로 작용할 것이다.

둘째, 공공부조의 경우 남한은 다양한 형태의 제도와 프로그램이
존재하는 반면 북한은 이와 정반대로 사실상 부재한 제도이다. 하지
만 북한의 공공부조의 제도적 부재 원인은 무엇보다 의식주 배급제
에 기인한다고 판단된다. 즉, 북한은 의식주 배급제로 인해 공공부
조 대상자가 적어도 제도적으로는 존재하지 않고 이로 인해 남한과
같은 저소득층의 자활을 위한 제도가 필요치 않다고 보고 있다.

아울러 북한의 입장에서 이러한 제도는 빈곤을 스스로 인정하게
됨에 따라 사회주의 체제우월성에 반하는 제도이기도 하다. 따라서
북한은 과거에도 그러했듯이 향후에도 빈민구호와 같은 공공부조제
도가 공식적으로 존재하지 않으리라 판단된다. 결국 이는 남북한 사
회복지 제도통합의 걸림돌로는 작용하지 않겠지만 남한의 입장에서
는 다소 부담되는 부문이다.

셋째, 사회보훈의 경우 남북한 모두 공존하는 제도이나 북한은 사
회보훈이 개인의 모든 복지급여에 통합 계상되어 남한과 다른 형태
로 존재한다. 이는 사회주의 국가의 고유한 특성이기도 하다. 그러
나 이는 남북한 사회복지 제도통합의 갈등요소로 작용할 가능성이

있다. 즉, 남북한 사회복지 제도통합의 기준선을 제시하는데 장애요소로 작용할 것이다.

넷째, 사회서비스의 경우 남한은 요보호 대상에 따른 다양한 제도가 전문화되어 있다. 반면 북한은 남한과 같이 요보호 대상에 대한 보호를 제도적으로 보장하고는 있지만 시설보호서비스 중심이다. 즉, 북한은 남한과 같이 양적 · 질적으로 온전한 서비스 체제나 지역사회복지 네트워크가 남한에 비해 상대적으로 부족하다. 따라서 이는 남북한 사회복지 제도통합의 갈등요소로 크게 작용하지는 않겠지만 북한지역의 서비스를 구비하는데 상당한 시간과 인력, 재원과 조직이 필요한 부문이다.

다음으로 분야별 구성의 경우 첫째, 적용대상의 경우 크게 남한은 가입자와 요보호자 중심인 반면 북한은 무엇보다 고용인구를 제일의 중심으로 한다. 둘째, 급여계상의 경우 남한은 각 제도별로 분리계상하는 반면 북한은 이와 정반대로 통합 계상하는 형태이다. 셋째, 급여종류의 경우 남한은 위험과 대상별로 다양한 급여가 존재하는 반면 북한 역시 위험과 대상별로 대응은 하지만 남한에 비해 급여가 상대적으로 단순하다. 넷째, 급여지급 기준의 경우 남북한 어느 한쪽의 우위를 떠나 제도별로 동질성과 이질성이 공존하나 양자의 범위에 있어 상대적으로 이질성이 동질성보다 크다. 다섯째, 급여수준과 지급기간의 경우 남한이 북한에 비해 상대적으로 월등한 우위를 점하고 있다. 여섯째, 재정부담의 경우 남한이 각 제도별로 가입자의 소득과 자산에 따라 차등부과하고 있거나 빈곤층의 경우 무기여인 반면, 북한은 각 제도에 상관없이 소득과 개별 사업장의 수익에 따라 통합부과하고 있고 일부 계층이 대해 무기여이다. 일곱째, 관리운영의 경우 남한이 각 제도별로 독립된 운영체제를 갖고 전문화된 반면 북한은 이와 달리 기본적으로 단일한 통합운영 체제를 갖고 있다.

마지막으로 이를 근거로 남북한 사회복지 통합에 대한 함의를 제시하면 다음과 같다. 남북한 사회복지 통합기준은 북한사회복지 실제에 대한 평가를 기반으로 통일 이후의 점진적으로 추진하는 것이 바람직하다고 판단된다. 무엇보다 이는 현재의 남북한 복지환경과 제도, 정보, 복지통합의 조건 등을 근거로 할 때 통일 직후 즉각적인 통합이 사실상 불가능하다는 현실적인 진단에 따른 것이다. 특히 북한의 경우 사회복지 제도와 현실의 심각한 괴리가 존재하고 한편으로 남북한의 현격한 소득과 복지의 격차문제는 또 다른 문제를 양산하고 있다. 반면 남한은 다양한 제도적 변화를 추동하고 있는 복지현실이 남북한 사회복지 통합의 장애요소로 지적된다.[1] 아울러 다른 한편으로 무엇보다 분명한 것은 남북한 사회복지 제도통합 이전에 북한의 취약계층의 구호가 통일 직후 급선무라는 것이다.

결국 남북한 사회복지 제도통합은 통일시점 당시의 남북한 복지상황과 복지 현실, 경제수준에 근거한 기준에 의거할 개연성이 있다. 다른 한편 이러한 이유로 남북한에서 각각 다른 형태로 상존하는 다양한 사회복지제도의 변화 범위와 폭은 남북한 사회복지 통합요소와 직결되는 사안으로 작용할 것이다. 이러한 점에서 무엇보다 남북한 사회복지 통합에 대한 지속적인 관찰과 준비가 통합의 안정성과 합리성을 담보하는 지렛대가 될 것이다.[2]

---

1) 이철수, "남북한 사회복지 통합에 대한 소고", 『동북아연구』 30(1), 2015, 162~163쪽.

한편 이를 근거로 남북한 사회복지 '제도통합' 전략과제를 통시적 · 병렬적으로 제시하면 다음과 같이 요약된다. 첫째, 노동소득과 복지소득(자산)이 실현가능하고 합리적인 남북한 사회복지 통합방안 전략 도출[3], 둘째, 통일에 따른 사회복지 제도 부문의 국민적 불안감과 후유증의 최소화, 셋째, 제도별 · 단계별 · 대상별 통합(방식 · 모형): 구호-안정-이행-통합 시나리오 사전 대비, 넷째, 남북한 주민의 통일에 대한 심리적 · 경제적 기대감 충족 · 불안감 해소 방안, 다섯째, (남)북한 주민의 사회안전망 확충과 북한주민의 생활 안정과 지원, 여섯째, 이를 통해 궁극적으로 통일한국의 복지모형 연구 · 제시이다.

또한 무엇보다 중요한 것은 이를 실현하기 위한 '실천적 과제'인데, 이는 다음과 같이 정리된다. 첫째, 무엇보다 남한의 제도적 우위를 유지 및 발전시키고 사회복지 분야의 교류를 시도해야 한다. 이에 남한사회복지제도를 확충하여 사회안전망을 더욱 촘촘히 하고 복지사각지대를 최소화하는 동시에 남북한 사회복지 교류를 통해 북한주민의 복지현실과 욕구 등을 통일 이전에 파악하여 복지통합의 척도로 삼아야 한다.

둘째, 향후 지속적인 대북 지원을 통한 통일의 기대감과 북한주민의 자립 · 자활을 유도해야 한다. 역설적으로 대북지원을 통한 북한 취약계층 규모가 소규모화되거나 북한 보건의료망이 복구되어 원활

---

2) 앞의 책, 163쪽.
3) 가령 이는 북한 근로자를 가구별, 세대별로 통일 이후 통합적 소득보장정책을 적용하되, 이 때에 평균 임금액에 따른 근로소득과 통일 이후 지급받는 복지소득, 통일 이후 (재)평가된 자산소득 등 총소득에 근거하여 개인별 각종 제도별 복지(수급)급여를 계상하자는 것이다.

한 기능을 할 경우 통일복지 부문의 비용은 상쇄된다. 그러나 이와 반대로 북한이 지금과 같은 열악한 보건·복지 현실이 지속될 경우 통일복지 부문의 비용이 증가할 것이고 이 경우 통일정부의 부담으로 전가될 것이다.

셋째, 이에 따라 향후 대북 지원은 전략적으로 지역·계층·대상·분야를 더욱 확대해야 한다. 특히, 북한은 식량부족으로 인한 북한 청소년의 성장장애, 발달장애, 높은 유아사망율과 장애아 출산율 등은 통일 이후 고스란히 통일정부의 비용지출을 더욱 야기할 것이다. 이 경우 통일정부는 현재보다 높은 비용을 지출할 수밖에 없다. 이러한 점에서 대북지원의 확대는 민족복지차원의 미래형 투자임을 인지해야 한다.

넷째, 사회복지의 개인책임 강화를 통한 북한주민 복지인식 확장을 유도해야 한다. 이는 현재 변화한 북한 주민의 복지인식을 더욱 고착화하는 것을 의미한다. 또한 이를 통해 통일 이후 불필요한 복지부문의 지출을 사전에 방지하자는 것이다.

다섯째, 통일사회복지 연구기관과 전문가 육성하여 남북한 복지제도 통합과 전략·체제전환 등을 연구해야 한다. 현재 극소수의 통일사회복지 전문가와 전무한 통일사회복지사로는 통일사회복지 실천을 현실적으로 뒷받침할 수 있는 여건과 능력이 매우 부족하다. 따라서 통일사회복지의 중요성을 인식, 이러한 집단에 대해 정부는 전략적으로 양성해야 한다.

여섯째, 특히 이러한 모든 것의 담당 주무기관인 보건복지부, 고용노동부 등 중앙행정기관은 이를 전담하는 부서를 신설하여 통합의 초석을 준비해야 한다. 또한 이러한 조직들은 주관 부서 간의 소통과 상호 연계를 통해 협력체제를 구축, 미래를 대비해야 한다. 아울러 이러한 조직은 일시적인 행정부서가 아니라 통일을 대비한 항구적인 조직으로 독자적이고 독립적인 부서를 완비해야 하고 통일사회복지에 대한 '컨트롤 타워' 역할을 담당하는 중량감 있는 조직으로 육성해야 한다. 통일사회복지 통합의 실제 내용을 결정하는 곳은 중앙정부 내 담당부처이기 때문이다.

일곱째, 이러한 재원들을 통해 정부는 남북한 사회복지 통합 전략과 모형을 단계별·제도별·대상별 시나리오 등을 연구·제시해야 한다. 이를 통해 정부는 합리적인 남북한 사회복지통합 방안을 제시하여 통일의 후유증을 최소화해야 한다. 따라서 정부는 통일사회복지에 대한 연구기관과 연구인력을 확보하여 중장기적으로 남북한 사회복지 통합모형과 통일한국의 복지국가 모형 등에 대한 연구를 통해 통일 이전에 이를 완비해야 한다.

나아가 이러한 연구는 남북한 사회복지통합을 거시적-미시적 수준에 천착되지 않고 실질적으로 집행가능한 제도와 현실적으로 적용 가능한 세부 프로그램으로 발전시킬 수 있는 다양한 시나리오에 의거하여 다층전략을 준비해야 한다. 따라서 우리는 이것이 사실상의 통일준비에 해당됨을 인지하고 이에 대한 역량을 꾸준히 강화해 나가야 한다.

결국 통일에 대한 '민족복지' 차원의 과제인 통일사회복지는 아무리 강조해도 지나치지 않으며 아무리 준비해도 부족한 것임을 인지하고 향후에는 이를 실천하는 방향으로 사고와 행동의 '중심 축'을 전환해야 한다. 이에 종국에 통일한국의 성공과 실패는 단언컨대, 통일사회복시(사)에 달려 있다고 해도 과언이 아니다.

미시적 수준의
주요 쟁점과 해결방향

1. 통일 전(준비-지원-구호)

2. 통일 직후(지원-구호-재건)

3. 통일 중기(재건-안정)

4. 통일 말기(이행-통합)

* 미시-행위적 수준의 주요 쟁점은 현행 남한사회복지제도를 중심으로 통합할 경우 발생하는 문제들을 중심으로 접근한 것임

* 또 상기 통일·통합 과정을 배경으로 접근·정리한 것임

* '□' 표기의 관련 내용은 해당 제도의 주요 이슈임

1. 공적연금제도

□ 남한의 5가지 공6적연금, 북한 3가지 공적연금

　　: 북한-국민연금, 사학연금, 우체국연금 부재

구분	남한	북한	주요 쟁점
관련법령	· 국민연금법 · 공무원연금법 · 군인연금법 · 사학연금법 · 별정우체국법 등 각각 시행령, 시행규칙 존재)	· 사회보험법(46) · 노동법(78) · 사회보장법(08) · 사회보장법시행규정(08) · 사회보험규정(08) 등	· 적용대상의 분리운영과 통합운영 · 법 체계와 운용의 차이 현격 *북한의 법적 수준 미흡 *북한: 임노동관계로 접근하면 가입자가 남한의 공무원연금에 해당
종류	· 대표적인 상기 직종별 5가지	· 노령연금(년로연금) · 국가공로자연금 · 영예군인연금 (*사회보훈 성격·기능 중복)	· 종류의 차이 · 남한: 수평적 　/ 북한: 수직적 · 북한: 사학연금, 우체국연금 부재
적용대상	· 상기 직종별 가입자 -국민연금 : 직장·지역가입자로 구분 -근로여부에 따라 납부예외자 발생	· 상기 직종별 가입자 *가입기간 중 포상, 국가공로자연금	· 북한: 의무가입, 납부예외자 거의 전무
급여종류 급여수준 급여조건	· 현금급여중심 (장기급여, 단기급여) · 제도별로 분화, 상대적으로 급여종류의 다양성 · (명목)소득대체율: 국민연금 45% 공무원연금 51% (2018년 기준) · 국민연금, 공무원연금, 사학연금, 별정우체국연금: 10년 이상, 군인연금: 20년 이상 가입	· 현금, 현물(식량)급여 혼합 · 소득대체율: 40-90% · 노령연금 : 남자 20년, 여자 15년 · 월 기본임금 60-70%, 식량 1일 3-400g 지급 · 군인연금: 20-30년	· 북한: 현물급여가 존재 · 급여수준의 질적 차이 · 가입기간의 차이 발생 *북한의 경우 실제 노후보장 효과 미비

구분	남한	북한	주요 쟁점
재정부담	· 국민연금: 가입자, 사업자 각각 4.5%씩 부담(9%) · 군인연금: 가입자, 정부 각각 7%씩 부담(14%) · 공무원연금: 가입자, 정부 각각 9%씩 부담(18%) · 사학연금: 개인 9%, 정부는 교원에 대해 3.706%, 법인은 교원에 대해 5.294%, 법인은 직원에 대해 9%(18%, 2020년 기준)	· 개인: 월 임금의 1% · 사업장: 기업이윤의 7%	· 상대적으로 남한가입자의 부담이 높음 · 남한: 재정부담률 차이 발생
운영 및 전달 체계	· 적립방식과 부과방식 혼합 · 제도별 분리된 4개 전문운영 기관 (각 공단, 군인연금은 국방부에서 운영)이 독립 운영 · 보험료징수는 군인, 우체국연금 제외한 건강보험공단 통합 징수	· 부과방식의 성격이 강함 · 사회보험국, 지방인민위원회 등 *일반 행정기관	· 기금운영과 부과방식 방식 차이 발생 · 남한 : 전문 관리 운영체제 · 북한 : 일반 관리 운영체제

· 주: 북한의 노동성 사회보험 규정집은 국내 미공개.
· 출처: 각 연금공단 홈페이지, 이철수(2012) 참조.

2. 기초연금제도

□ 북한에 없는 남한의 제도를 북한에 도입할 것인가

구분	남한	북한	주요 쟁점
관련법령	· 기초연금법(14)	–	· 도입·보류·일부 계층만 적용 여부
적용대상	· 만 65세 이상(2019년 기준 768만 명)	–	· 만 65세 이상 대다수 북한 노인 자동 적용
급여종류 급여수준 급여조건	· 현금급여 · 소득인정액이 선정기준액(2019년 선정기준액 일반수급자 : 단독가구 137만 원, 부부가구 219만 2,000원) 이하인 노인(일반수급자) 월 최대 253,750원 지급 · 소득대체율: 약 10% · 만 65세 이상인 자 중 소득 하위 70%(약 522만 명)	–	· 기존 공적연금 수급자에 현금급여 이중 지원 문제 · 소득인정에 대한 선정기준액 통합 혹은 별도기준에 의거한 재산정 문제
재정부담	· 전액 국고 지원	–	· 통일 이후 북한 고령인구 유입으로 재정부담 증가
운영 및 전달 체계	· 신청: 공공행정기관, 국민연금공단 · 지급: 국민연금공단	–	· 북한 사회보험기관 활용, 별도 기관 조직할 여부 · 여타 복지기관 조직통합과 같은 방식·속도 적용 여부

출처: 보건복지부 기초연금 홈페이지(https://basicpension.mohw.go.kr/)

3. 고용보험제도

□ 북한에 없는 남한의 제도를 북한에 적용할 것인가

구분	남한	북한	주요 쟁점
관련법령	· 고용보험법 등(시행령, 시행규칙 존재)	–	· 도입·보류·일부 계층· 한시적 별도 기준 적용 여부
적용대상	· 만 65세 미만 · 1인 이상 사업장(근로자) · 자영업자의 경우 근로자를 사용하지 아니하거나, 50인 미만 근로자를 사용하는 자영업주(개인사업장은 사업주, 법인은 대표이사) *적용제외 사업: ①농업, 임업, 어업, 수렵업 중 법인이 아닌 자가 상시 4명 이하의 근로자를 사용하는 사업, ②건설업자 등이 아닌 자가 시공하는 총 공사금액 2천만 원 미만 공사, 연면적 100제곱미터 이하인 건축물의 건축 또는 연면적 200제곱미터 이하인 건축물의 대수선에 관한 공사, ③가구 내 고용활동 및 달리 분류되지 아니한 자가소비 생산활동 *적용제외 대상: ①65세 이후 고용되거나 자영업을 개시한 자, ②1개월간 소정근로시간이 60시간 미만인 자(1주간의 소정근로시간이 15시간 미만인자 포함), ③「국가공무원법」과 「지방공무원법」에 따른 공무원, ④「사립학교교직원 연금법」의 적용을 받는 자, ⑤외국인근로자, ⑥「별정우체국법」에 따른 별정우체국 직원	–	–
급여종류 급여수준 급여조건	· 현금(실업)급여, 고용안정사업, 직업능력개발사업, 모성보호급여 · 퇴사 전 3개월 평균임금의 50% *퇴사당시 나이별, 사업장규모별 구분 *2019년 기준 급여 상한액: 1일 66,000원, 하한액: 1일 60,120원 · 자영업자: 지급기간은 1년 이상 가입한 자 중 가입기간에 따라 90~180일	–	· 남한급여 적용 유지 가능 여부 · 실업급여의 적절성 여부 · 실업급여 지출 예상 *통일 이후 고용률에 따라 급여 발생 가능성
재정부담	· 근로자 0.65%, 사업주 0.65%, 총 1.3% · 고용안정, 직업능력개발사업 보험료율 "사업장규모"로 결정 · 자영업자: 2.25%(실업급여: 2%, 고용안정, 직업능력개발사업: 0.25%) · 보험료 종류: 개산보험료, 확정보험료, 특례보험료 존재	–	· 기존 북한 사회보험료에서 부담할 여부 · 별도의 기준에 의거· 부과할 여부 · 사업장 부담을 유예 여부

구분	남한	북한	주요 쟁점
운영 및 전달 체계	· 근로복지공단 · 보험료징수는 건강보험공단 통합 징수	–	· 북한의 행정기관 활용 혹은 별도 기관 조직 여부 · 근로복지공단으로 흡수가능 여부 · 기타 행정조직 통합과 같은 방식·속도 적용 여부

· 주: 참고로 개성공단, 라선경제특구 등 일부 외국기업 사업장에 퇴직보조금, 생활보조금, 최저임금 존재.
· 출처: 근로복지공단 홈페이지(http://www.kcomwel.or.kr)

4. 산업재해보상제도

□ 우월한 남한의 제도와 급여를 북한에 그대로 적용할 것인가

구분	남한	북한	주요 쟁점
관련법령	· 산업재해보상보험법 등 (시행령, 시행규칙 존재)	· 사회보험법(46) · 노동법(78) · 노동정량법(09) · 노동보호법(10) · 사회보장법(08) · 사회보장법시행규정(08) · 사회보험규정(08) 등	· 고용보험제도 쟁점과 동일
적용대상	· 1인 이상 사업장(근로자) *적용제외 사업: ①「공무원재해보상법」 또는 「군인연금법」에 따라 재해보상이 되는 사업, ②「선원법」, 「어선원 및 어선재해보상보험법」 또는 「사립학교교직원연금법」에 따라 재해보상이 되는 사업, ③가구 내 고용활동, ④농업·임업(벌목업 제외)·어업 및 수렵업 중 법인이 아닌 자의 사업으로서 상시근로자수가 5명 미만인 사업	· 전체 사업장	–
급여종류 급여수준 급여조건	· 현금급여 (장해급여, 유족급여, 휴업급여, 상병보상연금) · 의료급여(간병급여, 요양급여) *급여종류에 따라 수준과 조건 차이 (요양·보상으로 구분) (보상: 미취업기간급여, 장해·간병급여, 유족급여, 장의비)	· 노동능력상실연금 · 폐질연휼금 · 현금급여 · 현물급여(식량) · 의료보장급여	· 남한급여 도입 가능 여부 · 소급적용 민원 발생 가능
재정부담	· 업종별, 사업장별 규모에 의거 부담 (사업장별 차등제) · 매년 6월 30일 현재, 과거 3년간의 임금총액에 대한 보험급여 총액의 비율을 기초로 재해 발생의 위험성에 따라 분류된 업종별 보험료율을 세분화하여(보통 매년 12월 31일경 고시) 적용 · 보험료종류: 개산보험료, 확정보험료, 특례보험료 존재	· 공적연금과 동일	· 고용보험제도 쟁점과 동일
운영 및 전달 체계	· 고용보험제도와 동일	· 상동 · 의료기관 연계서비스 시행	

· 주: 북한의 노동성 사회보험 규정집은 국내 미공개.
· 출처: 근로복지공단 홈페이지(http://www.kcomwel.or.kr), 이철수(2012) 참조.

5. 의료보장제도

□ 남한의 건강보험제, 의료급여, 북한의 무상치료제를 어떻게 통합할 것인가

구분	남한	북한	주요 쟁점	비고
관련법령	· 건강보험법 · 의료급여법 등 　(시행령, 시행규칙 존재)	· 인민보건법(80) · 사회보험법(46) · 노동법(78) · 노동보호법(10) · 사회보장법(08) · 사회보장법시행규정(08) · 사회보험규정(08) 등	· 고용보험제도 쟁점과 동일 · 북한의 단일 국영보건의료 체제 · 북한 의료서비스 수준 의문 · 보편적 의료서비스 확대	· 북한보건의료의 현실 반영 · 긴급의료구호 대상 무상지원 · 의료서비스기반, 각종 질환예방, 전염병, 공중 보건위생 등 제도 이외의 문제 · 북한의료인력 재교육, 일정기간 협진체제 문제 · 의료용어, 의료교육 단일화문제
종류	· 크게 상기 제도 2가지	· 무상치료제	· 3가지 의료보장 제도 선택적 재정립	
적용대상	· 건강보험: 　지역, 직장가입자 · 의료급여: 극빈층 　(기초생활보장대상자)	· 전체 국민	−	
급여종류 급여수준 급여조건	· 현금급여, 현물급여 　(요양급여, 보험급여, 　포괄수가제) · 의료급여: 1종, 2종 구분 · 비급여항목 존재	· 현금급여, 현물급여 *제도적 의료서비스 수준, 의료욕구 의문	· 북한의 낮은 서비스 수준 등 *비고 내용 참조	
재정부담	· 직장가입자: 보수월액의 6.46%(2019년 기준) −근로자: 가입자, 사용자 각각 3.23%(총 6.46%) −공무원: 가입자, 국가 각각 3.23%(총 6.46%) −사립학교교원 가입자 3.23%, 사용자 1.938%(30%), 국가 1.292%(20%) · 지역가입자: 소득, 재산, 자동차, 생활수준, 경제활 동참가율 등을 토대로 세 대단위부과(경감율 존재) −국외근무자 경감: 　가입지 보험료의 50%	· 제도적으로는 없으나 실제 본인 부담 존재 · 사회보험료, 사회문화시책 비 지출 여부와 규모에 따 라 판단	· 고용보험제도 쟁점과 동일 · 건강보험공단으로 흡수가능 여부 · 기타 행정조직 통합과 같은 방식·속도 적용 여부 · 긴급의료지원 체계를 구축 여부	

구분	남한	북한	주요 쟁점	비고
	(국내에 피부양자가 있는 경우) –섬·벽지 경감: 　가입자 보험료의 50%, –군인 경감: 　가입자 보험료의 20% –휴직자 경감: 　최대 50%(단, 육아휴직 　자는 60%) –임의계속가입자 경감: 　50% –경감종류 중복 최대 　경감율은 50% 　(육아휴직자 60%) · 본인 일부 부담금 　(본인부담환급금)			
운영 및 전달 체계	· 건강보험: 건강보험공단 · 의료급여: 지자체	· 보건성 · 4단계 진료체계 · 호담당구역제		

· 주: 남한의 군복무자·교정시설 재소자의 경우 해당기간 동안, (미)취학생의 경우 교내·시설에서 상해발생시 일부 무상보건의료 적용.
· 출처: 건강보험공단 홈페이지(http://www.nhis.or.kr), 이철수(2012) 참조.

6. 요양보험제도: 남한-노인장기요양보험, 북한-간병요양보호

□ 비슷하나 서로 다른 제도를 어떻게 할 것인가

구분	남한	북한	주요 쟁점
관련법령	· 노인장기요양보험법 등 (시행령, 시행규칙 존재)	· 의료보장제도와 동일	· 고용보험제도 주요 쟁점과 거의 동일 · 사회보험 방식운영과 무상치료제 방식운영
종류	–	· 근로자요양의료봉사	–
적용대상	· 건강보험가입자와 동일하나 판정에 의해 수급권 부여 (1,2,3,4,5등급 판정)	· 판정에 의한 장기간병요양자	–
급여종류 급여수준 급여조건	· 재가노인복지시설: 방문요양서비스, 주야간보호서비스, 단기보호서비스, 방문목욕서비스 · 재가급여: 방문요양, 방문간호, 주·야간보호, 단기보호, 방문목욕, 기타 재가급여 · 시설급여: 노인요양시설, 노인요양공동생활가정 · 복지용구: 구입방식, 대여방식, 구입 또는 대여 · 특별현금급여(가족요양비): 수급자가 섬·벽지에 거주하거나 천재지변, 신체·정신 또는 성격 등의 사유로 장기요양급여를 지정된 시설에서 받지 못하고 그 가족 등으로부터 방문요양에 상당하는 장기요양급여를 받을 때 수급자에게 월 15만 원 지급 · 장기요양이 필요한 65세 이상 노인 및 치매 등 노인성질병을 가진 65세 미만자	· 재택간병보호	· 산업재해보상제도 쟁점과 거의 동일
재정부담	· 장기요양보험료: 건강보험료의 8.51%(가입자·사업장 각 4.255%) · 국가, 지방자치단체 부담 · 본인 익부 부담금	· 의료보장제도와 거의 동일 · 거택보호, 방문요양	· 의료보장제도 쟁점·비고내용과 거의 동일

구분	남한	북한	주요 쟁점
운영 및 전달 체계	· 의료보장제도와 거의 동일 · 노인요양시설, 노인요양공동 생활가정, 노인전문병원		

· 출처: 건강보험공단 노인장기요양보험 홈페이지(http://www.longtermcare.or.kr/)

7. 국민기초생활보장제도

□ 북한에 없거나 원리가 다른 남한의 제도를 북한에 그대로 적용할 것인가

구분	남한	북한	주요 쟁점
관련법령	· 국민기초생활보장법 등 (시행령, 시행규칙 존재)	-	· 고용보험제도 주요 쟁점과 거의 동일 · 북한의 배급제와 기능이 이와 거의 동일 · 북한의 의식주 배급제 기능을 대체할 수단 여부
적용대상	· 소득과 자산에 의한 소득인정액 판정 · 근로능력여부·연령 등에 관계없이 국가의 보장을 필요로 하는 급여종류별 최저보장 수준 이하의 모든 가구	-	· 남한중심으로 '덮어쓰기'식 통합시 대상자 상당수 증가 · 고용시장의 변화와 연계된 사안 · 소득인정액 기준에 대한 별도 기준 마련
급여종류 급여수준 급여조건	· 현금급여, 현물급여 · 생계, 의료, 주거, 교육, 해산·장제급여 -생계급여: 기준 중위소득 30%에 해당하 는 금액과 가구의 소득인정액과의 차액 을 지급 -자활급여: 저소득층 자활근로사업 운영 및 취·창업 지원 -의료급여: 근로능력 유무에 따라 1,2종 으로 구분하여 지급 -주거급여: 국토교통부 장관이 정하는 기 준에 따라 지급 -교육급여: 초·중·고 학생수급자 입학금, 수업료, 교과서대, 부교재비, 학용품비 지원 -해산·장제급여: 출산시 1인당 60만 원, 사망시 75만 원 지원(단, 교육급여만 받 는 수급자는 제외) · 소득인정액 최저생계비 이하인 자	-	· 배급제(식량·주택), 무상치료, 무상교육과 배치되는 문제 · 급여 중 배치되는 사안들의 변화에 따라 연계되는 문제 · 선별적으로 급여를 적용 여부 · 급여수준과 조건의 조정 문제 · 자활급여의 가능여부 · 해산·장제급여 조정 문제
재정부담	· 조세, 국고지원 및 지자체 일부 부담	-	· 재정증가 예상됨에 따라 재원 조달 문제
운영 및 전달 체계	· 보건복지부 · 지자체(시행주체)	-	· 북한의 행정기관 활용 혹은 별도 기관 조 직할 여부 · 기타 행정조직 통합과 같은 방식·속도 적 용 여부

· 주: 2018년 기준 남한 국민기초생활보장수급대상자 약 165만 명(116만 가구), 전
　　인구 대비 국민기초생활수급자의 비율인 수급률은 3.2%임. 수급자의 종류별
　　로 보면 일반수급자가 94.8%이며, 시설수급자는 5.2%임.(출처: 통계청 홈페
　　이지, 「국민기초생활보장수급자 현황」)
· 출처: 보건복지부(http://www.mw.go.kr)

8. 긴급복지지원제도

□ 북한에 없는 남한의 제도를 북한에 적용할 것인가

구분	남한	북한	주요 쟁점
관련법령	긴급복지지원법 등(시행령, 시행규칙 존재)	–	
적용대상	①위기상황 ②소득·재산기준 생계유지가 곤란한 저소득 가구	–	
급여종류 급여수준 급여조건	· 위기상황주급여, 부가급여, 민간단체연계지원으로 구분 · 1.금전 또는 현물(現物) 등의 직접지원 　①생계지원: 식료품비·의복비 등 생계유지에 필요한 비용·현물 지원, ②의료지원: 각종 검사·치료 등 의료서비스 및 약제비 지원, ③주거지원: 임시거소(臨時居所) 제공 또는 이에 해당하는 비용 지원, ④사회복지시설 이용 지원:「사회복지사업법」에 따른 사회복지시설 입소(入所)·이용, 서비스 제공이나 이에 필요한 비용을 시설의 운영자에게 지원, ⑤교육지원: 초·중·고등학생의 수업료·입학금·학교운영지원비·학용품비 등 필요한 비용지원, ⑥그 밖의 지원: 연료비 등 그밖에 위기상황의 극복에 필요한 비용 또는 현물 지원 · 2.민간기관·단체와의 연계 등의 지원(대한적십자사, 사회복지공동모금회 등의 사회복지기관·단체와의 연계 지원, 상담·정보제공, 그 밖의 지원) ①생계지원: 1인(441,900원), 2인(752,600원), 3인(973,800원), 4인(1,194,900원), 5인(1,415,900원), 6인(1,636,900원), ②의료지원: 300만 원 한도(1회 추가지원), ③주거지원(최대 12개월): 대도시 4인기준(643,200원), ④사회복지시설이용지원(최대 6개월): 4인기준(1,450,500원), ⑤교육지원(생계·의료·시설이용지원을 받고 있는 경우 최대 2회, 주거지원을 받고 있는 경우 최대 4회): 초등(221,600원), 중등(352,700원), 고등(432,200원), 수업료·입학금. · ①위기상황: 주 소득자의 사망·가출·행방불명·구금 시설 수용 등 사유로 가구원 소득이 최저생계 이하인 경우, 중한 질병·부상을 당한 경우, 가구원으로부터 방임·유기되거나 학대 등을 당한 경우, 가정폭력·가구원으로부터 성폭력을 당한 경우, 화재 등으로 거주하는 주택·건물에서 생활하기 곤란한 경우, 그 밖에 보건복지부장관이 정하여 고시한 경우, 이법의 취지에 반하지 않은 범위에서 지자체장이 인정한 경우. ②소득·재산기준 　-소득: 중위소득 75%(1인 기준 128만 원, 4인 기준 346만 원) 이하 　-재산: 대도시(1억 8800만), 중소도시(1억 1800만), 농어촌	–	· 고용보험제도 쟁점과 거의 동일 · 현재 상황에서 필요하지만 이를 시행할 조건 문제 · 현재 상황에서 북한 취약계층 대다수가 대상 · 국민기초생활보장제도 쟁점과 거의 동일 · 선 지원 후 조사방식에서 후 조사의 문제

구분	남한	북한	주요 쟁점
	(1억 100만 원) 이하, 금융재산: 500만 원 이하 *위기발생 시 상기 급여 복합 지원 가능		
재정부담	· 국고지원	–	
운영 및 전달 체계	· 선 지원 후 조사 방식, 단, 허위사실일 경우, 규정 위반 시 형사 처분 · 보건복지부, 지자체	–	

· 출처: 보건복지부(2019), 『2019 긴급지원사업 안내』.

9. 사회보훈제도

□ 북한의 기준급여, 급여종류, 급여수준을 인정할 것인가

구분	남한	북한	주요 쟁점
관련법령	· 국가유공자예우 및 지원에 관한 법률 등 보훈관계법령 (시행령, 시행규칙 존재) · 의료급여법	· 사회보험법(46) · 노동법(78) 등 · 사회보장법(08) · 사회보장법시행규정(08) · 사회보험규정(08) 등 *대상별 분화	· 법적 구체성
적용대상	①독립유공자, ②국가유공자, ③지원대상자, ④보훈보상대상자, ⑤참전유공자, ⑥5.18민주유공자, ⑦고엽제후유(의)증, ⑧특수임무유공자, ⑨제대군인 *유공자 본인·유족·배우자·자녀 일부 포함	· 국가공로자 (공훈·포상에 의거한 순위) *근로 중 공훈·포상에 의한 승급 (노령연금→국가공로자연금)	· 일부 적용대상의 상호 적대성
급여종류 급여수준 급여조건	· 현금급여·현물급여·의료급여 등 · ①보훈급여금(+보훈보상금), ②교육지원, ③대부지원, ④의료지원, ⑤생업지원 및 그 외 지원, ⑥이동보훈복지서비스 *생활수준조사를 통해 생활조정수당지급, 교육지원, 요양지원 등 생활수준에 따라 필요한 지원 · ①연금·(사망)일시금·수당, 대상자에 따른 등급 구분 지급(최고: 독립유공자 본인 월5,714,000원+월2,325,000원, 최저: 보훈보상대상자 상이자 7급 월317,000원), ②특별전형, 학비면제, 보훈장학금, 학습보조비 등, ③주택대부, 사업대부, 생활안전대부 지원, ④무료진료, 의료급여, 입원·외래치료, 보장구 등, ⑤요양보호, 정양보호, 취업지원, 직업교육훈련, 공공시설 입점 우선지원 등, ⑥가사·간병재가복지서비스 · 적용대상 판정을 받은 본인,	· 현금급여, 현물급여, 주택지원, 각종 포상 · ①국가공로자연금, ②영예군인연금, ③유가족연금(3종류) · ①1일 식량 600g, 최종급여의 월 60% 이상 각각 지급, 최고–최근 급여의 100%현금 급여, 현직에 있는 공로자가 질병으로 2개월 이상 노동능력을 상실한 경우 최근 1개월 급여 100% 지급, 공로자 사망시 장례금, 유가족의 연로·부상·질병 노동능력상실, 사망시 공로자연금 50% 지급(증여), ②직무와 폐질정도에 따라 4등급으로 분류 직무관련 임금의 40~90%, 직무 무관 35~65% 각각 지급, ③유가족 수에 따라 직무관련 사망시 최근 1년간 평균임금연액의 40~90%, 직무무관 사망시 근속기간 평균임금연액 일정비율 일시금 각각 지급 · ①훈·포장 등급에 따른 구분,	· 제도적으로 일부 북한우위 · 현재 근로중인 북한공로자 조정문제 · 북한공로자 월급여 공로계상 문제 · 급여지급기준 재설정 · 급여수준조정 · 경과조치여부

구분	남한	북한	주요 쟁점
	유가족, 자녀	②직무관련·무관, 부상·장애, ③직무관련·무관 사망 판정 받은 본인·가족	
재정부담	· 국고지원	· 국고지원	· 재정증가예상
운영 및 전달 체계	· 국가보훈처 · 한국보훈복지의료공단 · 보훈병원·민간지정병원 · 급여에 따른 해당 지급기관	· 일반 행정기관, 사회보험기관, 의료기관 등	· 국민기초생활 보장제도쟁점과 거의 동일

· 주: 남한의 경우 시설이용우대, 제세공과금우대, 장례지원, 국립묘지안장, 유해
  봉환 및 묘소관리서비스가 추가.
· 출처: 국가보훈처(http://www.mpva.go.kr), 한국보훈복지의료공단(http://www.bohun.or.kr),
  이철수(2012) 참조.

10. 장애인연금 · 장애(아동)수당제도

□ 북한에 없는 남한의 제도를 북한에 적용할 것인가

구분	남한	북한	주요 쟁점
관련법령	· 장애인연금법 등(시행령, 시행규칙 존재)		
적용대상	· 만 18세 이상의 등록한 중증장애인 중 본인과 배우자의 소득인정액이 선정기준액 이하인 자(직역연금을 받을 자격이 있는 사람과 그 배우자, 또는 직역연금을 받은 사람과 그 배우자는 대상에서 제외)		
급여종류 급여수준 급여조건	· 현금급여 · 기초급여: 근로능력의 상실 또는 현저한 감소로 인하여 줄어드는 소득을 보전해주기 위하여 지급하는 급여로 소득보장 성격의 연금임. (기초연금과 동일한 성격) · 부가급여: 장애로 인하여 추가로 드는 비용의 전부 또는 일부를 보전해주기 위하여 지급하는 급여로 추가지출비용 보전성격의 연금. · 기초급여(18~64세): ①생계·의료급여수급자 300,000원 　(최고지급액 지준) ②차상위계층~소득하위 70% 253,750원 　(최고지급액 지준) · 부가급여(18세 이상): 장애인연금수급자 중 국민기초생활보장 수급자와 차상위계층, 차상위 초과자(20,000~380,000원) · 2014년 종전 장애수당을 장애인연금과 장애수당으로 재편 －장애수당(기초): 만 18세 이상의 경증(3~6급)장애인으로 국민기초생활보장 생계 또는 의료급여 수급자에게 월 4만 원(재가), 월 2만 원(시설) 지급 －장애수당(차상위 등): ①만 18세 이상의 경증(3~6급)장애인으로 국민기초생활보장 주거 또는 교육급여 수급자(생계·의료급여 미수급자) 및 차상위계층에게 월 4만 원 지급, ②만 18세 미만의 장애아동(1~6급)으로 국민기초생활보장 수급자(생계, 의료, 주거, 교육) 및 차상위계층에게 장애아동수당(2~20만 원) 지급 · 장애판정과 등급기준에 의한 지급 *장애인연금액(기초급여와 부가급여 포함)은 국민기초생활보장제도의 소득평가액 산정 시 제외	· 후면 장애인 복지서비스와 거의 동일	· 긴급복지지원제도 쟁점과 거의 동일 · 급여의 경우 소급 적용 민원 발생 가능

구분	남한	북한	주요 쟁점
재정부담	· 국고지원		
운영 및 전달 체계	· 보건복지부, 지자체		

· 주: 북한의 폐질연금, 노동능력완전상실연금, 영예군인연금의 경우 일부 장애인
　　연금(후천적)의 성격과 기능이 별도 중복 존재.
· 출처: 보건복지부 장애인연금 홈페이지(http://www.bokjiro.go.kr/pension/index.do);
　　보건복지부(2019), 『2019 장애인연금 사업안내』.

11. 재해구호제도

□ 북한에 없는 남한의 제도를 북한에 적용할 것인가

구분	남한	북한	주요 쟁점
관련법령	· 재해구호법 등(시행령, 시행규칙 존재)	–	· 긴급복지지원제도 쟁점과 거의 동일
적용대상	①이재민, ②일시대피자, ③심리회복지원 대상자 ④기타(불법체류자를 제외한 국내거주외국인 등)	–	
급여종류 급여수준 급여조건	· 현금급여, 현물급여(응급구호, 재해구호) 등 · 1. 임시주거시설 제공, 2. 급식·식품·의류·침구 그 밖의 생활필수품 제공, 3. 의료서비스 제공, 4. 감염병 예방 및 방역활동, 5. 위생지도, 6. 장사(葬事) 지원, 7. 심리회복지원 · 구호기관은 필요하다고 인정하면 이재민에게 현금을 지급하여 구호 가능 · 이재민의 피해정도 및 생활정도 등을 고려, 6개월 이내(단, 구호기관이 이재민의 주거 안정을 위하여 필요하다고 인정하는 경우 구호기간 연장 가능) · 구호기관이 구호를 행하기 위하여 사용한 타인 소유의 토지, 건물 및 의료·방역·급식 또는 물자 사용에 대한 손실 보상	–	
재정부담	· 국고지원	–	
운영 및 전달 체계	· 배분위원회, 구호기관, 지역구호센터	–	

· 주: 1) 북한의 경우 자연재해나 천재지변으로 인한 구호상태인 경우 자체 지원하고 있음
　　 2) 북한은 2012년의 경우 자연 재해로 피해를 입은 북한 주민의 수가 313만 7,550명이며, 이 가운데 147명이 사망하였는데, 이는 북한 총 인구수 2,400만 명 (2012 통계자료)중 약 13%가 자연재해로 피해를 입은 것임(국제적십자연맹 IFRC '2012-2015 대북 사업 계획' 보고서)
· 출처: 행정안전부(2018), 『2018 재해구호계획 수립지침』;「재해구호법」·「재해구호법시행령」·「재해구호법시행규칙」참조.

12. 근로장려세제

□ 북한에 없는 남한의 제도를 북한에 적용할 것인가

구분	남한		북한	주요 쟁점
관련법령	· 조세특례제한법 제100조(시행령, 시행규칙 존재)		–	· 고용보험제도 주요 쟁점과 동일
적용대상	· 근로빈곤층(열심히 일은 하지만 소득이 적어 생활이 어려운 근로자, 종교인 또는 사업자(전문직 제외) 가구		–	· 남북한 경제력차 이에 의거, 북한 근로층 절대 다수 해당 · 별도 적용대상 기준과 원칙을 마련할 필요성 여부
급여종류 급여수준 급여조건	·현금급여(가구원 구성 및 총소득에 따른 차등급여) ·가구원 구성에 따른 총소득기준금액 및 최대급여액		–	· 여타 급여와 중복 지급 가능성 여부 · 이로 인해 각종 현금급여와 더불어 다층급여 가능성 · 부정수급 가능성 여부 · 별도의 급여지급 기준과 수준 마련할 필요성 여부

급여종류 / 급여수준 / 급여조건 세부표

가구원 구성	총급여액 등	근로장려금
단독 가구	400만 원 미만	총급여액 등 x 400분의 150
	400만 원 이상 ~ 900만 원 미만	150만 원
	900만 원 이상 ~ 2천만 원 미만	150만 원 – (총급여액 등 – 900만 원) x 1천 100분의 150
홑벌이 가구	700만 원 미만	총급여액 등 x 700분의 260
	700만 원 이상 ~ 1천 400만 원 미만	260만 원
	1천 400만 원 이상 ~ 3천만 원 미만	260만 원 – (총급여액 등 – 1천 400만 원) x 1천 600분의 260
맞벌이 가구	800만 원 미만	총급여액 등 x 800분의 300
	800만 원 이상 ~ 1천 700만 원 미만	300만 원
	1천 700만 원 이상 ~3천 600만 원 미만	300만 원 – (총급여액 등 – 1천 700만 원) x 1천 900분의 300

구분	남한	북한	주요 쟁점
재정부담	· 국고지원	–	· 상당한 재정부담 증가우려

구분	남한	북한	주요 쟁점
운영 및 전달 체계	· 국세청 · 전화, 휴대폰, 인터넷, 세무서 방문 등의 방법으로 신청 후, 조건 충족되면 국세청으로부터 계좌입금	-	· 적용·집행가능 여부 · 북한 행정기관이 대행 가능한지 여부 · 국민기초생활 보장제도 주요 쟁점과 동일

· 출처: 국세청 근로장려세제(http://www.eitc.go.kr); 「조세특례제한법」·「조세특례제한법시행령」·「조세특례제한법시행규칙」 참조.

13. 노인복지서비스

□ 북한과 다른 남한의 제도를 북한에 적용할 것인가

구분	남한	북한	주요 쟁점
관련법령	· 노인복지법 등(시행령, 시행규칙 존재)	· 노동법(78) · 연로자보호법(07) 등 · 사회보장법(08) · 사회보장법시행규정(08) · 사회보험규정(08) 등	
적용대상	· 급여에 따라 연령 구분(만60~65세 이상)	· 남여 60세 이상 · 노동연한을 마쳤거나 현재 일하고 있는 경우 남자 60세, 여자 55세	
급여종류 급여수준 급여조건	· 현금급여, 현물급여 등 · ①소득보충제도(노인일자리사업, 지역사회 시니어클럽, 노인취업지원센터), ②의료지원제도(노인건강진단, 노인안검진·개안수술, 치매상담센터운영, 치매정기검진·예방관리, 방문간호, 일부 건강보험 본인부담비 경감), ③재가노인복지서비스(가정봉사원파견사업, 독거노인생활관리사파견사업), ④노인복지시설보호사업(노인주거복지시설, 노인의료복지시설, 재가노인복지시설, 노인여가복지시설, 노인보호전문기관), ⑤경로우대제도(교통수당지급, 생업지원, 경로우대시설, 각종세제혜택, 부모봉양자에 대한 주택분양우선권 및 임대주택 우선 공급) · ①노인일자리(만 65세 이상, 사업종류·운영행태에 따라 만 60~64세도 가능), 지역시니어클럽(만 65세 이상, 지역 사정에 따라 60세 이상 노인도 가능), 노인취업지원센터(구직자: 만 65세 이상 취업희망노인, 지역사정에 따라 60세 이상 노인도 가능, 구인자: 노인취업희망업체·기관(단체)등), ②노인건강진단(65세 이상 국민기초생활보장수급·저소득노인 중 노인건강진단희망자), 노인안검진·개안수술(60~65세), 치매상담센터운영(치매로 의심되는 노인), 치매정기검진 예방관리(60세 이상 국민기초생활보	· 현금급여, 현물급여 등 · 연로자보호부문의 투자 · 공로연로자의 특별보호 · 연로자의 부양 · 가정부양, 사회적 부양, 국가적 부양 · 식료품·생활용품보장 · 년금·보조금보장 · 재산보호 · 건강보호 · 90세 이상 장수자 보호 · 문화정서생활보장 · 사회활동보장 · 사회적 우대 · 퇴직후 근무연장 · 연로자보호사업 · 공로연로자 국가적 포상 · 연로자보호기금 *권리보호·보장 성격이 강함	· 고용보험제도와 근로장려세제 주요 쟁점과 거의 동일 · 적용대상의 확대 · 북한근로노인층 다수 해당 가능 · 노인의 중복급여와 연계 서비스문제 · 시설과 기반, 전문인력 부족문제 · 상당한 재정부담 증가우려 · 운영과 전달체계 주요쟁점은 근로장려세제 내용과 거의 동일

구분	남한	북한	주요 쟁점
	장수급권자·차상위계층노인), 방문간호(저소득층노인), 일부 건강보험 본인부담비 경감(예: 75세 이상 임플란트 시술), ③가정봉사원파견사업(가정봉사, 상담·교육, 노인결연), 독거노인생활관리사파견사업(독거노인 개인별 맞춤형복지서비스), ④노인주거복지시설(양로시설등), 노인의료복지시설(노인요양시설, 노인전문병원 등), 재가노인복지시설(방문요양서비스 등), 노인여가복지시설(노인복지회관 등), 노인보호전문기관(노인학대예방센터 등), ⑤교통수당지급(65세 이상 교통수당), 생업지원(공공시설 내 식료품·사무용품등 일상생활용품의 우선판매배정), 경로우대시설(철도, 국내항공, 국내여객, 국공립공원 무료 및 할인), 각종세제혜택(상속세·소득세공제, 양도소득세면제, 생계형저축비과세), 주택우선분양(공공기관 건설주택 우선공급제도, 임대주택우선공급) · 통상 65세 기준적용이나 소득과 급여기능에 따라 60-65세 이상		
재정부담	· 국고, 지자체 지원(일부 본인부담금)	· 국고지원	
운영 및 전달 체계	· 보건복지부(①공공부조, ②의료보호, ③사회보험, ④노인복지서비스) · 서비스전달은 급여로 구분: 각 공공·민간 전문복지기관, 지자체, 병원 등	· 양로원·양생원 등 기관별 구분	

· 주: 1) 소득보충제도중의 하나인 기초연금, 의료보장제도중의 하나인 장기요양보험은 상기한 표 참조.
　　 2) 고용노동부(고령자고용연장지원금제도 등), 교육부(중고령자유아교육인력풀 등), 중소기업청(중고령자취업상담 서비스 등) 제외.
· 출처: 보건복지부(http://www.mw.go.kr), 고용노동부(http://www.moel.go.kr/), 교육부(http://www.moe.go.kr), 중소기업청(http://www.smba.go.kr), 「노인복지법」·「노인복지법시행령」·「노인복지법시행규칙」, 북한 「노동법」·「연로자보호법」 참조.

14. 여성복지서비스

□ 남한의 다양한 서비스를 북한에 적용할 것인가

구분	남한	북한	주요 쟁점
관련법령	· 여성발전기본법 등(시행령, 시행규칙 존재)	· 남녀평등권(46) · 노동법(78) · 가족법(90) · 여성권리보장법(10) 등	
적용대상	· 여성(근로여성, 임산부, 미혼모 등)	· 여성(성인 여성)	
급여종류 급여수준 급여조건	· 현금급여, 현물급여, 바우처, 상담서비스, 자립서비스, 보호서비스, 치료서비스 등 · ①소득보충제도(모성보호급여: 육아휴직급여, 산전후휴가급여, 근로시간단축급여액), ②의료지원제도(신생아집중치료실 확충, 구강사업, 불법 인공임신중절 예방, 난임부부 시술비 1회당 50만 원-신선배아 4회, 동결배아 3회, 인공수정 3회 지원, 마더세이프 프로그램, 임신·출산 진료비-국민행복카드, 산모·신생아건강관리사업, 산모영양관리, 방청소, 신생아돌보기, 자연분만 수가 인상), ③재직자 출산지원정책(스마트 워크센터, 가족친화인증기업 인센티브, 가족친화직장 조성, 공공부문 유연근무제, 가족친화경영 컨설팅, 장시간근로 본계획, 배우자 출산휴가 유급화 최대 10일, 난임치료휴가, 육아기 근로시간 단축제도, 육아기 근로시간단축청구권 최대 1년, 육아휴직급여 정률제, 육아휴직 복귀 인센티브, 육아휴직 시 건강보험료 경감도 50%에서 60%로 확대, 가족 품앗이 그룹 구성, 공동육아나눔터 운영, 직장보육시설 설치 및 운영지원 확대, 출산전후휴가 분할사용), ④지자체(국공립 보육시설 확충, 농어촌 등 분만 취약지 보건의료 인프라 지원, 출산장려 우수지역(지자체) 인센티브, 고위험 분만 통합치료센터 설치, 농어촌 소규모 보육시설 확충), ⑤저소득 여성가구주가구(한부모가족지원제도, 희망키움통장, 지역아동센터), ⑥여성복지시설(이주여성쉼터, 여성보호센터, 법무보호 여성지원센터), ⑦인권(양성평등기본법, 성별영향평가제도, 성폭력방지	· 현금급여, 현물급여 등 · 권리보장 · 남녀평등보장 · 의무교육보장 · 동일노동·동일임금 원칙 · 작업 중 수유시간 보장 · 산전(60일) 산후(180일) 휴가 총 240일(일시적 보조금) · 임신 중인 여성의 야간작업 금지 · 자녀가 있는 여성의 노동시간 단축(모성보호) · 교육·문화·보건의 권리 · 남편과 아내 권리 동등 · 인신불가침권 등 *권리보호·보장 성격이 강함	· 고용보험제도, 노인복지 서비스 주요쟁점과 거의 동일 · 산전후휴가 동일화 · 서비스 기반 사전 조성 관건 · 취약계층 여성 인구와 중복 · 대다수 여성이 긴급구호 대상임을 감안 사전 준비 필요

구분	남한	북한	주요 쟁점
	및 피해자보호 등에 관한 법률, 성폭력 예방교육, 건강가정기본법, 건강가정기본계획, 일제하 일본군위안부 피해자에 대한 생활안정지원 및 기념사업 등에 관한 법률, 일본군위안부피해자지원, 여성장애인 어울림센터, 성매매알선 등 행위의 처벌에 관한 법률, 성매매방지 및 피해자보호 등에 관한 법률, 이주여성긴급지원센터, 여성긴급전화 1366) · 급여수준: 대표적으로 육아휴직급여 경우(2019년), 육아휴직 시작일부터 첫 3개월까지는 통상임금의 80%(상한액 월150만 원, 하한액 월70만 원)을, 육아휴직 4개월째부터 육아휴직 종료일까지 통상임금의 50%(상한액 월120만 원, 하한액 월70만 원)을 지급. · 소득보충제도와 재직자 출산지원정책은 근로여성에게만 적용되는 반면 그 외 의료지원제도 등은 해당 위험의 발생여부 또는 욕구에 따라 보편적 또는 선별적 적용		
재정부담	· 국고, 지자체 지원(일부 본인부담금)	· 국고지원	
운영 및 전달 체계	· 중앙정부(여성가족부, 고용노동부), 지방정부(광역시도, 시군구, 읍면동), 병원 등	· 급여별 서비스기관 구분	

· 주: 북한의 「노동법」(1999년 수정) 제66조 산전(35일) 산후(42일) 휴가 보장, 「여성권리보장법」(2010년 제정) 제33조 산전(60일) 산후(90일) 휴가보장.
· 출처: 보건복지부(http://www.mw.go.kr), 여성가족부(http://www.mogef.go.kr), 고용노동부(http://www.moel.go.kr/), 「여성발전기본법·시행령·시행규칙」, 북한 「노동법」·「여성권리보장법」 등 참조.

15. 아동 · 청소년복지서비스

□ 남한의 아동 · 청소년복지를 북한에 적용할 것인가

구분	남한	북한	주요 쟁점
관련법령	· 아동복지법 등 (시행령, 시행규칙 존재)	·어린이보육교양법(76) ·노동법(78) ·아동권리보장법(10) 등	· 여성복지서비스 주요 쟁점과 거의 동일 · 서비스 시설 기반 선진화 조성 관건 · 취약계층 인구와 중복 · 현상황에서 북한아동 영양결핍, 성장장애 해결 관건 · 사실상 긴급구호 대상임에 따라 운영전달체계 사전 준비 필요
적용대상	· 영유아, 아동	·16세 이하 아동	
급여종류 급여수준 급여조건	· 현금급여, 현물급여, 바우처 등 · ①소득보충제도(양육수당), ②의료지 원제도(경증장애수당, 모성·영유아건 강관리, 미숙아의료비지원, 민간의료 기관 예방접종 지원, 발달재활서비스, 선천성이상아 의료비지원, 소아·아동 암환자 의료비지원사업, 언어발달지 원사업, 영유아 건강검진, 희귀난치 성질환자 의료비지원사업, 산모신생 아도우미), ③돌봄서비스(보육료지원, 유아학비, 아이사랑카드, 시간연장보 육료지원확대, 시간제보육바우처, 국 공립어린이집, 농어촌 소규모 보육시 설확충, 다문화가정 영유아보육서비 스, 다문화보육료지원사업), ④다자녀 가정지원(다자녀 공무원 가장의 퇴직 후재고용, 다자녀가정에 대한 세제지 원, 다자녀가정에 대한 주거안정지원), ⑤저소득·차상위가구(드림스타트, 디딤씨앗통장, 지역아동센터), ⑥아 동복지시설(아동양육시설, 아동일시 보호시설, 아동보호치료시설, 아동직 업훈련시설, 자립지원시설, 아동복지 시설현황 등에 대한 정보), ⑦장애아 동(장애아동양육수당, 발달재활서비 스사업, 장애아가족양육지원, 장애아 동수당, 장애아동의료재활시설, 장애아 동재활치료지원, 장애아보육료지원, 장애인의료비지원, 청각장애아동 인 공달팽이관 수술비지원) · 급여수준: 대규적으로 만 3-5세아	· 현물급여 · 무상탁아서비스 · 아동권리보장 · 교육·보건권리보장 · 물질적 보장 · 아동노동금지 · 11년 의무교육보장 · 장애아동보호 · 무의무탁아동보호 · 무상치료권 · 요양시설보호 · 영양제, 영양식품, 생활용품보장 · 차별금지 · 14세 이상 아동 변호인 방조 · 부부이혼시 아동양육비 보장 등 *권리보호·보장 성격이 강함	

구분	남한	북한	주요 쟁점
	(누리공통과정) 경우, 소득수준에 관계없이 유아학비 또는 보육료 직접 지원(단, 무상교육 기간은 3년 초과 불가) *보육료(어린이집), 양육수당(가정양육), 유아학비(유치원)는 중복 지원되지 않으며, 반드시 (학)부모가 서비스 이용을 신청해야 효력 발생함. · 그 외 서비스는 사업특성에 따른 선별적 적용		
재정부담	· 국고, 지자체 지원 (일부 본인부담금)	· 국고지원	
운영 및 전달 체계	· 중앙정부(보건복지부), 지방정부(광역 시도, 시군구, 읍면동), 아동·청소년 복지시설, 국립시립 및 민간 어린이집, 지역아동센터 등	· 국영 탁아소·유치원 · 육아원·애육원 시설	

· 출처: 보건복지부(http://www.mw.go.kr), 교육부(http://www.moe.go.kr), 「아동복지법」·「아동복지법시행령」·「시행규칙」, 북한 「노동법」·「아동권리보장법」 등 참조.

16. 장애인복지서비스*

□ 남한의 재활과 특수교육 중심 서비스를 북한의 치료중심에 적용할 것인가

구분	남한	북한	주요 쟁점
관련법령	· 장애인복지법 등(시행령, 시행규칙 존재)	· 장애자보호법(03) · 아동권리보장법(10) · 교육법(99) · 보통교육법(11) 등	· 고용보험제도, 노인복지서비스 주요쟁점과 거의 동일 · 보조금의 현실화 필요 · 장애판정·등급의 통일화 · 서비스 기반 조성 사전 준비 필요 · 취약계층임에 따라 식량구호 반드시 필요 · 재활과 치료에 대한 의료구호 필요 · 전문시설의 지역별 완비가 필요
적용대상	· 장애판정을 받은 국민	· 육체적·정신적 기능이 제한·상실되어 오랜 기간 정상적인 생활을 하는데 지장을 받는 공민(03) · 장기적인 신체상 결함과 주위환경의 요인들에 의하여 사회활동에 자립적으로 참가하는데 지장 받는 공민(2013년) · 16세 이하 장애아동	
급여종류 급여수준 급여조건	· 현금급여, 현물급여, 바우처 등 · ①소득보충제도(장애인연금, 장애수당), ②의료지원제도(장애검사비 지원, 장애인 보조기구 교부, 장애인 복지시설 치과유니트 지원, 장애인 의료비 공제, 장애인 의료비 지원, 장애인 의료재활시설 운영, 장애인 재활지원센터 운영, 장애인구강진료센터, 희귀난치성 질환자 의료비지원사업), ③돌봄서비스(장애인 재가복지 봉사센터, 주간보호시설), ④일자	· 현금급여, 현물급여 · 무상치료제 · 회복과 치료 · 장애자교육 · 보장구 지원 · 특수학교 조직 운영 · 장애자 이용 시설 · 장애자 고용 촉진, 지원	

. . . .

* 이밖에도 남한은 가족 · 다문화 · 지역사회복지 · 주거복지 · 각 지방자치단체별 공공서비스 · 국내외 민간 사회안전망 · 사회복지 전문기관서비스 프로그램이 존재한다. 반면 북한은 이러한 것들이 사실상 존재하지 않음에 따라 통일 이후 이를 북한지역에 적용하여 복지체제 영역을 확대 · 구축해야 한다. 다시 말해 정부차원의 공공영역서비스를 제외한 부문에 있어서도 통일 이후 북한지역에 이를 도입 · 적용해야 한다. 그러나 현재를 기준으로 판단할 때, 북한지역에 이를 도입할 만한 기반과 여건이 거의 조성되어 있지 않다고 판단된다. 따라서 이는 통일 이후 체제전환 속도 보다는 보다 빠르되 점진적으로 적용해야 한다.

구분	남한	북한	주요 쟁점
	리(장애인 직업상담 및 직업능력평가 실시, 사업주에게 장애인 고용장려금 지급, 장애인 생산품 판매시설 운영 지원, 장애인 자립자금 대여, 장애인 직업재활시설 운영, 장애인일자리 지원, 중증장애인 직업재활 지원사업 수행기관 운영 지원, 중증장애인 직업재활지원사업), ⑤장애인 활동지원(장애인 활동지원제도, 장애인 활동지원인력의 제한 및 특례, 중증장애인 응급안전서비스), ⑥장애인복지시설(시각장애인 편의시설 지원센터, 실비 장애인 거주시설 입소 이용료 지원, 장애인 거주시설, 장애인 생활시설, 장애인 재활지원센터, 장애인 체육시설, 장애인복지관, 지적장애인 자립지원센터, 지체장애인 편의시설 지원센터, 편의시설 설치 시민촉진단), ⑦장애인등록(장애검사비 지원, 장애인 등록진단비 지급, 장애인연금신청에 따른 장애등급심사) · 급여수준: 대표적으로 장애인연금 18~64세 경우(2019년 기준), ①생계·의료급여수급자 최대 300,000원 ②차상위계층~소득하위 70% 최대 253,750원 · 일반적으로 진단기준, 연령기준, 소득기준 이상 3개의 기준에 따라 급여가 결정됨, 각 서비스의 사업특성에 따른 선별적 적용	· 장애자전문기업소 보장 · 노동능력완전상실 장애자보조금 · 양생원·양로원 시설보호 · 장애자보호사업 · 장애자후견인제도 · 장애자보호위원회 구성 · 장애자편의시설 설비 · 교통수단 무상 이용 · 장애아동보호 *권리보호·보장 성격이 강함	
재정부담	· 국고, 지자체 지원(일부 본인부담금)	· 국고지원 · 민간기부 활용	
운영 및 전달 체계	· 중앙정부(보건복지부), 지방정부(광역시도, 시군구, 읍면동), 장애인복지시설, 직업재활시설 등	· 급여별 서비스기관 구분 · 장애자보호위원회	

· 출처: 보건복지부(http://www.mw.go.kr), 고용노동부(http://www.moel.go.kr/), 「장애인복지법」·「시행령」·「시행규칙, 북한 「장애자보호법」·「아동권리보장법」 등 참조.

17. 의식주 배급제: 식량배급(식료품 포함)의 경우

□ 북한의 사회부조/공공부조의 기능을 하는 제도를 어떻게 할 것인가

구분	남한	북한	주요 쟁점
관련법령	–	· 식량배급에 관한 건(46), · 국가식량배급에 관한 규정(52) 등	· 제도 존치·폐지·일시 유지 후 전환 여부 · 폐지 이후 대체 수단 마련 여부
적용대상	–	· 전체 북한 주민	· 적용대상 규모에 따른 공급능력 여부
급여종류 급여수준 급여조건	–	· 현물급여 · 계층·노동강도·연령에 따라 구분 (1일 300-900g까지 다양함) · ①매일대상자, ②1주공급대상자(이상 특수층), ③2주공급대상자, ④인민반 공급대상자 *통상 사무원(성인)의 경우 1일 600g이나 실제 480g 지급	· 건강권 보장과 영양 공급을 위한 식량배급 기준 · 연령별 기초대사량을 기준으로 하는 배급기준 · 대상·위험별 식량공급 기준 재설정 · 취약계층 긴급식량구호 프로그램 준비 · 대체 프로그램 사전 준비
재정부담	–	· 국고지원	· 부족분에 대한 재정 부담과 재원 조달방안
운영 및 전달 체계	–	· 대상자 별로 일부 구분 · 통상 도·시 양곡관리국, 양정사업소·식량배급소 (1,500-3,000가구당)	· 기존 북한 식량 공급망 활용여부 · 부정·부패 방지 대책 마련 · 제도 존속 기간 동안 공급, 관리방안

· 주: 1) 일부 계층은 식량공제 후 지급.
　　　2) 일부 계층은 백미와 잡곡 혼합 공급.
　　　3) 사실상 시장을 통해 상당량 구입.
　　　4) 남한의 경우 일부 독거노인·극빈층 세대별 식량 무상 공급.
· 출처: 이철수(2011) 참조.

18. 민영보험제도

□ 남한의 다양한 민영보험제와 북한의 공공 사회보험제도를 어떻게 할 것인가

구분	남한	북한	주요 쟁점
관련법령	· 보험계약법 등	· 보험법(95)	·법제 정립
종류	· 생명보험 · 손해보험 등	· ①인체보험 · ②재산보험	· 적극적인 시장화 유도와 활성화 · 국영보험의 일부 민간보험화 · 보험가입의 일반화와 보험보상범위영역 확장 · 임의가입의 의무가입화 유도 · 개인연금, 보건의료 등 민간보험의 기능 강화
적용대상	· 보험가입자 · 보험계약에 의한 보상 범위	· 좌동	
급여종류 급여수준 급여조건	· 생명보험과 의료보험, 각종 재산보호 · 가입자와 보험사의 계약에 의하며 다양함 · 계약에 의거한 판정	· ①생명보험, 재해보험, 어린이보험, 려객보험, ②화재보험, 해상보험, 농업보험, 책임보험, 신용보험 · ①생명과 신체보상, ②재산보상 · ①사망보험금, 노동능력상실보험금, ②려객보험, 자동차 제3자 배상 책임보험, 건설배상 책임보험(의무보험) *계약에 의거하나 급여가 단순함	
재정부담	· 가입자부담	· 가입자부담	
운영 및 전달 체계	· 각 민간보험사	· 국가보험관리기관·보험회사 · 특수경제지역은 외부에 개방 운영	

· 출처: 북한 「보험법」 참조.

19. 교육복지서비스

□ 북한의 11년 무상의무 교육과 교육체계와 내용을 어떻게 할 것인가

구분	남한	북한	주요 쟁점
관련법령	· 교육기본법, 유아교육법, 초중등교육법, 고등교육법, 평생교육법 등(시행령, 시행규칙 존재)	· 어린이보육교양법(76) · 교육법(99), 보통교육법(11)	· 무상교육의 처리 방안
적용대상	· 대한민국 국민	· 5-16세	· 학령, 학제의 통일 문제
급여종류 급여수준 급여조건	· 현물급여, 바우처 등 · ①등록금지원제도(학자금 대출), ②영유아교육(3~5세 연령별 보육료 지원사업, 공공형 어린이집, 농어촌 소규모 보육시설, 다문화가정 영유아 보육서비스, 다양한 시간유형의 보육서비스, 중고령자 유아교육 인력풀 구축, 직장보육시설), ③초중등교육(의무교육, Wee프로젝트 인프라 구축, 가해학생 선도를 위한 대안교육 위탁교육기관 확대, 국·공립대 여성교수 및 여성교장·교감 임용 확대, 방과후 돌봄서비스, 생활안전 교육프로그램, 청소년 대상 성범죄 예방, 초등학생「365일 온종일 안전한 학교만들기」), ④중학교(직업심리검사 개발 및 진로직업정보, 지역아동센터 확대 및 내실화, 청소년 방과 후 아카데미, 학교 주변지역(200m)을 식품안전보호구역, 맞춤형 교육 프로그램), ⑤고등학생(취업지원관 채용 및 인건비 지원, 각 학교 실정에 맞는 다양한 취업프로그램 운영, 이하 중학생과 동일), ⑥대학생(대학 평생교육 활성화, 취업지원관 채용 및 인건비 지원, 각 학교 실정에 맞는 다양한 취업프로그램 운영, 사립대학 구조개혁 추진), ⑦평생교육(국가평생교육진흥사업) · 급여수준: 중학교 3학년까지 무상의무교육 · 중학교 3학년까지 무상의무교육임, 그 외는 일반적으로 연령기준 및 소득기준에 따라 급여가 결정됨, 각 서비스의 사업특성에 따른 선별적 적용	· 현금급여, 현물급여 · 전반적 무료의무교육제 · 11년 무상교육 · 중등일반의무교육학제 · 장학금·식량·학용품·생활용품보장 · 장애어린이 교육 · 맹아학교, 농아학교 운영 · 수재교육기관 운영	· 무상교육의 한시적 유지 여부 · 교육내용과 체계의 통일문제 · 교원 양성의 문제 · 교원의 재교육 문제 · 교육의 질적 차이 극복문제 · 교육시설과 기반 조성문제 · 북한교육의 개인숭배 배제 문제 · 민주주의 고양교육 문제 · 학교의 '학교화' 문제
재정부담	· 국고, 지자체 지원(일부 본인부담금)	· 국고지원	· 재정조달과 확충 문제
운영 및 전달 체계	· 중앙정부(보건복지부), 지방정부(광역시도, 시군구, 읍면동), 학교 등	· 중앙교육지도기관 · 인민위원회 · 교육과학연구기관 등	· 순수 복지프로그램 전달의 기반조성 문제

· 출처. 보건복지부(http://www.mw.go.kr), 교육부(http://www.moe.go.kr), 「교육기본법」, 북한 「교육법」·「보통교육법」 등 참조.

<남북한 사회복지 통합과제: 미시-행위>

연번	구분	주요 쟁점	해결 방향
1	공적연금제도	운영원리와 급여종류 수준 차이, 재정부담 증가 예상	별도 기준으로 분리 운영 후 점진적 통합
2	기초연금제도	북한 부재, 적용가능, 적용 대상 증가 예상	취약계층 소득 지원 프로그램으로 보장 후, 적용
3	고용보험제도	북한 부재, 즉각 적용 가능 여부, 실업급여 증가예상	고용장려정책과 동시에 도입·적용
4	산업재해 보상제도	북한이 취약한 서비스, 민원과 재정 부담 증가 우려	급여수준의 점진적 통합·적용
5	의료보장제도	제도적 이질성, 서비스 수준, 재정 지출 증가	대상별 의료구호·서비스 유지 이후 점진적 통합
6	요양보험제도	운영 형태의 차이, 즉각적인 서비스 도입 불가	장기요양보험으로 점진적 전환 프로그램 적용
7	국민기초생활 보장제도	북한 부재, 급여, 재정부담, 운영가능성 여부	별도 기준을 통해 지원 프로그램적용 후 통합 적용
8	긴급복지 지원제도	북한 부재, 적용기반 미비, 대상 증가 우려	별도 긴급구호 프로그램으로 대체 후 적용
9	사회보훈제도	급여종류 차이, 북한의 기존 수급자 유지 여부	급여계상은 남한기준, 수급자는 재산정 후 적용
10	장애인연금· 장애(아동)수당제도	북한 부재, 민원과 재정부담 증가 우려	전체 등록 판정 후 적용
11	재해구호제도	북한 부재, 적용기반 미비	준비 이후 적용, 제도화프로그램 이식
12	근로장려세제	북한 부재, 즉각 적용 가능 여부, 재정부담 증가 우려	별도 기준을 통해 적용 후 통합
13	노인복지서비스	북한 매우 취약, 상 동	맞춤형 서비스 프로그램 적용, 기반 조성 후 도입
14	여성복지서비스	상 동	상 동 단, 빈곤 여성은 긴급구호 지원 보장
15	아동·청소년 복지서비스	상 동	상 동 단, 빈곤아동·청소년은 긴급구호 지원 보장
16	장애인 복지서비스	상 동	상 동 단, 빈곤 장애인은 긴급구호 지원 보장
17	의식주 배급제	유지·전환 여부, 대체 수단, 프로그램 준비	유지 이후, 소득보장과 식량저가 공급 정책 유지
18	민영보험제도	북한 매우 취약	시장화를 통합 가입 유도
19	교육복지서비스	제도적 내용적 이질성 극대	교육체계와 내용 사전 준비하여 재정립

부록 II

남북한 사회복지 용어 비교

○ 가급금 【01】

(북한) 생활비표에 규정된 로동 부류와 기능등급, 직제에 의한 생활비. 기준액만으로써는 일률적으
로 해결할 수 없는 특수한 조건을 고려하여 해당한 로동자, 사무원들에게 기본생활비밖에
보충적으로 더 주는 추가적 생활비.(『조선말대사전 1』, 평양: 사회과학출판사, 1992, 4쪽)

(남한) 남한에서 존재하는 용어이나 자주 사용되는 용어가 아니며 통상 월 급여에 포함된 각종 보
너스, 수당과 유사한 개념.

○ 고려의학 【02】 → 주체의학

(북한) 북한은 한방치료를 동의학(東醫學)이라 하여 1953년 휴전 이후부터 정책적으로 장려하고
있는데, 이 고려의학은 1993년 '민족 주체성을 살린다'는 취지 아래 기존의 동의학의 명칭
을 새롭게 명명한 용어.

(남한) 남한에서 존재하지 않는 보건의료 용어이나 한의학으로 이해.

○ 공공부조 【03】 → 사회부조, 공적부조

(북한) 북한에서는 존재하지 않는 용어.

(남한) 사적부조에 대응하는 용어로 개인이 아닌 국가나 지방자체단체의 이전지출금에 의해서 운
용되는 것으로 사회보험과 더불어 사회보장의 중심. 그러나 공공부조에 대한 용어는 사회보
장의 의미가 내용 및 범위에 있어서 통일된 용어를 갖지 못한 것과 마찬가지로 미국은 공공
부조(public assistance), 영국은 국민부조 혹은 무갹출급여(non contributory benefits)
독일과 프랑스는 사회부조로 사용하고 있어 국제적으로 통일된 용어가 없음.(이철수, 『사회복
지학사전』, 서울: 블루피쉬, 2009, 137쪽)

○ 국가보험 【04】

(북한) 자연재해 또는 불의의 재난이나 사고로 말미암아 개별적인 기관, 기업소 및 개인에게 생긴
피해를 국가가 보상하는 보험. 우리나라 근로자들에 대한 사회보험제도를 광범히 실시하였을
뿐만 아니라 국가보험사업도 사회경제발전의 현실적 요구에 맞게 부단히 개선하고 있다.
(『조선말대사전 1』, 평양: 사회과학출판사, 1992, 325쪽)

(남한) 남한에서 존재하지 않는 용어.

○ 국가사회보장 【05】

(북한01) 국가기관, 기업소, 사회협동단체들에서 일하다가 로동능력을 완전히 또는 오래 동안 잃거나 사망한 경우에 그와 그 유가족들의 생활을 보장하기 위하여 국가적으로 보장해주는 혜택.(『조선말대사전 1』, 평양: 사회과학출판사, 1992, 325쪽) ◇대상: 국가사업을 하다가 로동능력을 완전히 또는 오랫동안(6개월 이상) 잃은 근로자들과 혁명과업을 수행하던 도중 사망한 근로자들의 유가족들에게 돌려지는 국가적 혜택/급여 ◇내용: 국가사회보장은 보조금과 연금의 형태로 6개월 이상의 장기 생활보조금 지급.(『경제사전 Ⅰ』, 평양: 사회과학출판사, 1985, 185쪽)

(북한02) 국가사업을 하다가 로동능력을 완전히 또는 오랫동안(6개월 이상) 잃은 근로자들과 혁명과업을 수행하던 도중 사망한 근로자들의 유가족들에게 돌려지는 국가적 혜택이다. 국가사회보장은 보조금과 연금의 형태로 6개월 이상의 장기 생활보조금을 지급한다. 로동능력을 완전히 또는 오랫동안(6개월 이상) 잃은 근로자들과 혁명과업을 수행하던 도중 사망한 근로자들의 유가족들에게 제공된다.(『경제사전 Ⅰ』, 평양: 사회과학출판사, 1985, 185쪽)

(남한) 남한에서 존재하지 않는 제도이자 용어.

○ 국가사회보험 【06】

(북한01) 국가가 근로자들의 건강을 보호 증진시키며 질병, 부상, 임신, 해산 등으로 로동능력을 일시적으로 잃었을 때 그들의 생활을 보장하여주는 제도.(『조선말대사전 1』, (평양: 사회과학출판사, 1992, 325~326쪽)
◇대상: 생활비를 받는 현직 일꾼들 중에서 일시적으로 로동 능력을 잃은 사람들에게 적용 ◇내용: 국가사회보험에 의한 급여는 크게 일시적 보조금, 산전산후보조금, 장례보조금, 의료상 방조, 정 휴양, 료양 등.(『경제 사전 Ⅰ』, 평양: 사회과학출판사, 1985, 205~206쪽)

(북한02) 생활비를 받는 현직 일꾼들 중에서 일시적으로 로동능력을 잃은 사람들에게 적용되는 것으로서 로동 능력을 완전히 또는 장기적으로 잃은 근로자들에게 적용하는 사회보장과 구별된다.(『경제사전Ⅰ』, 평양: 사회과학출판사, 1985, 205~ 206쪽)

(남한) 남한에서 존재하지 않는 제도이자 용어.

○ 국가적 · 사회적 혜택 【07】 → 사회적 혜택

(북한) 사회주의제도 하에서 근로자들이 노동에 의한 분배 이외에 당과 정부의 인민적 시책에 의하여 국가와 사회로부터 추가적으로 받는 혜택.(『경제사전Ⅰ』, 평양: 사회과학출판사, 1986, 208쪽)

(남한) 남한에서 존재하지 않는 용어.

○ 국민기초생활보장제도【08】

  → 기초생활보장제도, 국민기초생활보장법

(북한) 북한에서 존재하지 않는 용어.

(남한) 빈곤선 이하의 저소득층에게 국가가 무상으로 생계·교육·의료·주거·자활 등에 필요한 경비
    를 주어 최소한의 기초생활을 제도적으로 보장해 줄 목적으로 제정된 제도.(이철수, 『사회
    복지학사전』, 서울: 블루피쉬, 2009, 180쪽)

○ 근로소득【09】→ 1차적 분배, 임금

(북한01) 노동의 보상에 따른 직접적인 수입인 1차적 분배. 기본적 재화구입을 위한 소득보장의
     형태-근로소득: 근로자들이 자기 로동의 대가로 얻은 개인소득-. 근로자들의 로동에 의하
     여 창조된 사회의 총소득가운데서 근로자들에게 로동의 대가로 차려지는 몫이다.(『조선말대
     사전 1』, 평양: 사회과학출판사, 1992, 379쪽)

(북한02) 근로자들이 자기 로동의 대가로 얻은 개인소득. 근로자들의 로동에 의하여 창조된 사회
     의 총소득가운데서 근로자들에게 로동의 대가로 차려지는 몫이다.(『조선말대사전 1』, 평양:
     사회과학출판사, 1992, 379쪽)

(남한) 용역의 제공에 대한 보상으로 개인에게 지급되는 개인소득 이는 용역의 제공에 의한 것만을
    말하며 배당소득이나 자본이득 등의 비근로소득과 구분.(이철수, 『사회복지학사전』, 서울:
    블루피쉬, 2009, 206쪽)

○ 로동법【10】→ 조선민주주의인민공화국 사회주의로동법

(북한) 북한이 혁명발전의 변화된 조건에 맞추어 노동자들의 사회적 역할을 재인식시키고 노동참여의
    식을 앙양하기 위해 1978년 4월 18일 최고인민회의 제6기 2차 회의에서 새로 채택한 법령.
    동 법은 1946년 제정된 노동법령과 달리 자본주의적 요소를 완전히 배제하는 한편, △집단
    주의원칙에 입각한 집단적 노동(제3조) △국가계획에 의한 사회적 노동의 조직화(제10조)
    △노동의 양과 질에 의한 사회주의분배원칙(제11조) 등 생산과 노동에서의 사회주의 이념
    을 전면적으로 구현했다는 점 △주체사상에 입각한 노동(제6조) △사상·기술·문화의 3대혁명
    촉진과 천리마 운동의 심화발전을 통한 노동생산능률 제고 및 생산의 급속한 발전(제9조)
    등 농민을 포함한 전체근로자의 노동력 동원적 성격을 한층 강화하고 있다는 데 그 특징.

(남한) 남한에서 존재하지 않는 법령이나 노동 3법과 유사한 기능을 하는 법령.

○ 로동법령 【11】 → 로동자, 사무원에 대한 로동법령에 대한 결정서

(북한) 로동자, 사무원의 로동에 대한 관계를 규제한 국가법령. 1946년 6월 로동법령이 발포. 로
　　　동법령을 통하여 우리나라 력사에서 처음으로 8시간 로동제와 사회보험제가 실시.(『조선말
　　　대사전 1』, 평양: 사회과학출판사, 1992, 965쪽)

(남한) 남한에서 존재하지 않는 법령.

○ 로동보험 【12】

(북한) 로동자, 사무원들에게 뜻하지 않은 사고가 생겼을 때 그로 말미암아 입은 부담을 덜어주기
　　　위하여 실시하는 보험.(『조선말대사전 1』, 평양: 사회과학출판사, 1992, 965쪽)

(남한) 남한에서는 존재하지 않는 제도이나, 산업재해보상과 유사한 제도.

○ 로동보호 【13】

(북한) 로동 과정에서 사고가 나지 않도록 미리 막으며 해로운 로동 조건을 없애고 근로자들에게
　　　자유롭고 안전하며 보다 문화 위생적인 로동 조건을 지어주고 그들의 생명과 건강을 보호증
　　　진시키는 것. 사람을 가장 귀중히 여기는 우리나라에서의 로동 보호는 사회주의 로동법에
　　　의하여 철저히 보장되고 있다.(『조선말대사전 1』, 평양: 사회과학출판사, 1992, 965쪽.)

(남한) 남한에서는 노동보호로 쓰이며 그 의미는 북한과 거의 유사.

○ 무상치료제 【14】

(북한) 인민들에게 나라에서 무료로 병의 예방과 치료를 해주는 선진적인 보건제도.(『조선말대
　　　사전 1』, 평양: 사회과학출판사, 1992, 1159쪽)

(남한) 남한에서 자주 사용되는 용어가 아니며 전 국민이 해당되는 제도도 아니지만 의료급여대상자,
　　　군복무자, 교도소 시설 수용자의 경우 무상으로 일부 제공.

○ 배급제 【15】

(북한) 국가가 공급량이 제한되어 있는 소비품을 일정한 기준에 따라 판매 공급하는 제도.(『조선말대
　　　사전 1』, 평양: 사회과학출판사, 1992, 1579쪽)

(남한) 공적인 부문에서 남한에서 존재하는 제도는 아니지만 광의의 개념으로 보면 특정 사안과 대상
　　　(군 복무자, 교정시설 수용자)에 따라 일부 유사한 사례는 있음.

○ 사회급양【16】

(북한) 여러 가지 음식물을 생산하여 인민들에게 공급하는 사회주의 상업의 한 부분. 사회급양은
　　　상업적 봉사의 한 형태로 급양제품에 대한 근로자들의 수요를 충족시키는데 복무한다.(『조
　　　선말대사전 1』, 평양: 사회과학출판사, 1992, 1646쪽)

(남한) 남한에서는 존재하나 자주 사용되지 않는 용어로 여러 가지 음식물을 생산하여 공급하는
　　　사회주의 상업의 한 부분으로 해석.

○ 사회문화기금【17】

(북한) 농장원들에 대한 사회문화사업을 위하여 세워지는 협동농장기금의 한 형태.(『조선말대사전
　　　1』, 평양: 사회과학출판사, 1992, 1646쪽)

(남한) 남한의 공공기금에서 사회문화 분야에 소요되는 기금을 지칭.

○ 사회문화시책【18】

(북한01) 사람들의 건강과 문화수준을 높이기 위한 사회적 수요를 공동으로 충족시키는 국가적
　　　대책의 총체. 사회문화시책의 본질과 내용은 그것을 실시하는 국가의 성격에 의하여 규정된
　　　다. 사회주의 사회에서의 사회문화시책은 전체 사회성원들의 육체적 및 정신적 능력을 전면
　　　적으로 발전시키며 그들의 물질 문화적 수요를 보다 원만히 충족시킬 것을 목적으로 한다.
　　　사회주의 사회에서의 사회문화시책은 전사회적 범위에서 전면적으로 그리고 주로 국가 부
　　　담에 의하여 실시된다. 사회주의 국가는 사회문화시설들을 자기 손에 틀어쥐고 자기가 직접
　　　운영한다.…근로자들의 복리 증진에 대한 배려를 자기 활동의 최고원칙으로 삼고 있는 조선
　　　로동당과 공화국정부는 사회문화시책에 늘 깊은 관심을 돌리고 학교, 병원, 정휴양소, 극장,
　　　영화관, 도서관과 같은 것들을 국가투자에 의하여 대대적으로 건설하였으며 이미 건설된
　　　방대한 사회문화시설들의 운영을 위해서도 막대한 국가자금을 지출하고 있다.(『정치사전』,
　　　평양: 사회과학출판사, 1973, 529~530쪽)

(북한02) 사람들의 건강과 문화수준을 높이기 위한 사회적 수요를 공동으로 충족시키는 국가적
　　　대책의 총체이며 사회주의사회에서의 사회문화시책은 전사회적 범위에서 전면적으로 그리
　　　고 주로 국가 부담에 의하여 실시한다. 사회문화시책에는 무료교육, 무상치료, 사회보험,
　　　사회보장 등이 속하고 사회문화시책비는 사회문화시책기금으로 보장한다. 사회문화시책기
　　　금은 기업으로부터 받는 사회보험료와 종업원으로부터 받는 사회문화시책금으로 조성한다.
　　　(『정치사전』, 평양: 사회과학출판사, 1973, 529~530쪽)

(남한) 남한에서는 자주 사용되지 않는 용어이나 공익을 위한 사회문화, 공공정책과 유사한 개념.

○ 사회문화시책비【19】

(북한) 국가예산에서 교육, 문화, 보건 등 사회문화시책에 돌려지는 비용.(『조선말대사전 1』, 평양: 사회과학출판사, 1992, 1646쪽)

(남한) 국가예산부문에서 남한에서는 존재하지 않는 비목이나, 그 기능상 교육, 문화, 보건에 투입되는 예산과 유사.

○ 사회보장【20】

(북한) 사회주의 사회에서 늙거나 병에 걸리거나 부상당하여 일할 수 없게 된 사람들 그리고 무의무탁한 사람들에게 국가부담으로 생활을 보장하여 주는 인민적 시책.(『조선말대사전 1』, 평양: 사회과학출판사, 1992, 1646쪽)

(남한) 빈곤상태에 빠지거나 생활수준이 대폭적으로 저하될 위험에 처했을 경우에 국가나 공공단체가 현금 또는 대인서비스를 급여, 최저한도의 생활수준을 보장하는 공적제도. 빈곤이나 생활수준을 저하시키는 원인은 실업 또는 상병에 의한 수입의 상실, 출산, 사망 등에 의한 특별지출 등이다.…제도적으로 공공부조, 사회보험, 사회복지, 공중위생의 4개 부문을 포함하고 있지만, 급여내용은 소득보장, 의료보장, 사회서비스보장의 세 가지로 구성되어 있다. 그 급여수준은 내셔널 미니멈을 원칙으로 하고 있는데, 국제적으로는 ILO의 사회보장최저기준조약(1952)과 장애·노령·유족 급여에 관한 조약(1967)이 기준이다.(이철수, 『사회복지학사전』, 서울: 블루피쉬, 2009, 410쪽)

○ 사회보장제도【21】 → 사회보장제

(북한01) 공민들이 로동능력을 잃었거나 사망하였을 때 본인 또는 그의 가족의 생활을 국가적 부담으로 보장하는 제도.(『조선말대사전 1』, 평양: 사회과학출판사, 1992, 1646쪽)

(북한02) 일군들이 로동능력을 잃었거나 사망하였을 경우에 본인 또는 그 가족의 생활을 국가적 부담으로 보장하는 제도. 진정한 사회보장제도는 근로자들의 생활에 대하여 국가가 책임지는 사회주의제도 하에서만 실시된다. 사회주의 국가는 국민소득의 분배에서 사회보장 폰드를 계획적으로 형성하며 사회보장대상자들의 건강과 생활을 보장해준다. 우리나라에서 사회보장제도는 당, 국가 경제기관, 기업소 및 근로단체 일군들이 로동 능력을 상실하였거나 사망된 경우에 본인 또는 그 가족에 대하여 국가 부담으로 실시된다.…우리나라에서의 사회보장제도는 현금 및 현물에 의한 방조, 의료상 방조, 사회적 보호시설을 통한 방조, 알맞은 일자리의 보장, 사회적 원호 등의 형태로 실시되고 있다. 현금 및 현물지불에 의한 방조에는 각종 년금 및 보조금 지불, 불구자에 대한 교정기구 공급 등이 속한다. 의료상 방조에 의하

여 사회보장대상자들은 건강회복에 필요한 온갖 혜택을 받는다. 건강이 회복된 사회보장대상자들은 건강회복에 필요한 온갖 혜택을 받는다. 건강이 회복된 사회보장대상자들은 그들의 체질과 능력에 알맞은 일자리에 배치된다. 영예군인, 무의무탁한 불구자, 년로자, 고아들은 영예 군인 보양소, 양로원, 애육원 등 사회적 보호시설에서 생활하며 그들은 필요한 교양을 받는다. 로동 능력을 상실한 애국렬사 유가족, 영예 군인, 후방가족 등 사회보장대상자들에 대한 사회적 원호사업은 우리나라 사회보장사업에서 중요한 자리를 차지한다.(『정치사전』, 평양: 사회과학출판사, 1973, 532~533쪽)

(남한) 사회구성원인 개인의 부상, 질병, 출산, 실업, 노쇠 등의 원인에 의해 생활이 곤궁에 처하게 될 경우에 공공의 재원으로 그 최저생활을 보장하여 주는 제도. 여기에는 사회부조와 사회보험의 두 가지가 있다. 사회부조는 국가 또는 공공단체가 생활비의 일부 또는 전부를 부조하는 제도이며, 생활곤궁자에 대해서만 부여된다. 사회보험은 본인 또는 이를 대신하는 자가 보험료를 적립하고 여기에 국가가 보조를 해주어 상기한 바와 같은 사유가 발생한 경우에는 연금 또는 일시금을 지급하는 제도이다.(이철수, 『사회복지학사전』, 서울: 블루피쉬, 2009, 413쪽)

○ 사회보험 【22】

(북한01) 사회주의 사회에서 로동자, 사무원들을 비롯한 근로자들의 건강을 증진시키고 문화적인 휴식조건을 보장하며 그들이 병, 부상, 임신, 해산 등으로 로동 능력을 일시적으로 잃었을 때에 생활안정과 치료를 위하여 돌려주는 국가적인 혜택.(『조선말대사전 1』, 평양: 사회과학출판사, 1992, 1646쪽)

(북한02) 일시적인 로동 능력 상실자들의 생활보장, 건강회복과 근로자들의 건강 증진을 위하여 실시되는 물질적 보장제도. 사회보험은 보험가입자가 정한 보험금이 아니라 사회적으로 규정된 기준에 따라 보조금이 지불되며 보험가입자의 보험료와 함께 기관, 기업소에서 납부하는 보험료를 원천으로 한다는 점에서 일반보험과 구별된다. 또한 그것은 보험형식을 취하여 현직일군들은 대상으로 한다는 점에서 사회보장과도 구별된다. 사회보험은 주권이 인민의 손에 쥐여지고 생산수단이 사회주의적 소유로 되어 있는 사회에서 전면적으로 실시하게 된다. 사회주의 하에서 사회보험의 실시는 인민들의 물질 문화적 복리를 증진시킬 데 대한 당과 정부의 커다란 배려로 된다.…현재 우리나라의 사회보험은 국가기관, 기업소, 사회단체와 생산, 건설, 수산 및 편의 협동조합들에서 일하는 모든 로동자, 기술자, 사무원들을 대상으로 하여 일시적 보조금, 산전산후 보조금, 장례 보조금, 의료상 방조, 휴양, 야영, 관광, 탑승료 등 여러 가지 형태로 실시되고 있으며 그 지출은 기관, 기업소들의 부담을 원천으로 계속 늘어나고 있다. 우리나라에서 사회보험이 로동자, 사무원, 생산협동조합원 등 많

은 근로자들에게 널리 실시되며 그 방조 형태가 다양하고 물질적 보장수준이 높으며 보험기금의 압도적 부분이 국가기관, 기업소에 의하여 보장되는 것 등은 그 인민적 성격의 표현이다.(『정치사전』, 평양: 사회과학출판사, 1973, 533쪽)

(남한) 질병, 부상, 분만, 노령, 장애, 사망, 실업 등 생활 곤란을 초래하는 여러 가지 사고에 대해 일정한 급여를 행함으로써 피보험자의 생활안정을 도모하는 강제성 보험제도로 독일의 비스마르크에 의한 질병보험에서 비롯, 그 후 각국에 보급되었다. 산업재해보상보험, 건강보험, 실업보험, 연금보험 등 네 정류로 대별된다. 급여는 획일적으로 일정한 기준에 따라 정해져 있고, 비용은 피보험자의 보험료를 중심으로 하되 사업주와 국가의 재정부담 등에 의한다.(이철수, 『사회복지학사전』, 서울: 블루피쉬, 2009, 413~414쪽)

○ 사회보훈【23】

(북한) 북한에서는 존재하지 않는 용어이나 국가, 사회적 공훈에 대한 국가차원의 물질적 보상을 의미하며 통상 국가, 사회적 공훈과 유사한 의미.

(남한) 국가유공자의 생활이 보장되도록 실질적인 보상을 행함으로써 생활안정과 복지향상을 도모하고 그들이 국민으로부터 예우를 받을 수 있도록 하는 제도. 국가의 존립과 유지를 위해 공헌하거나 희생한 국가유공자의 생활이 보장되도록 실질적인 보상을 행함으로써 생활안정과 복지향상을 도모하고 그들이 국민으로부터 예우를 받을 수 있도록 하며 국민의 애국정신 함양에 이바지하는 제도이다.(이철수, 『사회복지학사전』, 서울: 블루피쉬, 2009, 414쪽)

○ 사회복지【24】

(북한) 북한에서는 존재하지 않는 용어이나 아이러니하게도 사회복지법인에 대한 언급은 있다. 사회복지사업의 진행을 목적으로 하여 설립되는 법인. 부르죠아 민법에서 쓰이는 용어이다. 이 법인은 사회복지사업을 진행하는 외에 그 사업의 경영에 충당하기 위하여 리득을 얻기 위한 사업도 진행할 수 있다.(사회과학원 법학연구소, 『민사법사전』, 평양: 사회안전부출판사, 1997, 339쪽)

(남한) 우리나라 헌법 제34조에서는 사회복지를 사회보장과 구별하여 사용하고 있으나, 그 의미나 내용에 대한 언급은 없다. 따라서 사회복지의 의미는 사회복지를 사회보장의 일부로 보는 견해, 사회보장, 보건위생, 노동, 교육, 주택 등 생활과 관계되는 공공시책을 총괄한 개념으로 보는 견해, 생활에 관계되는 공공시책 그 자체가 아니라 이와 같은 시책을 국민 개인이 이용하고 개선하여 자신의 생활문제를 자주적으로 해결하게끔 원조함을 의미한다는 견해 등 여러 가지로 풀이되고 있다. …사회복지는 UN의 정의, 즉, 사회복지란 개인, 집단 지역

사회 및 여러 제도와 전체사회 수준에서 사회인으로서의 기능이나 사회관계의 개선을 목적으로 한 개인의 복지(personal welfare)증진을 위한 갖가지 사회적 서비스와 측면적 원조(enabling process)라는 것과 내용을 같이 한다. 그러나 사회복지가 사회보장이나 보건의료 등의 생활관련 시책과 다른 고유성으로 사회복지는 인간의 행동과 해결, 생활욕구의 충족 그리고 개인과 제도관계의 문제처리에 채용하는 전체적 종합적 접근법에 있다.(이철수, 『사회복지학사전』, 서울: 블루피쉬, 2009, 415쪽)

○ 사회서비스 【25】

(북한) 북한에서는 존재하지 않는 용어.

(남한) 국가, 지방자치단체 및 민간부문의 도움이 필요한 모든 국민에게 복지, 보건의료, 교육, 고용, 주거, 문화, 환경 등의 분야에서 인간다운 생활을 보장하고 상담, 재활, 돌봄, 정보의 제공, 관련 시설의 이용, 역량 개발, 사회참여 지원 등을 통하여 국민들의 삶의 질이 향상되도록 지원하는 제도.(『사회보장기본법』(2012. 1월 개정))

○ 사회안전망 【26】 → 사회적 안전망

(북한) 북한에서는 존재하지 않는 용어.

(남한) 정부의 근로자에 대한 고용과 실업에 대한 각종 대책. 개인이 직장을 잃고 실업자가 된 뒤 다시 직장을 얻으려고 노력하는 대신 노숙자 같은 사회적 무기력층이 되는 것을 막기 위해 정부가 최소한의 생계를 유지할 수 있도록 해주는 제도. 또 경제구조조정으로 불가피하게 발생한 실업자들에게 공공사업을 통해 일자리를 제공하거나 생계비를 보조해 주는 것을 말한다. 그러나 보다 넓은 의미로는 사회보장과 같은 뜻으로 노령·질병·실업·산업재해 등 사회적 위험으로부터 모든 국민을 보호하기 위한 제도적 장치를 의미한다.(이철수, 『사회복지학사전』, 서울: 블루피쉬, 2009, 433~434쪽)

○ 사회적 혜택 【27】 → 국가적 · 사회적 혜택

(북한) 사회주의 근로자들이 로동에 따르는 보수밖에 추가적으로 받는 물질적 혜택. 우리나라 근로자들은 무상치료제와 무료교육제를 비롯한 여러 가지 인민적 시책에 의하여 해마다 많은 사회적 혜택을 추가적으로 받고 있으며 그것은 더욱더 늘어나고 있다.(『조선말대사전 1』, 평양: 사회과학출판사, 1992, 1647쪽)

(남한) 남한에서 존재하나 자주 사용되지 않는 용어

○ 의사담당구역제【28】→ 호담당제

(북한) 의사들이 일정한 주민구역이나 기관을 맡아 근로자들의 건강을 일상적으로 책임적으로 돌보면서 예방치료사업을 하는 선진적인 의료봉사제도.(『조선말대사전 2』, 평양: 사회과학출판사, 1992, 1788쪽)

(남한) 남한에서는 존재하지 않는 보건의료 제도이자 용어.

○ 인민적 시책【29】

(북한) 광범한 근로인민대중의 리익과 행복을 위하여 실시하는 정책.(『조선말대사전 1』, 평양: 사회과학출판사, 1992, 1700쪽)

(남한) 남한에서는 존재하지 않는 용어이나 시책이라는 표현은 사용.

○ 임금【30】→ 생활비, 로임

(북한) 생활비는 로동자, 사무원들의 생활을 보장하기 위하여 사회주의 국가가 로동의 량과 질에 따라 분배하는 몫의 화폐적 표현이며 생활비 기준액은 산업부문별 로동자들의 직종과 로동부류, 기능등급 그리고 기술자, 사무원들의 직제와 자격 및 그 급수에 따라 단위시간에 지출한 로동에 대하여 지불하는 생활비 수준이다. 이와 관련하여 생활비등급제는 지출된 로동에 따르는 정확한 분배를 실시하기 위하여 근로자들의 직종과 직제, 기술기능자격과 급수, 로동 조건 등에 따라 생활비수준에서 차이를 두는 제도.(『조선말대사전 1』, 평양: 사회과학출판사, 1992, 1969쪽)

(남한) 사용자가 근로대가로 근로자에게 지급하는 일체의 현금 급여. 따라서 급료·봉급·상여·수당·보수 등 명칭여하를 불문하며 실물임금도 포함된다.

○ 호담당제【31】→ 의사담당구역제

○ 1차적 사회안전망【32】

(북한) 북한에서는 존재하지 않는 용어.

(남한) 1차적 사회안전망인 4대 사회보험은 일반국민을 대상으로 노령·질병·산재·실업 등의 사회적 위험을 보험을 통해 분산 보호.(출처: 시사경제용어사전, 2010.11, 기획재정부)

○ 2차적 사회안전망【33】

(북한) 북한에서는 존재하지 않는 용어.

(남한) 2차 사회안전망은 공공부조를 통해 1차 사회안전망에서 보호받지 못한 저소득 빈곤계층의
기초생활을 보장(출처: 시사경제용어사전, 2010.11, 기획재정부)과 의료급여 등 각종 보완적
장치를 운용.

○ 3차적 사회안전망【34】

(북한) 북한에서는 존재하지 않는 용어.

(남한) 3차 사회안전망은 재난을 당한 사람에게 최소한 생계와 건강을 지원해주는 각종 긴급구호
제도.

| 참고문헌 |

1. 국내자료

강기남 · 조성렬 · 김영윤 · 윤덕룡 · 정지웅 · 하현철 · 김영희 · 김대호 · 김규
　　연 · 이유진, 『통일시대의 준비와 한반도판 마셜플랜 A&B』, 한국정책
　　금융공사, 1998.

국민연금공단, 『국민연금 공표통계』, 2019.3.

국회예산정책처, 『한반도통일의 경제적 효과』, 2014.

김규륜 · 임강택 · 성한경 · 안지호 · 황규성, 『한반도통일의 효과』, 통일연구원,
　　2014.

김동열 · 이해정 · 최성근, 『남북 사회보장제도 통합방안 연구』, 통일준비위원
　　회, 2015.

김원섭, "독일 연금 통합의 전개과정 평가", 『통일 연금연구 I 』, 국민연금연구
　　원, 2014, 3~101쪽.

김천구, "보건지표를 이용한 북한 GDP추정: 북한경제, 남한의 1970년대 중반
　　수준", 『통일경제』 33(2), 2011, 80~95쪽.

남정자 · 조성현 · 이상호 · 최진우, 『남북한 보건의료분야 교류협력 활성화방
　　안』, 한국보건사회연구원, 2002.

노용환, "한반도에서 독일식 사회보장제도 통합은 가능한가: 통일 환경과 정책
　　선택의 검토", 『보건사회연구』 36(2), 2016, 5~32쪽.

민기채 · 주보혜, "체제전환 전후 동독 특별 · 부가 연금제도의 변화", 『보건사
　　회연구』 36(3), 2016, 516~552쪽.

민기채 · 주보혜, "통일독일의 동독 주거보조금 경험에 기초한 통일 이후 북한
　　지역의 주거급여 적용방안 연구", 『보건사회연구』 37(4), 2017, 564~
　　600쪽.

박복순 · 박선영 · 황의정 · 김명아, 『통일대비 남북한 여성 · 가족 관련 법제 비

교 연구』, 한국여성정책연구원, 2014.

박종철·허문영·강일규·김학성·양현모·정순원·정은미·최은석,『통일대비를 위한 국내과제』, 통일연구원, 2011.

북한인권정보센터,『북한인권백서』, 북한인권정보센터, 2010-2018.

사학연금공단,『사학연금법령 개정사항 설명자료』, 2016.

사회과학원 법학연구소,『민사법사전』, 평양: 사회안전부출판사, 1997.

사회과학출판사,『정치사전』, 평양: 사회과학출판사, 1973.

사회과학출판사,『조선말대사전 1』, 평양: 사회과학출판사, 1992.

소성규·박희진·장인숙·정병화·정은미,『통일 대비 복지욕구 조사』, 한국보건사회연구원, 2017.

여유진·전지현,『2017년 빈곤통계연보』, 한국보건사회연구원, 2017.

연하청,『통일과정 관리와 사회복지정책 과제』경기복지재단, 2010.

연하청·황나미,『통일대비 사회복지 및 보건 정책과제』, 한국보건사회연구원, 2010.

우해봉·백화종·이지은·노용환,『남북한 통일과 노후소득보장제도 운영의 기본 방향』, 국민연금연구원, 2011.

유 욱, "남북한 사회통합을 위한 법적 과제: 노동, 교육, 환경 분야를 중심으로",『제2회 아시아법제포럼 남북법제 분과 자료집』, 2012.

유근춘·김원식·최균·박종훈·이혜경·이철수·민기채·김연정·남근우·강일규·박지혜·황나미·김선희·최요한,『통일한국의 사회보장체계 구축을 위한 기초연구(Ⅱ)』, 한국보건사회연구원, 2014.

유근춘·민기채·박현선·유원섭·이용하·이철수·장용철·최균·안형석,『통일한국의 사회보장체계 구축을 위한 기초연구(Ⅲ)』, 한국보건사회연구원, 2015.

유근춘·황나미·이철수·이혜원·유은주·김양희·김병욱·김태은,『통일한국의 사회보장체계 구축을 위한 기초연구』, 한국보건사회연구, 2013.

이석 편,『남북통합의 경제적 기초: 이론, 이슈, 정책』, 한국개발연구원, 2013.

이규창·김수암·이금순·조정현·한동호,『인도적 지원을 통한 북한 취약계층 인권 증진 방안 연구』, 통일연구원, 2013.

이규창·박종철·최은석,『남북 법제통합 기본원칙 및 가이드라인』, 통일부, 2010.

이상영·황나미·윤강재,『남북한간 보건의료 교류·협력의 효율적 수행체계 구축방안 연구: 인도적 대북 지원사업을 중심으로』, 한국보건사회연구원, 2008.

이세정·손희두·이상영,『남북한 보건의료분야 법제통합 방안』, 통일부, 2011.

이용하, "남북통일과 연금통합 방안", 유근춘 엮음,『통일한국의 사회보장체계 구축을 위한 기초연구(Ⅲ)』, 한국보건사회연구원, 2015, 155~178쪽.

이철수,『사회복지학사전』, 블루피쉬, 2009.

이철수,『긴급구호, 북한의 사회복지: 풍요와 빈곤의 이중성』, 한울아카데미, 2012.

이철수, "남북한 사회복지 '체제' 비교 연구: 거시-구조적 수준을 중심으로", 유근춘 엮음,『통일한국의 사회보장체계 구축을 위한 기초연구』, 한국보건사회연구원, 2013, 17~61쪽.

이철수, "남북한 사회복지 통합쟁점 연구: 거시-구조적 관점을 중심으로",『북한연구학회 동계 학술회의』, 2014, 183~220쪽.

이철수, "통일한국의 사회복지 통합 방안",『북한』511, 2014, 44~50쪽.

이철수, "남북한 사회복지 제도통합: 구성 쟁점",『동서연구』27(4), 2015, 55~88쪽.

이철수, "남북한 사회복지 통합 요인: 제도와 SWOT분석을 중심으로",『통일문제연구』27(2), 2015, 121~170쪽.

이철수, "남북한 사회복지 통합에 대한 소고",『동북아연구』30(1), 2015, 131~169쪽.

이철수, "북한「년로자보호법」의 의의와 한계: 타 법령과의 비교를 중심으로",『북한연구학회보』19(1), 2015, 57~91쪽.

이철수, "북한 사회보장법 법적 분석: 기존 사회복지 관련 법령과의 비교를 중심으로",『통일정책연구』24(1), 2015, 177~207쪽.

이철수, "북한경제특구의 노동복지법제 비교분석",『법학연구』28(1), 2017, 169~204쪽.

이철수, "북한경제특구의 노동복지법제 비교분석",『부동산법학』22(2), 2018, 167~196쪽.

이철수, "북한의 노동복지법제 비교분석: 로동법과 외국인투자기업로동법을 중심으로",『통일과 평화』10(1), 2018, 277~315쪽.

이철수・강신욱・고혜진・김정현・류지성・모춘흥・민기채・신영전・우해봉・유원섭・이윤진・정은미・정해식・조성은・한경훈・황나미・최요한,『통일 이후 북한지역 사회보장제도 - 과도기 이중체제』, 한국보건사회연구원, 2016.

이철수・민기채, "북한 사회보장과 연금제도 운영실태 분석",『통일 연금연구 Ⅰ』, 국민연금연구원, 2014, 103~201쪽.

이철수・민기채, "북한의 공적연금 실태",『북한법연구』(20), 2018, 191~220쪽.

이철수・우해봉・조성은・송철종・정해식・고혜진・모춘흥・민기채・이각희・이용하・이은영・장인숙・정은미・한경훈・조보배・최요한,『통일 이후 북한 지역 사회보장제도: 통합기 단일체제』, 한국보건사회연구원, 2017.

이철수・장용철・최균・민기채・모춘흥・이윤진・최요한,『남북한 사회복지 통합 쟁점과 정책과제 - 북한의 전달체계를 중심으로』, 한국보건사회연구원, 2016.

이철수・최준욱・모춘흥・민기채・소성규・송철종・유원섭・이요한・이화영・정은미・정지웅・조성은・조은희・김다울・조보배・조은빛・최요한,『통일의 인구・보건・복지 통합 쟁점과 과제』, 경제・인문사회연구회, 2017.

이현경, "남북한 사회복지제도 비교분석-사회적 욕구충족과 사회경제적 불평등 감소를 위한 정책과 실태",『통일문제연구』25(1), 2013, 44~77쪽.

장용철, "북한 사회복지서비스 전달체계 구축방안 기초연구", 유근춘 엮음,『통일한국의 사회보장체계 구축을 위한 기초연구(Ⅲ)』, 한국보건사회연구원, 2015, 117~143쪽.

장혜경・박복순・황의정,『통일대비 효과적인 가족정책 지원방안 연구』, 한국여성정책연구원, 2014.

전홍택 편,『남북한 경제통합 연구: 북한경제의 한시적 분리 운영방안』, 한국
　　개발연구원, 2012.

정경배 · 문옥륜 · 김진수 · 박인화 · 이상은,『남북한 사회보장 및 보건의료 제
　　도 통합방안』, 한국보건사회연구원, 1994.

정재훈 · 박수지,『동독 사회보장제도: 역사와 변화』, 한국보건사회연구원, 2017.

조경숙, "북한의 영아 및 아동 사망률과 대북 인도적 지원",『보건사회연구』
　　36(3), 2016, 485~515쪽.

조경숙, "통일 독일의 사례를 통해 본 남북한 주요 건강지표의 현황과 전망",
　　『보건사회연구』36(2), 2016, 33~56쪽.

조성은 · 송철종 · 노법래 · 민기채 · 이철수 · 허신행 · 김예슬,『남북 보건복지
　　의 공적 의제 분석과 전략 개발에 관한 연구』, 한국보건사회연구원,
　　2018.

조성은 · 송철종 · 모춘흥 · 최소영 · 민기채 · 고혜진 · 조보배 · 김예슬,『북한 영
　　유아 및 아동 지원 사업 발전 방안 - 사회연결망 분석을 활용하여』,
　　한국보건사회연구원, 2018.

조성은 · 이수형 · 김대중 · 송철종 · 황나미 · 이요한 · 민기채 · 오인환 · Nguyen
　　Thao · 허신행 · 김예슬,『남북한 보건복지제도 및 협력 방안』, 한국보
　　건사회연구원, 2018.

최균, "통일 후 북한 사회서비스체계 통합 및 구축방안", 유근춘 엮음,『통일한
　　국의 사회보장체계 구축을 위한 기초연구(Ⅱ)』, 한국보건사회연구원,
　　2013, 121~149쪽.

통계청,『북한의 주요통계지표』, 2018.

통일연구원,『북한인권백서』, 통일연구원, 2010-2019.

황나미 · 김혜련 · 이상영,『북한 보건의료현황과 대북 보건의료사업 접근전략』,
　　한국보건사회연구원, 2007.

황나미 · 이삼식 · 이상영,『북한주민의 생활과 보건복지 실태 - 건강 및 출
　　산 · 양육을 중심으로』, 한국보건사회연구원, 2012.

2. 해외자료

Central Bureau of Statistics of the DPR Korea and UNICEF, 『DPR Korea Multiple Indicator Cluster Survey 2009, Final Report』, Pyongyang, DPR Korea: Central Bureau of Statistics and UNICEF, 2010.

Central Bureau of Statistics of the DPR Korea and UNICEF, 『DPR Korea Multiple Indicator Cluster Survey 2017, Survey Findings Report』, Pyongyang, DPR Korea: Central Bureau of Statistics and UNICEF, 2018.

Development Initiatives, 『Global Nutrition Report 2017: Nourishing the SDGs』, Bristol, UK: Development Initiatives, 2017.

DPRK, 『Initial Report of the Democratic People's Republic of Korea on the Implementation of the Convention on the Rights of Persons with Disabilities』, Pyongyang: DPRK, 2018.

FAO, IFAD, UNICEF, WFP and WHO, 『The State of Food Security and Nutrition in the World 2018. Building climate resilience for food security and nutrition』, Rome: FAO, 2018.

FAO · WFP, 『FAO/WFP Crop And Food Security Assessment Mission To The Democracy People's Republic Of Korea』, 2013.

Gilbert, N. & Terrell, P., *Dimensions of social welfare policy*(7th), Boston: Allyn & Bacon, 2010.

K. von Grebmer, J. Bernstein, N. Hossain, T. Brown, N. Prasai, Y. Yohannes, F. Patterson, A. Sonntag, S.-M. Zimmermann, O. Towey, C. Foley., 『2017 Global Hunger Index: The Inequalities of Hunger』, Washington, DC: International Food Policy Research Institute; Bonn: Welthungerhilfe; and Dublin: Concern Worldwide, 2017.

Kaase, M., & Bauer-Kaase, P., Deutsche Vereinigung und innere Einheit 1990‒1997. In *Werte und nationale Identität im vereinten Deutschland*(pp.251~267), VS Verlag für Sozialwissenschaften, Wiesbaden, 1998.

Spoorenberg, T., & Schwekendiek, D., Demographic changes in north Korea: 1993‒2008, *Population and Development Review* 38(1), 2012, pp.133 158.

UN, 『북한의 인도지원 수요와 지원 개괄(Overview of Needs and Assistance in DPRK 2012)』(우리민족서로돕기운동 역), 2011.

UN, 『2013 DPR Korea Needs and Priorities』, 2013.

UN, 『2015 DPR Korea Needs and Priorities』, 2015.

UN, 『2016 DPR Korea Needs and Priorities』, 2016.

UN, 『2017 DPR Korea Needs and Priorities』, 2017.

UN, 『2018 DPR Korea Needs and Priorities』, 2018.

UN, 『2019 DPR Korea Needs and Priorities』, 2019.

UNFPA, 『The State of World Population 2017』, 2017.

UNICEF, 『The State of the world's children 2011』, 2011.

UNICEF, 『SITUATION ANALYSIS OF CHILDREN AND WOMEN IN THE DEMOCRATIC PEOPLE'S REPUBLIC OF KOREA - 2017』, 2017.

United Nations Inter-agency Group for Child Mortality Estimation(UN IGME), 『Levels & Trends in Child Mortality: Report 2014, Estimates Developed by the UN Inter-agency Group for Child Mortality Estimation』, New York: United Nations Children's Fund, 2014.

United Nations Inter-agency Group for Child Mortality Estimation(UN IGME), 『Levels & Trends in Child Mortality: Report 2017, Estimates Developed by the UN Inter-agency Group for Child Mortality Estimation』, New York: United Nations Children's Fund, 2017.

WFP · FAO · UNICEF, 『Rapid Food Security Assessment mission to the DPRK』, 2011.

WFP · UNICEF · WHO, 『Democratic People's Republic of Korea Final Report of the National Nutrition Survey 2012』, Central Bureau of Statistics of the DPR Korea, 2013.

WHO, 『World health statistics 2014』, 2014.

WHO, 『Expanded Programme on Immunization(EPI): Democratic People's Republic of Korea 2017, Fact Sheet』, 2017.

WHO, 『Expanded Programme on Immunization(EPI): Democratic People's Republic of Korea 2018, Fact Sheet』, 2018.

3. 기타자료

고용노동부 홈페이지, http://www.moel.go.kr/info/astmgmt/employ/list3.do# (검색일 2019년 7월 6일)

국가통계포털, http://kosis.kr/bukhan/pyramid/pyramidPopulationView.jsp?parmYear =2 019&pyramidId=PYRAMID002 (검색일 2019년 7월 7일)

국민건강보험공단 장기요양보험 홈페이지, http://www.longtermcare.or.kr/npbs/e/b/101/npeb101m01.web?menuId =npe0000000030&zoomSize= (검색일 2019년 4월 25일)

국민연금공단 홈페이지, http://www.nps.or.kr/jsppage/info/easy/easy_03_01.jsp (검색일 2019년 4월 15일)

대법원 판례 1996.11.12. 96누-1221.

미국의 소리(2014-11-06), "프랑스 NGO, 새 북한 노인 복지 사업 진행", https://www.voakorea.com/a/2509823.html (검색일 2014년 12월 1일)

보건복지부 보도자료(2018-06-28), "2019년 건강보험료율 인상률 3.49%(6.24% →6.46%)로 결정", http://www.mohw.go.kr/react/al/sal0301vw.jsp?PAR_MENU_ID=04&ME NU_ID=0403&page=1&CONT_SEQ=345249 (검색일 2019년 7월 7일)

세계일보(2014-06-27), "[단독]北, 모든 기업 자율경영…파격 '경제실험'", http://www.segye.com/newsView/20140626005330 (검색일 2015년 5월 18일)

연합뉴스(2015-02-05), "韓 GDP 대비 복지지출 비율, OECD중 최하위", https://www.yna.co.kr/view/AKR20150204186400002?input=1195m (검색일 2018년 5월 18일)

조선일보(2007-01-02), "'급변통합계획' 등 공론화 안 거쳐 구체성 없어", http://news.chosun.com/site/data/html_dir/2007/01/02/2007010200015.html (검색일 2014년 7월 7일)

코나스넷(2015-04-16), "북한 작년 하루 식량배급 유엔 권장량 63% 수준", https://www.konas.net/article/article.asp?idx=41198 (검색일 2015년 4월 20일)

헌재결정 2000.8.31. 97헌가12.

환율계산, https://www.curvert.com/ko/kpw-calculator (검색일 2019년 7월 22일)

4. 인터넷자료

건강보험공단: http://www.nhis.or.kr

국민연금공단: http://www.nps.or.kr

국가통계포털: http://kosis.kr

대법원: http://www.scourt.go.kr

저자약력

▶ 한국외국어대학교 박사
▶ 고려대학교 북한학연구소 연구교수 역임
▶ 연세대학교 사회복지대학원 박사후 연수과정(Post-Doctor) 이수
▶ 한국사이버대학교(KCU) 사회복지학부 겸임교수 역임
▶ 숙명여대 대학원, 광운대 대학원, 가천대 대학원, 단국대, 강남대 등 외래교수
▶ 한국보건사회연구원 통일사회보장연구단 단장 역임
▶ 현재 통일사회복지학회 회장
▶ 현재 신한대학교 대학원 사회복지학과 교수
　· E-mail: cslee1028@hanmail.net

〈대표 저서〉
『북한사회복지: 반복지의 북한』(*2004년 대한민국학술원 우수도서)
『북한사회복지의 변화와 전망: 탈사회주의의 전주곡』
『북한사회복지법제: 알파와 오메가』
『7·1조치와 북한』(공저)
『북한보건의료법제: 원문과 해설』(공저)
『사회복지학(소)사전』
『긴급구호, 북한의 사회복지: 풍요와 빈곤의 이중성』
『김정은시대의 경제와 사회』(공저)
『통일한국 사회보장체계 구축을 위한 기초연구』(공저)
『통일 이후 북한 지역 사회보장제도: 통합기 단일체제』(공저)
『남북한 사회복지 통합 쟁점과 정책과제: 북한의 전달체계를 중심으로』(공저)
『통일의 인구·보건·복지 통합 쟁점과 과제』(공저)
『북한의 노동시장』(공저) 외 졸서